Anton Sterbling
Zeitbrüche
Politische Irrtümer, Krisen und der Einfluss alter und neuer Ideologien

Anton Sterbling

ZEITBRÜCHE

Politische Irrtümer, Krisen und der Einfluss alter und neuer Ideologien

Bibliografische Information der Deutschen Nationalbibliothek

Die Deutsche Nationalbibliothek verzeichnet diese Publikation in der Deutschen Nationalbibliografie; detaillierte bibliografische Daten sind im Internet über http://dnb.d-nb.de abrufbar.

Bibliographic information published by the Deutsche Nationalbibliothek

Die Deutsche Nationalbibliothek lists this publication in the Deutsche Nationalbibliografie; detailed bibliographic data are available in the Internet at http://dnb.d-nb.de.

ISBN-13: 978-3-8382-1778-9
© *ibidem*-Verlag, Stuttgart 2023
Alle Rechte vorbehalten

Das Werk einschließlich aller seiner Teile ist urheberrechtlich geschützt. Jede Verwertung außerhalb der engen Grenzen des Urheberrechtsgesetzes ist ohne Zustimmung des Verlages unzulässig und strafbar. Dies gilt insbesondere für Vervielfältigungen, Übersetzungen, Mikroverfilmungen und elektronische Speicherformen sowie die Einspeicherung und Verarbeitung in elektronischen Systemen.

All rights reserved. No part of this publication may be reproduced, stored in or introduced into a retrieval system, or transmitted, in any form, or by any means (electronic, mechanical, photocopying, recording or otherwise) without the prior written permission of the publisher. Any person who does any unauthorized act in relation to this publication may be liable to criminal prosecution and civil claims for damages.

Printed in the EU

INHALT

Einführung — 7

I. Europäische Fragen und die Grenzen der Europäischen Union — 15

Die „wiedererwachte Geschichte". Ein Problem der Sicherheit, Demokratieentwicklung und politischen Kultur im östlichen und südöstlichen Europa? — 17

Donauraum und Mitteleuropa. Über imaginäre und reale Grenzen in Europa und Lehren für die Europäische Union — 61

Zur Problematik der sozialen Sicherung im europäischen Sozialraum aus institutionentheoretischer Sicht — 95

II. Sprache und Ideologie – ideologiekritische und wissenssoziologische Zugänge — 111

Die Unvernünftigen sterben nicht aus. Sprache, Rassismus und Vernunftlosigkeit — 113

Zur Rat- und Antwortlosigkeit der Gesellschaft. Eine wissenssoziologische Annäherung — 139

III. Terrorismus, Sicherheit, liberale Politik — 179

Wahrnehmung des Terrorismus durch die Bürger. Eine Betrachtung längerfristiger Entwicklungen — 181

Das Spannungsverhältnis von Freiheit und Sicherheit vor dem Hintergrund neuer Bedrohungslagen — 203

Sechs Thesen zu gegenwärtigen Zeitfragen aus freiheitlich-liberaler Sicht — 225

Einführung

Aus der Sicht der historischen Osteuropaforschung kamen der völkerrechtswidrige Überfall der Ukraine durch Russland und der damit einhergehende opferreiche und zerstörerische Angriffskrieg nicht ganz unerwartet. Bereits früh, mit dem Niedergang des Kommunismus im östlichen Europa, konnte man die Ambivalenzen einer „wiedererwachten Geschichte"[1] mit teilweise ausgeprägt nationalistischen und geschichtsrevisionistischen Neigungen und territorialen Veränderungsbestrebungen erkennen. Der Zerfall der Sowjetunion, der Auseinanderfall der Tschechoslowakei und die friedliche Trennung der Tschechischen Republik und der Slowakei sowie die Kriege und der Zerfall Jugoslawiens waren deutliche Anzeichen dessen.[2]

Zugleich waren der nahezu überall in Gang gekommene Demokratisierungsprozess wie auch die spätere Aufnahme einzelner ost-, ostmittel- und südosteuropäischer Staaten in die Europäischen Union mit weitreichenden Hoffnungen eines konsolidierten und letztlich auch erfolgreichen Demokratisierungs- und Modernisierungsverlaufs verbunden. Dass der historische Wandel im östlichen Europa, im Zusammenhang mit globalen Entwicklungen und Krisen auch noch andere, problematische Seiten erkennen ließ, wurde ebenso falsch eingeschätzt wie die Krisenanfälligkeit der Globalisierung, der internationalen Geschehnisse im außereuropäischen Raum oder des Euro,[3] der gemeinsame Währung einer Reihe europäischer Staaten. Sodann kam Ende des Jahres 2019 und in der Folgezeit auch noch die Coronapandemie[4] mit ihren krisenhaften und krisenerzeugenden Folgeproble-

---

[1] Siehe: Sterbling, Anton: Überlegungen zum „Wiedererwachen der Geschichte", in: Südosteuropa. Zeitschrift für Gegenwartsforschung, 42. Jg., Heft 3-4, München 1993 (S. 219-243); Sterbling, Anton: Gegen die Macht der Illusionen. Zu einem Europa im Wandel, Hamburg 1994.

[2] Siehe: Gabanyi, Anneli Ute/Schroeder, Klaus (Hrsg.): Vom Baltikum zum Schwarzen Meer. Transformation im östlichen Europa, München 2002.

[3] Siehe dazu: Sinn, Hans-Werner: Der Euro. Von der Friedensidee zum Zankapfel, München 2015.

[4] Siehe: Sterbling, Anton: Die antwortlose Gesellschaft. Zeitfragen, Düren 2021.

men hinzu. Und Anfang des Jahres 2022 der gewaltenthemmte Überfall der Ukraine durch Russland unter Berufung auf kaum stichhaltige, konstruierte Gründe wie auch „historische" Rechtfertigungen.

Die Politik, die regierenden und anderen verantwortungstragenden Parteien wie auch führende Politiker in Deutschland wurden von alldem weitgehend überrascht und sind gezwungen worden, gravierende politische Fehleinschätzungen, Irrtümer und Fehlentscheidungen der vergangenen Jahre einzuräumen und auf mehreren zentralen Feldern der Politik, insbesondere der Außen- und Sicherheitspolitik, aber auch der Wirtschafts-, Außenhandels- und Energiepolitik eine „Zeitenwende", ein Umdenken und Umsteuern einzuleiten. Ob dies ausreichend konsequent sein wird, bleibt abzuwarten.

Die aktuellen Entwicklungen, die in machen Hinsichten an die Erkenntnisse zum Vorfeld des Ersten Weltkriegs aus dem Band Christopher Clarks „Die Schlafwandler"[5] erinnern, sind allerdings nur ein unmittelbarer Anlass und Ausgangspunkt dieses Buches. „Zeitbrüche" als dessen Titel mit dem Untertitel „Politische Irrtümer, Krisen und der Einfluss alter und neuer Ideologien" will zudem einer gesellschaftlichen und politischen Lagedeutung und einem Zeitgefühl Ausdruck geben, das nicht nur die Verkettung politischer Irrtümer und Fehlentscheidungen und europäischer und weltweiter krisenhafter Verwerfungen erfasst, sondern ebenso Verschiebungen in den „Tiefenstrukturen" unserer heutigen Gesellschaft[6] und die damit einhergehenden Unberechenbarkeiten, Irritationen und Ratlosigkeiten thematisieren möchte.

Man kann aus psychologischer Sicht – so ähnlich wie bei anderen Zivilisationsbrüchen im 20. Jahrhundert – auch von einer „Realitätskrise", von einem schwindenden Gefühl der Rationalität und des Realismus sprechen, das sich vor dem Hintergrund dieser neuen politischen Entwicklungen wie auch des massiven Vordringens alter und neuer Ideologien einstellt, durch die die Dynamik des abrupten und disparaten Wandels angetrieben oder zu-

---

[5] Siehe: Clark, Christopher: Die Schlafwandler. Wie Europa in den Ersten Weltkrieg zog, München [7]2013.

[6] Siehe dazu auch: Messelken, Karlheinz: Vier Jahrzehnte im Streit mit dem Zeitgeist. Wissenschaftliche Aufsätze und Essays, Schriftenreihe Land-Berichte 19, Düren 2021.

mindest beschleunigt werden. Wenn Peter Handke vor vielen Jahren einem seiner Stücke den prophetischen Titel: „Die Unvernünftigen sterben aus" gab,[7] so müssen wir dem heute desillusioniert entgegnen: „Nein, die Unvernünftigen sterben nicht aus." Dabei sind es keineswegs nur die Irrationalitäten der Machtpolitik im östlichen Europa, die sich in der gezielt entfesselten Aggressivität und militärischen Eskalation Russlands zum Ausdruck bringt, und nicht allein die anscheinend nahezu überall zunehmende individuelle Unvernunft, der man allenthalben begegnet, oder die völlig abwegigen und bizarren weltanschaulichen Verirrungen und Entgleisungen kleiner sektenartiger Gruppierungen; nein, es sind mächtige Ideologien und Weltanschauungen und ihre bedenklich um sich greifenden Verbreitungsformen, die Menschen massenhaft unter ihren Einfluss zu bringen oder in ihren Bann zu ziehen scheinen und ihnen nicht nur fragwürdige, sondern auch falsche, irregeleitete und vielfach wohl in den Niedergang des gegebenen Wohlstandes und der Sicherheit führende Richtungen weisen oder vorgeben.

Die Geschichte der Menschheit zeigt zwar eindrucksvoll, dass Menschen zu kollektivem Lernen fähig sind, dass sie ihre Fehler häufig einsehen und diese oder zumindest deren Folgen durchaus reparieren können; sie lässt uns aber ebenso erkennen, dass diese historischen Vorgänge mühsam sind und nicht selten mit gravierenden neuen Irrtümern, Rückschlägen, Entwicklungsbrüchen oder Sackgassen, mit neuen Entwicklungsdilemmata einher gehen,[8] also keineswegs zielgeleitet oder gradlinig oder bruchlos erfolgen. Daher gehören zur Rationalität einigermaßen erfolgreicher gesellschaftlicher Entwicklungen notwendig auch geschärfte kritische Sensibilitäten, Fähigkeiten und Vorkehrungen, Irrwege und Fehlentwicklungen zu erkennen sowie Korrekturen einzufordern und in die Wege zu leiten.[9]

---

[7] Siehe: Handke, Peter: Die Unvernünftigen sterben aus, Frankfurt a. M. 1973.

[8] Nach Wolfgang Zapf produziert der fortschreitende Modernisierungsprozess selbst immer wieder neue „Entwicklungsdilemmas", für die mithin in seinem weiteren Verlauf auch neue institutionelle Innovationen als Lösungen gefunden werden müssen. Siehe: Zapf, Wolfgang: Systemkrisen oder Entwicklungsdilemmas? Probleme der Modernisierungspolitik, in: Zapf, Wolfgang (Hrsg.): Probleme der Modernisierungspolitik, Meisenheim am Glan 1977 (S. 3-16).

[9] Siehe: Popper, Karl R.: Die offene Gesellschaft und ihre Feinde, München[7]1992 (2 Bde).

Dies ist nicht nur ein wesentliches Aufgabenfeld der Politik, sondern auch und wahrscheinlich mehr noch der wissenschaftlichen Erkenntnispraxis und des intellektuellen Denkens und Handelns. In diesem Sinne verstehen sich die in diesem Band versammelten Beiträge als kritische Reflexionen und Analysen gesellschaftlicher Entwicklungen und möglicher oder offenkundiger Fehlentwicklungen und vor allem als ideologiekritische Unterfangen in diesem Kontext.

* * *

Im ersten Teil des Buches geht es um europäische Fragen, um eine „wiedererwachte Geschichte", um Probleme der Europäischen Union und ihrer Grenzen im mehrfachen Sinne.[10] Im ersten Beitrag wird das „Wiedererwachen der Geschichte" nach dem Ende der kommunistischen Herrschaft im östlichen und südöstlichen Europa vor dem Hintergrund der gegenwärtigen Instrumentalisierung von historischen Mythen zur Rechtfertigung des Überfalls der Ukraine durch Russland behandelt. Das zweite Kapitel „Donauraum und Mitteleuropa" sucht die realen und imaginären Grenzen des so bezeichneten Gebildes[11] zu erfassen und es als historischen Gegenstand und politische Sinnprojektion zu erläutern und dabei auch für eine kritische Analyse der Entwicklungsprobleme und Perspektiven der Europäischen Union nutzbar zu machen. Ebenso wie es reale Staatsgrenzen als Ergebnis oft langfristiger und schwierig verlaufender Prozesse der Staaten- und Nationenbildung und nicht nur – wie manche „radikal konstruktivistisch" denkende Wissenschaftler meinen – imaginäre gesellschaftliche Einheiten gibt, muss man zugleich im Denken verfestigte imaginäre Grenzen als oft wichtige Orientierungspunkte und Beweggründe des menschlichen Handelns in Rechnung stellen. Grenzen sind demnach ein in jeder Hinsicht „sensibler" Gegenstand, den man nicht mit leichtfertigen Argumenten eines

---

[10] Siehe dazu auch: Sterbling, Anton: Europa zwischen Realität und Verblendung, Hamburg 2016; Sterbling, Anton: Nationalstaaten und Europa. Problemfacetten komplizierter Wechselbeziehungen. Geistige Lieferung I, Schriften der Akademie Herrnhut, Dresden 2018.

[11] Siehe auch: Sterbling, Anton: Am Rande Mitteleuropas. Über das Banat und Rumänien, Buchreihe Land-Berichte 14, Aachen 2018.

allgemein unterstellten „Konstruktivismus" abtun sollte,[12] zumal Grenzen zwar auch, aber eben nicht nur imaginäre „Konstruktionen" der sozialen Wirklichkeit sind.

Der Beitrag „Zur Problematik der sozialen Sicherung im europäischen Sozialraum aus institutionentheoretischer Sicht" geht auf gegenwärtig sich aufdrängende Funktions- und Bestandsprobleme der Europäischen Union aus institutionenanalytischer Sicht am Beispiel des europäischen Migrations- und Sozialraums näher ein. Wohlfahrtsstaatliche Leistungen und Einrichtungen der sozialen Sicherung werden dabei besonders beachtet und als problematische, institutionell noch recht unzureichend abgestimmte Gegebenheiten der Europäischen Union betrachtet.

Im zweiten Teil werden spezifische Aspekte der Sprache und Ideologie unter ideologiekritischen und wissenssoziologischen Gesichtspunkten thematisiert. „Die Unvernünftigen sterben nicht aus. Sprache, Rassismus und Vernunftlosigkeit" behandelt Irrtümer und Kurzschlüsse ideologisch geleiteter Sprachpolitik im Zusammenhang mit oft weitgehend übertriebenen und politisch instrumentalisierten Rassismusvorwürfen und zugleich an den Eigengesetzlichkeiten der Sprache und eines vernünftigen Sprachgebrauchs vorbeigehenden „Genderisierungsbestrebungen". Solcher sprachmanipulativer Unfug zerstört nicht nur den der verständigungsorientierten Kommunikation dienenden Sprachgebrauch, sondern zeigt sich auch als eine vielfach absurde und irrationale Ideologie und mithin als ein Anschlag auf die menschliche Vernunft.

Vor dem Erfahrungshintergrund der Coronapandemie entstanden, sucht das Kapitel „Zur Rat- und Antwortlosigkeit der Gesellschaft. Eine wissenssoziologische Annäherung" die gegebenen Irritationen, Unsicherheiten und Ratlosigkeiten aus einer wissenssoziologischen Perspektive zu erfassen und sich damit unmittelbar erfahrungsbezogen wie auch im Sinne allgemeinerer Zeit- und Krisenanalysen auseinander zu setzen. Dabei werden gleichsam auch die Grenzen und Anschlussprobleme unserer wichtigsten Wissenssysteme erkennbar gemacht und kritisch diskutiert.

---

[12] Zur Kritik des „Konstruktivismus" siehe: Hayek, Friedrich August von: Die Irrtümer des Konstruktivismus und die Grundlagen legitimer Kritik gesellschaftlicher Gebilde, Tübingen 1975.

Im dritten Teil des Buches werden Probleme der Wahrnehmung des Terrorismus und der inneren Sicherheit und Thesen zu einer freiheitlich-liberalen Gesellschaftsentwicklung vorgestellt. Auf mehrfach wiederholten Befragungen und entsprechenden Analysen beruht das Kapitel „Wahrnehmung des Terrorismus durch die Bürger. Eine Betrachtung längerfristiger Entwicklungen". Die Diskussionen um ein neues Polizeigesetz im Freistaat Sachsen und in anderen Bundesländern bilden den Ausgangspunkt und Erörterungszusammenhang des Kapitels „Das Spannungsverhältnis von Freiheit und Sicherheit vor dem Hintergrund neuer Bedrohungslagen", der auf neue Gefahren der Sicherheit in Deutschland und ihre Hintergründe eingeht. In den abschließenden „Sechs Thesen zu gegenwärtigen Zeitfragen aus freiheitlich-liberaler Sicht" finden sich einige Vorschläge und Desiderata einer zukunftsorientierten Politik für Deutschland nach der Bundestagswahl 2021 formuliert, die deutlich andere Akzente als der Koalitionsvertrag der sogenannten „Ampelkoalition" setzen und vor allem freiheitliche Positionen betonen.

* * *

Diese Kapitel verbindet – bei ansonsten recht unterschiedlich behandelten Problemen und Themen – das Anliegen sachlich fundierter, kritischer Analysen gesellschaftlicher Erscheinungen und Fehlentwicklungen und insbesondere ihrer ideologiekritischen Betrachtung. Ebenso wie erfahrungswissenschaftliche Analysen gesellschaftlicher Gegebenheiten sind in den Anliegen der Ideologiekritik[13] wichtige Aufgaben der Sozialwissenschaften zu sehen, damit Gesellschaften vor fragwürdigen Selbstdeutungen und Selbstwahrnehmungen ihres gegebenen Zustandes und vor gravierenden Fehleinschätzungen und Fehlinterpretationen ihrer Entwicklungsmöglichkeiten geschützt werden. Bereits Anfang der 1990er Jahre wies ich auf die Gefahren neuer, ideologisch grundierter „Illusionen" wie auch der ambivalenten Wirkungen des „Wiedererwachens der Geschichte" hin.[14] Dabei

---

[13] Siehe: Topitsch, Ernst: Sozialphilosophie zwischen Ideologie und Wissenschaft, Neuwied-Berlin ²1966; Topitsch, Ernst: Erkenntnis und Illusion, Tübingen ²1988.

[14] Siehe: Sterbling, Anton: Überlegungen zum „Wiedererwachen der Geschichte", in: Südosteuropa. Zeitschrift für Gegenwartsforschung, 42. Jg., Heft 3-4, München

legte ich dar, dass die „wiedererwachte Geschichte" zwar einerseits die Befreiung des historischen Denkens von Beschränkungen und Dogmatisierungen der kommunistischen Ideologie bedeutete, aber andererseits zugleich die Aktualisierung und politische Instrumentalisierung problematischer überkommener Geschichtsbilder und Geschichtsvorstellungen durchaus erwarten ließ. Diese Befürchtungen traten denn auch in verschiedener Weise ein. Sich vor der Wirkungsmacht von kollektiven Illusionen, Mythen und Ideologien zu schützen, sich gegen diese durch eindringliche Analysen und kritische Aufklärung zu wehren, erscheint gegenwärtig erneut dringlich und wichtig, vielleicht überlebenswichtig für eine freiheitliche Gesellschaft.

Literatur

Clark, Christopher: Die Schlafwandler. Wie Europa in den Ersten Weltkrieg zog, München ^{7}2013

Gabanyi, Anneli Ute/Schroeder, Klaus (Hrsg.): Vom Baltikum zum Schwarzen Meer. Transformation im östlichen Europa, München 2002

Handke, Peter: Die Unvernünftigen sterben aus, Frankfurt a. M. 1973

Hayek, Friedrich August von: Die Irrtümer des Konstruktivismus und die Grundlagen legitimer Kritik gesellschaftlicher Gebilde, Tübingen 1975

Messelken, Karlheinz: Vier Jahrzehnte im Streit mit dem Zeitgeist. Wissenschaftliche Aufsätze und Essays, Schriftenreihe Land-Berichte 19, Düren 2021

Popper, Karl R.: Die offene Gesellschaft und ihre Feinde, München ^{7}1992 (2 Bde)

Sinn, Hans-Werner: Der Euro. Von der Friedensidee zum Zankapfel, München 2015

Sterbling, Anton: Überlegungen zum „Wiedererwachen der Geschichte", in: Südosteuropa. Zeitschrift für Gegenwartsforschung, 42. Jg., Heft 3-4, München 1993 (S. 219-243)

Sterbling, Anton: Gegen die Macht der Illusionen. Zu einem Europa im Wandel, Hamburg 1994

Sterbling, Anton: Europa zwischen Realität und Verblendung, Hamburg 2016

Sterbling, Anton: Nationalstaaten und Europa. Problemfacetten komplizierter Wechselbeziehungen. Geistige Lieferung I, Schriften der Akademie Herrnhut, Dresden 2018

Sterbling, Anton: Am Rande Mitteleuropas. Über das Banat und Rumänien, Buchreihe Land-Berichte 14, Aachen 2018

Sterbling, Anton: Die antwortlose Gesellschaft. Zeitfragen, Düren 2021

1993 (S. 219-243); Sterbling, Anton: Gegen die Macht der Illusionen. Zu einem Europa im Wandel, Hamburg 1994.

Topitsch, Ernst: Sozialphilosophie zwischen Ideologie und Wissenschaft, Neuwied-Berlin ²1966

Topitsch, Ernst: Erkenntnis und Illusion, Tübingen ²1988

Zapf, Wolfgang: Systemkrisen oder Entwicklungsdilemmas? Probleme der Modernisierungspolitik, in: Zapf, Wolfgang (Hrsg.): Probleme der Modernisierungspolitik, Meisenheim am Glan 1977 (S. 3-16)

I. Europäische Fragen und die Grenzen der Europäischen Union

Die „wiedererwachte Geschichte". Ein Problem der Sicherheit, Demokratieentwicklung und politischen Kultur im östlichen und südöstlichen Europa?

> „Eine soziologische Kasuistik müßte, dem empirisch gänzlich vieldeutigen Wertbegriff „Idee der Nation" gegenüber, alle einzelnen Arten von Gemeinsamkeits- und Solidaritäts-Empfindungen in ihren Entstehungsbedingungen und ihren Konsequenzen für das Gemeinschaftshandeln der Beteiligten entwickeln."[1]

Mit dem völkerrechtswidrigen, zerstörerischen und opferreichen Überfall der Ukraine durch Russland erleben wir gleichzeitig ein problematisches „Wiedererwachen der Geschichte" oder vielmehr eine äußerst fragwürdige Instrumentalisierung des Geschichtsbewusstseins und historischer Mythen zu überaus verwerflichen politischen Zwecken. Die verwirrt, verstaubt und reichlich widersprüchlich wirkende Ideologie, die den Krieg Russlands gegen die Ukraine begleitet und zu rechtfertigen sucht, erscheint von zweifelhaften historischen Mythen und anachronistischen politischen Doktrinen durchsetzt, die etwa die Existenz einer ukrainischen Nation[2] leugnen und zugleich von unübersehbaren hegemonialen Weltmachtbestrebungen und einer imperialistischer Denkart in Einflusssphären bestimmt sind,[3] wie sie

---

[1] Siehe dazu: Weber, Max: Wirtschaft und Gesellschaft. Grundriss der verstehenden Soziologie, Tübingen ⁵1976, vgl. S. 530.

[2] Zur Nationsbildung der Ukraine siehe: Böhme, Britta: Methodologische Überlegungen zur vergleichenden Osteuropaforschung. Die Nationwerdung der Ukraine, in: Balla, Bálint/Sterbling, Anton (Hrsg.): Soziologie und Geschichte. Geschichte der Soziologie. Beiträge zur Osteuropaforschung, Hamburg 1995 (S. 101-120); Bürgers, Jana: Kosakenmythos und Nationsbildung in der postsowjetischen Ukraine, Konstanz 2006; Maner, Hans-Christian: Galizien. Eine Grenzregion im Kalkül der Donaumonarchie im 18. und 19. Jahrhundert, München 2007.

[3] Siehe auch: Clark, Christopher: Die Schlafwandler. Wie Europa in den Ersten Weltkrieg zog, München ⁷2013.

im 19. und beginnenden 20. Jahrhunderts vorherrschend waren. Und die zugleich, bei unschwer erkennbaren Minderwertigkeitskomplexen, von antiwestlichen Ressentiments und moralischen Überlegenheits- und Selbstüberhöhungsvorstellungen geleitet erscheinen, die nicht nur den „Panslawismus" des 19. Jahrhunderts, sondern auch die weltanschaulichen Tiefenschichten der Sowjetzeit kennzeichneten. Von außen betrachtet, ist es eine stark in historische Mythen getauchte,[4] heroisch überhöhte und nationalistisch grundierte „wiedererwachte Geschichte", die zugleich vielfach an Kontinuitätslinien der sowjetischen Zeit und ihre ideologischen Grundmuster anknüpft.

Vorhaben

Man kann dem aus dem Banat stammenden Schriftsteller Richard Wagner nur zustimmen, wenn er schreibt: „In jeder Debatte mit einem Osteuropäer fällt von vornherein das Wort Geschichte – nicht als Stichwort, sondern als magisches Wort."[5] Als magisches Wort, weil Geschichte hier selten als Gegenstand einer sachlichen, faktenbezogenen, auf Geschehnisse, historische Ereignisse, Kausalzusammenhänge und Zeitstrukturen achtenden Wissenschaft[6] denn als Medium und Narrativ der Vermittlung von Geschichtslegenden und Mythen, als spezifische Form des kulturkonstitutiven und gemeinschaftsbildenden mythischen Denkens auftritt.[7] Wagner schrieb auch irgendwo sinngemäß, alle Osteuropäer liefen mit „Landkarten in den Köp-

---

[4] Siehe dazu auch: Erler, Gernot: Woher der Frost kommt. Mythenbildung und russische Politik 1991 bis heute, in: Südosteuropa Mitteilungen, 62. Jg., Heft 1, München 2022 (S. 9-20).

[5] Siehe: Wagner, Richard: Osteuropa oder die permanente Kollaboration, in: Kursbuch 115, Reinbek bei Hamburg 1994 (S. 175-181), vgl. S. 175; Wagner, Richard: Mythendämmerung. Einwürfe eines Mitteleuropäers, Berlin 1993.

[6] Siehe: Ariès, Philippe: Zeit und Geschichte, Frankfurt a. M. 1988; Ariès, Philippe: Geschichte im Mittelalter, Frankfurt a. M. 1990; Boia, Lucian: Geschichte und Mythos. Über die Gegenwart des Vergangenen in der rumänischen Gesellschaft, Köln-Weimar-Wien 2003.

[7] Siehe dazu auch: Sterbling, Anton: Macht der Illusionen und Mythen im modernen politischen Denken, in: Sterbling, Anton: Europa zwischen Realität und Verblendung, Hamburg 2016 (S. 29-91).

fen" umher, nur würden die Grenzen dieses imaginären Karten keineswegs mit den tatsächlichen heutigen Grenzverläufen oder mit historisch gegebenen Herrschaftsräumen übereinstimmen und auch keineswegs zueinander passen.[8] Diese Landkarten sind zumeist die eines russischen Zarenreichs einschließlich Alaskas und bis mindestens zum Bosporus reichend, einer Sowjetunion einschließlich ihrer vormaligen Satellitenstaaten, eines Großbulgariens, Großserbiens, Großrumäniens, eines Ungarns der Stephanskrone, auch eines sich über drei Kontinente erstreckenden, bis vor die Tore Wiens reichenden Osmanischen Reichs usw.

Anfang der 1990er Jahre schrieb ich bereits angesichts der demokratischen Wende im östlichen Europa über die Ambivalenzen eines „Wiedererwachens der Geschichte" und damit einhergehender nationalistischer Stimmungen und Ideologien als einer erheblichen Gefahr für die damals in Gang gekommenen Demokratisierungsprozesse.[9] Meine historisch-modernisierungstheoretischen Leitvorstellungen waren dabei, dass die verspäteten und im Ergebnis unbefriedigenden Prozesse der modernen Staaten- und Nationenbildung, also der Nationalstaatenwerdung, die wir vielfach im östlichen und südöstlichen Europa feststellen können, nicht nur eine schwerwiegende Hypothek der politischen Demokratisierung und der sozialen und wirtschaftlichen Modernisierungsvorgänge bilden, sondern auch problematische bis exzessive Spielarten des historisch grundierten nationalen Bewusstseins und des Nationalismus hervorbrachten, die bereits früher die angestrebten Demokratisierungs- und Modernisierungsprozesse immer wieder massiv behinderten, störten oder durchkreuzten. Waren das Erwachen des nationalen Bewusstseins und der damit verbundene Nationalismus im Falle erfolgreicher moderner Nationalstaatenbildungen als eine „Integrationsideologie"[10] zu betrachten, die von der demokratischen politischen Kultur

---

[8] Siehe: Wagner, Richard: Sonderweg Rumänien. Bericht aus einem Entwicklungsland, Berlin 1991; Wagner, Richard, Mythendämmerung. Einwürfe eines Mitteleuropäers, Berlin 1993.

[9] Siehe: Sterbling, Anton: Überlegungen zum „Wiedererwachen der Geschichte", in: Südosteuropa. Zeitschrift für Gegenwartsforschung, 42. Jg., Heft 3-4, München 1993 (S. 219-243).

[10] Günter Schödl spricht nicht nur vom Nationalismus als „Integrationsideologie", sondern weist auch auf das Phänomen des „reaktiven Nationalismus" als Antwort ethnischer Minderheiten oder kleiner Völker auf einen aggressiven Nationalismus

gleichsam als Legitimitätsressource genutzt und zugleich absorbiert wurden, so blieb der oft in Gestalt der „wiedererwachten Geschichte" manifest gewordene Nationalismus nach dem Ende der kommunistischen Herrschaft, insbesondere in Gesellschaften mit partiell ungelösten oder umstrittenen Problemen der modernen Staaten- und Nationenbildung, eine akute Gefahr demokratischer Entwicklungen und sonstiger Modernisierungsfortschritte. Ob diese Probleme und Krisen der Demokratie durch die Aufnahme einzelner betroffener Länder in die Europäische Union[11] eine zufriedenstellende Lösung oder lediglich eine „Einfrierung" gefunden haben oder finden werden, ist eine historisch offene Frage und wird die Zukunft zeigen. Dies gilt natürlich auch für die angestrebte Aufnahme der Länder des westlichen Balkans in die EU wie übrigens neuerdings auch der Ukraine, der Republik Moldau und Georgiens. Das Fallbeispiel Zyperns zeigt jedenfalls, dass die Zugehörigkeit zur Europäischen Union noch keineswegs eine Lösung territorialer Konflikte bedeutet.[12]

Zunächst möchte ich den angedeuteten theoretischen Leitvorstellungen zur „wiedererwachten Geschichte", zum Nationalismus und zur Rolle entsprechender historischer Mythen folgen und grundsätzliche Optionen nach dem Ende kommunistischer Herrschaft, wie sie damals in der Diskussion standen, aufzeigen. Sodann sollen anhand einiger historischer Fallbeispiele der späten und umstrittenen Nationalstaatenbildungen in Südosteuropa die

---

hin. Siehe: Schödl, Günter (Hrsg.): Deutsche Geschichte im Osten Europas. Land an der Donau, Berlin 2002. Zu Nationenbildung und Nationalismus siehe: Deutsch, Karl W.: Nationalism and Social Communication, Cambridge/Mass. 1966; Eisenstadt, Samuel N./Rokkan, Stein (Hrsg.): Building States and Nations, Beverly Hills-London 1973 (2 Bde); Winkler, Heinrich August (Hrsg.): Nationalismus, Königstein/Ts. ²1985; Berlin, Isaiah: Der Nationalismus, Frankfurt a. M. 1990; Metzeltin, Michael: Nationalstaatlichkeit und Identität. Ein Essay über die Erfindung von Nationalstaaten, Wien 2000.

[11] Siehe dazu: Balla, Bálint/Dahmen, Wolfang/Sterbling, Anton (Hrsg.): Demokratische Entwicklungen in der Krise? Politische und gesellschaftliche Verwerfungen in Rumänien, Ungarn und Bulgarien, Beiträge zur Osteuropaforschung 19, Hamburg 2015.

[12] Siehe dazu: Axt, Heinz-Jürgen/Schwarz, Oliver/Wiegand, Simon: Konfliktbeilegung durch Europäisierung? Zypernfrage, Ägäis-Konflikt und griechisch-mazedonischer Namensstreit, Baden-Baden 2008; Axt, Heinz-Jürgen: Nervenkrieg um Energie-Ressourcen im östliche Mittelmeer, in: Südosteuropa Mittteilungen, 60. Jg., Heft 1-2, München 2020 (S. 83-98).

sich daraus ergebenden, bis in die Gegenwart reichenden Folgeprobleme nationalistischer Aufladungen und Störungen der Demokratisierungs- und Modernisierungsprozesse dargelegt werden. Vor diesem Hintergrund sollten zugleich die gegenwärtigen Probleme einer nationalistisch instrumentalisierten „wiedererwachten Geschichte" im östlichen Europa besser verstehbar werden, wiewohl das Fallbeispiel Russlands[13] als jahrhundertealtes Vielvölkerimperium und Hegemonialstaat in mancher Hinsicht anders als die modernen Nationalstaatenbildungen in Südosteuropa gelagert erscheint.

Demokratische Wende und „Wiedererwachen der Geschichte"

Am 6. Dezember 1989 waren im Feuilleton der Frankfurter Allgemeinen Zeitung folgende Sätze zu lesen: „Wir haben lange Zeit geglaubt, daß wir an das Ende der Geschichte gelangt sind. (...) Das tragische Geschick dieser Welt ohne geschichtliches Jenseits lastete wie ein Deckel auf der gesamten fortschrittlichen Menschheit. (...) Wir haben gerade das Ende einer Diktatur miterlebt; (...) Diese Revolution gegen die im Namen der Revolution begangenen Verbrechen wird endlich einmal nicht konterrevolutionär sein."[14] Diese denkwürdigen Sätze stehen unter der Überschrift: „Im Osten erwacht die Geschichte". Sie stammen von einem der bekanntesten und einflussreichsten französischen Soziologen des 20. Jahrhundert, nämlich von Pierre Bourdieu, der damals neben Raymond Boudon, Michel Crozier oder Alain Touraine als einer der vier Protagonisten der französischen Soziologie galt und dessen Soziologie übrigens gerade im östlichen Europa eine breite Re-

---

[13] Zur Geschichte Russlands und der Sowjetunion siehe: Hösch, Edgar/Grabmüller, Hans-Jürgen: Daten der russischen Geschichte. Von den Anfängen bis 1917, München 1981; Rauch, Georg von: Geschichte der Sowjetunion, Stuttgart [8]1990; Hildesheimer, Manfred: Geschichte Russlands. Vom Mittelalter bis zur Oktoberrevolution, München 2013; Schlögel, Karl: Archäologie des Kommunismus oder Russland im 20. Jahrhundert. Ein Bild neu zusammensetzen, München 2014; Kappeler, Andreas: Ungleiche Brüder. Russen und Ukrainer vom Mittelalter bis zur Gegenwart, München [4]2022.

[14] Siehe: Bourdieu, Pierre: Im Osten erwacht die Geschichte. Die Revolution und die Befreiung der Worte, in: Schirrmacher, Frank (Hrsg.): Im Osten erwacht die Geschichte, Stuttgart 1990 (S. 159-162) (zuerst, am 6 Dezember 1989, in der: Frankfurter Allgemeinen Zeitung), vgl. S. 159 f.

zeption fand. Was wollen diese Sätze auf dem Punkt bringen? Wovon setzen sie sich ab?

Bourdieu sprach vom Ende einer Diktatur. Er äußerte nicht nur die Zuversicht, dass die Überwindung der kommunistischen Herrschaft zur Freiheit führen würde. Er hofft auch, dass dies auf die „gesamte fortschrittliche Menschheit" befreiend wirken würde. In seinen Sätzen klingt zumindest an, dass sich Chancen eröffneten, die Idee der „post-histoire", jene gängig gewordene resignative Denkfigur des intellektuellen Diskurses, zu widerrufen. Für das gerade in den 1980er Jahren modisch um sich greifende postmoderne Denken[15] hat nicht nur der Fortschrittsglaube aufgehört und haben Rationalitätskriterien ihre Verbindlichkeit verloren. Im Horizont dieses Denkens ist auch die historische Zeit und Denkweise gewissermaßen an ihr Ende gekommen. Alles erscheint kontingent, im Fluchtpunkt der Gegenwart zerfällt die Geschichte in Bruchstücke. Nicht nur die Auffassung von Aszendenz und Linearität, sondern jede Vorstellung einer historischen Kohärenz ist fragwürdig. Aus der auseinandergebrochenen Geschichte lassen sich lediglich einzelne historische Versatzstücke zu einem nahezu beliebigen Ensemble arrangieren – mehr nicht. Der richtungsgebende Sinn ist abhanden gekommen. Die geistigen Grundlagen des Rationalisierungsprozesses und die unbeirrt mächtigen Überzeugungen, die der Geschichte bis jüngst eine eindeutige Richtung wiesen und die zugleich unendliche Kräfte zu mobilisieren, weitgespannte Hoffnungen zu wecken und immense Leistungen zu vollbringen angetan waren, sind gegeneinander geraten und haben sich erschöpft. Das „Projekt der Moderne"[16] erscheint aus der Blickrichtung der Postmoderne ebenso unvollendet wie unverwirklichbar geworden. Es bleibt allein, sein Scheitern und rastloses Ende zu begreifen. Aber: „Gerade als die westlichen Intellektuellen meinten, am Ende der Geschich-

---

[15] Zur Diskussion um die Postmoderne siehe zum Beispiel: Lyotard, Jean-Francois: La condition postmoderne, Paris 1979; Koslowski, Peter u.a. (Hrsg.): Moderne oder Postmoderne? Zur Signatur des gegenwärtigen Zeitalters, Weinheim 1986; Welsch, Wolfgang: Unsere postmoderne Moderne, Weinheim 1987; Welsch, Wolfgang (Hrsg.): Wege aus der Moderne. Schlüsseltexte der Postmoderne-Diskussion, Weinheim 1988.

[16] Siehe: Habermas, Jürgen: Der philosophische Diskurs der Moderne. Zwölf Vorlesungen, Frankfurt a. M. 1985; Meier, Heinrich (Hrsg.): Zur Diagnose der Moderne, München-Zürich 1990.

te angekommen zu sein, brach der Damm, der ihnen ihre Spiel-Welt ermöglicht hatte",[17] schrieb der bereits erwähnte Schriftsteller Richard Wagner. Ähnliche Akzente ließen sich auch bei Pierre Bourdieu und Ralf Dahrendorf[18] heraushören. Im Osten kam ein Wandel in Gang, dessen Antriebskräfte jenen alten menschlichen Anliegen und Hoffnungen überaus ähnlich erscheinen, die ursprünglich den Aufbruch in die abendländische Moderne bestimmt haben. Sie wurden kaum trefflicher als in Kants Antwort auf die Frage nach dem Wesen der Aufklärung, als „Ausgang des Menschen aus seiner selbstverschuldeten Unmündigkeit"[19] auf den Begriff gebracht. Unter osteuropäischen Intellektuellen kursierten entsprechende Ideen nicht zuletzt im Diskurs um die „civil society". Dem Aufbruch in die Moderne, als Überwindung von autoritären Herrschaftszwängen, Abhängigkeiten und Unmündigkeit, wie dem Bestreben der Herstellung der „civil society",[20] der „bürgerlichen Gesellschaft" – so kann man auf der Suche nach einem noch

---

[17] Siehe: Wagner, Richard: Völker ohne Signale. Zum Epochenbruch in Osteuropa, Berlin 1992, vgl. S. 7.

[18] Siehe: Bourdieu, Pierre: Im Osten erwacht die Geschichte. Die Revolution und die Befreiung der Worte, in: Schirrmacher, Frank (Hrsg.): Im Osten erwacht die Geschichte, Stuttgart 1990 (S. 159-162) (zuerst, am 6 Dezember 1989, in der: Frankfurter Allgemeinen Zeitung); Dahrendorf, Ralf: Betrachtungen über die Revolution in Europa, in einem Brief, der an einen Herrn in Warschau gerichtet ist, Stuttgart 1990.

[19] Siehe: Kant, Immanuel: Beantwortung der Frage: Was ist Aufklärung?, in: Kant, Immanuel: Schriften zur Anthropologie, Geschichtsphilosophie, Politik und Pädagogik. Werke in sechs Bänden. Band VI, Darmstadt 1998 (S. 53-61).

[20] Siehe: Arato, Andrew: Revolution, Civil Society und Demokratie, in: Transit. Europäische Revue, Heft 1, Frankfurt a. M. 1990 (S. 110-126); Ash, Timothy Garton: Ein Jahrhundert wird abgewählt. Aus den Zentren Mitteleuropas 1980-1990, München-Wien 1990; Szoboszlai, György (Hrsg.): Democracy and Political Transformation. Theories and East-Central European Realities, Budapest 1991; Merkel, Wolfgang (Hrsg.): Systemwechsel 5. Zivilgesellschaft und Transformation, Opladen 2000; Kocka, Jürgen/Konrad, Christoph (Hrsg.): Europäische Zivilgesellschaft in Ost und West. Begriff, Geschichte, Chancen, Frankfurt a. M.-New York 2000. Verbunden damit war der Begriff „Mitteleuropa". Siehe: Konrád, György: Antipolitik. Mitteleuropäische Meditationen, Frankfurt a. M. 1985; Busek, Erhard/Brix, Emil: Projekt Mitteleuropa, Wien 1986.

allgemeineren Nenner sagen – ist die Verwirklichung der Idee menschlicher Freiheit zentrales Anliegen.[21]

Mit dem Insistieren auf unabdingbare Freiheitsforderungen nach jahrzehntelanger repressiver Herrschaft entfaltete sich in Osteuropa nicht nur eine neue Gestaltungsdynamik menschlicher Lebensverhältnisse, die im Demokratisierungsprozess am greifbarsten wurde.[22] Auch das intellektuelle Räsonieren – so kann man im Anschluss an Bourdieu und Dahrendorf sagen – fand dabei zu wesentlichen Grundwerten, Maßstäben und Orientierungspunkten zurück.[23] So erwachte die Geschichte in einem zweifachen Sinne neu „im Osten" als tiefgreifender Wandel, als Überwindung einer langanhaltenden Stagnation, aber auch als wertgeleiteter und zielgerichteter Prozess, der in vielen Hinsichten an den Aufbruch in die abendländische Moderne erinnerte. Jener Moderne indes, deren sinntragende Momente uns gerade erst kurz vorher durch das postmoderne Denken als naive Selbsttäuschung entziffert worden sind.

Die Vorstellungen und Emanzipationsbestrebungen, die sich um die ungebrochene Idee menschlicher Freiheit und Würde ordnen und die gleichsam im „Projekt der Moderne" angelegt sind, wurden in der jüngsten Vergangenheit nicht nur durch das kommunistische System entstellt, verraten und zersetzt. Auch andernorts, so scheint es, hat das intellektuelle Denken diese Grundwerte willkürlich umgedeutet[24] oder allzu leichtfertig dem Gedankenspiel der Beliebigkeit ausgesetzt. Damit indes, dass sich die Ideen menschlicher Selbstachtung und Freiheit in den osteuropäischen Revolutionen[25] – allen Widrigkeiten zum Trotz – überaus eindrucksvoll Geltung ver-

---

[21] Siehe: Sterbling, Anton: Über Freiheit und Zeiten der Unfreiheit, in: Sterbling, Anton: Bürgerliche Gesellschaft, ihre Leistungen und ihre Feinde, Stuttgart 2020 (S. 53-82).

[22] Siehe: Sterbling, Anton: Modernisierung und soziologisches Denken. Analysen und Betrachtungen, Hamburg 1991, insb. S. 245 ff.

[23] Siehe auch: Bourdieu, Pierre: Die Intellektuellen und die Macht, Hamburg 1991.

[24] Siehe: Aron, Raymond: Opium für Intellektuelle oder die Sucht nach Weltanschauung, Köln-Berlin 1957; Aron, Raymond: Zwischen Macht und Ideologie, Wien 1974; Popper, Karl R.: Die offene Gesellschaft und ihre Feinde, München ^{7}1992 (2 Bde); Schelsky, Helmut: Der selbständige und der betreute Mensch, Stuttgart 1976.

[25] Siehe: Apelt, Andreas H./Grünbaum, .Robert/Gutzeit, Martin (Hrsg.): Umbrüche und Revolutionen in Ostmitteleuropa 1989, Berlin 2015.

schafften, haben sie gleichsam ihre unverwechselbare, ihre zentrale Bedeutung für jede menschliche Ordnung wiederlangt und eindrucksvoll unterstrichen. Konnte sich dies dem intellektuellen Räsonieren – bei allem Zynismus, bei aller Selbstbezogenheit und Spielerei, auch bei aller berechtigten Skepsis – erneut aufprägen? Oder leben die Werte der menschlichen Freiheit und Selbstachtung, der Toleranz und Solidarität, die jenem gleichermaßen riskanten wie selbstbefreienden Weg in die Moderne Ausgangspunkte waren, in Osteuropa nur nochmals flüchtig auf, ohne bleibende Überzeugungs- und Gestaltungskraft zu besitzen? Ist das Wissen um die Rückschläge und Abwege, um die Ratlosigkeit der späten Moderne zu eigenmächtig? Kann der gewaltige Ruck, der kurzzeitig durch das müde Gebälk der stagnierenden oder zerbrochenen Geschichte ging, diese tatsächlich zum mündigen Wiedererwachen bringen?

Welche von den Erinnerungen an das *Woher* vorangetriebenen und von den Fragen nach dem *Wohin* geleiteten Sinnfragen drängten sich der kritischen Reflexion bei den tiefgreifenden Veränderungsprozessen, die wir in Osteuropa erlebten, eigentlich auf? Waren sie angetan, einen sinnvollen Ausweg aus der geistreichen Beliebigkeit des postmodernen Denkens aufzuzeigen? Verflüchtigte sich mit der Überwindung des Kommunismus, den Eugène Ionesco bereits 1976 als den „größte(n) Mißerfolg und das größte Trauerspiel der Gegenwart" bezeichnete,[26] jener Alptraum, der sich paralysierend auf die Zukunftsvorstellungen der „gesamten fortschrittlichen Menschheit" gelagert hatte?

Ich versuchte – eher fragend als dezidiert – Bourdieus These vom Erwachen der Geschichte zunächst gegen das postmoderne Denken und dessen zentrale Denkfigur der „post-histoire" zu wenden. Dabei wurde der Wandel im Osten als jenes Durchbruchsmoment herausgestellt, das die intellektuelle Reflexion des Ganges der Geschichte, mit allen damit verbundenen Vorstellungen und Wertprämissen, erneut relevant erscheinen ließ. Fast vom gleichen Ausgangspunkt aus – vom demokratischen Wandel in Osteuropa und in vielen anderen Teilen der Welt – wurde noch ein anderer,

---

[26] Siehe: Ionesco, Eugène: Der Kommunismus ist der größte Mißerfolg in der Geschichte der Menschheit, in: Ionesco, Eugène: Gegengifte. Artikel, Aufsätze, Polemiken, Frankfurt a. M.-Berlin-Wien 1983 (S. 85-87) (zuerst, am 8. Juli 1976, in: Le Figaro), vgl. S. 85.

beachtliche Resonanz findender Gedanke in die Diskussion eingebracht, der Bourdieus These in gewisser Weise umkehrt. Ich meine den in Francis Fukuyamas Buch: „Das Ende der Geschichte" formulierten Grundgedanken, dass mit dem Übergang der Staaten zur liberalen Demokratie gewissermaßen eine teleologische Versöhnung mit einem finalen Ideal zustande käme.[27] Mit einem Ideal, das keiner Verbesserung mehr bedarf, weil es allein und alternativlos die Freiheit und Selbstachtung des Menschen ermögliche. Soweit die liberale Demokratie politisch verwirklicht wird – so dieser Grundgedanke –, findet die Menschheit gleichsam aus historischen Irrwegen zurück. Und dies bedeutet, dass sie vielleicht am „Endpunkt der ideologischen Evolution" oder sogar am „Ende der Geschichte" angekommen sei.

Der Übergang zur liberalen Demokratie bedeutete für Fukuyama also, bei allen Zweifel die er dabei vor allem im Hinblick auf die Rolle des Staates anklingen ließ, die historische Einlösung eines Zielzustandes und damit möglicherweise das „Ende der Geschichte", während Bourdieu diesen Wandel in Osteuropa nicht nur als Überwindung eines historischen Erstarrungszustandes, sondern gleichsam als Wiedererwachen der Geschichte mit allen Chancen und Risiken begriff. Von einer gewissermaßen an ihr Ende gelangten Geschichte geht, wie gesehen, auch das postmoderne Denken aus. Allerdings hat es keinen teleologischen Endpunkt wie Fukuyama im Blick, sondern das nahezu ratlose und völlig offene Ende eines Entwicklungsprozesses, dem letztlich Sinn und Richtung fehlen, dem die Rationalitätsmaßstäbe, Bewertungskriterien, verbindlichen Ziele und damit auch der Kompass abhanden gekommen sind.

Mit diesen drei scharf kontrastierten Positionen wollte ich zunächst unterschiedliche intellektuell-philosophische Reflexionsmöglichkeiten über Fortgang oder Ende der Geschichte, wie sie mit dem Niedergang des Kommunismus gegeben waren, aufzeigen: Bei Bourdieu wird das Erwachen der Geschichte als Überwindung eines Erstarrungszustandes und zugleich als mögliche Befreiung des intellektuellen Denkens aus seiner orientierungslosen Selbstbezüglichkeit und Ratlosigkeit verstanden; bei Fukuyama erschien die Herstellung der liberalen Demokratie als geschichtsphiloso-

---

[27] Siehe: Fukuyama, Francis: Das Ende der Geschichte. Wo stehen wir?, München 1992.

phisch antizipierter, einzig möglicher Idealzustand des gesellschaftlichen Lebens, dessen Erreichung die Geschichte gewissermaßen an ihr teleologisches Ende heranführt. Schließlich im postmodernen Denken bedeutete die illusionslose Feststellung des Endes der Geschichte nichts als skeptische und allein diese Skepsis spielerisch inszenierende intellektuelle Einsicht in das unfertige und unfertig bleibende Projekt der Moderne.

Diese drei, zumindest auf den ersten Blick unvereinbar erscheinenden geschichtsphilosophischen Auffassungen rufen gleichsam auch die Sätze Max Webers in Erinnerung: „Endlos wälzt sich der Strom des unermeßlichen Geschehens der Ewigkeit entgegen. Immer neu und anders gefärbt bilden sich die Kulturprobleme, welche die Menschen bewegen, flüssig bleibt, damit der Umkreis dessen, was aus jenem stets gleich unendlichen Strome des Individuellen Sinn und Bedeutung für uns erhält, „historisches Individuum" wird. Es wechseln die Gedankenzusammenhänge, unter denen es betrachtet und wissenschaftlich erfaßt wird. Die Ausgangspunkte der Kulturwissenschaften bleiben damit wandelbar in die grenzenlose Zukunft hinein, solange nicht chinesische Erstarrung des Geisteslebens die Menschheit entwöhnt, neue Fragen an das immer gleich unerschöpfliche Leben zu stellen."[28] Alle drei Positionen repräsentieren eine Sichtweise der Kulturproblematik, in deren Umkreis sich das geschichtliche Phänomen erst konstituiert und seine spezifische Relevanz gewinnt. Im Zentrum dieser Problematik stehen die für den abendländischen Modernisierungsprozeß zentralen Fragen nach dem Verhältnis von Geschichte und gesellschaftlichem Fortschritt[29] sowie dem Verhältnis von gesellschaftlichem Fortschritt und Freiheit. Müssen gesellschaftlicher Fortschritt als sinngebendes und richtungsbestimmendes Moment der Geschichte und menschliche Freiheit als letzter Wertmaßstab des gesellschaftlichen Fortschritts stets zusammengedacht werden oder nicht?

---

[28] Siehe: Weber, Max: Die „Objektivität" sozialwissenschaftlicher und sozialpolitischer Erkenntnis, in: Weber, Max: Gesammelte Aufsätze zur Wissenschaftslehre, Tübingen ^{7}1988 (S. 146-214), vgl. S. 184.

[29] Siehe auch: Schluchter, Wolfgang: Die Entwicklung des okzidentalen Rationalismus. Eine Analyse von Max Webers Gesellschaftsgeschichte, Tübingen 1979; Sterbling, Anton: Eliten im Modernisierungsprozeß. Ein Theoriebeitrag zur vergleichenden Strukturanalyse unter besonderer Berücksichtigung grundlagentheoretischer Probleme, Hamburg 1987, insb. S. 99 ff.

Ideen- und geschichtsphilosophisch kann man in dieser Frage, wie gesehen, relativ leicht zu dezidierten Standpunkten kommen. Realgeschichtlich erscheinen die Dinge um vieles komplizierter, schwieriger, verworrener. Der Soziologe hat sich aber gerade um diese realgeschichtliche Seite der gesellschaftlichen Wirklichkeit zu bemühen, ganz der wissenschaftsprogrammatischen Anweisung Emile Durkheims[30] entsprechend, die Soziologie habe sich damit zu beschäftigen, wie die Gesellschaft tatsächlich ist, während es der Philosophie stets mehr darum gehe, wie die Gesellschaft sein oder werden solle, wodurch Durkheim zugleich den „erfahrungswissenschaftlichen" oder „positivistischen" Auftrag des soziologischen Denkens nachdrücklich unterstrich.

Blickt man auf die realgeschichtlichen Entwicklungen, so fällt mit dem Wiedererwachen der Geschichte in Osteuropa noch etwas anderes zusammen, das man mit dem Untertitel eines Aufsatzes von Jacques Rupnik aus dem Jahr 1990: „Das Ende des Kommunismus und das Wiedererwachen der Nationalismen" nennen könnte.[31] In vielen Fällen ist das ursprüngliche Erwachen der Geschichte, im Sinne der Entwicklung eines historischen Eigenbewusstseins sozialer Kollektiva oder moderner Gesellschaften, mit der Entstehung und Entfaltung ihres nationalen Bewusstseins zusammen gegangen. Nicht selten schlug das nationale Bewusstsein indes auch in übersteigerte Formen des Nationalismus oder extremen Nationalismus (also Chauvinismus) um.[32] Führte das Wiedererwachen der Geschichte nach dem Ende des Kommunismus möglicherweise erneut zu problematischen Spielarten des Nationalismus zurück? Auf diesen Aspekt möchte ich nun im

---

[30] Siehe: Durkheim, Emile: Montesquieus Beitrag zur Gründung der Soziologie, in: Durkheim, Emile: Frühe Schriften zur Begründung der Sozialwissenschaft, Darmstadt-Neuwied 1981 (S. 87-128), insb. S. 88 f.

[31] Siehe: Rupnik, Jacques: Eisschrank oder Fegefeuer. Das Ende des Kommunismus und das Wiedererwachen der Nationalismen, in: Transit. Europäische Revue, Heft 1, Frankfurt a. M. 1990 (S. 132-141); Höpken, Wolfgang (Hrsg.): Öl ins Feuer? Oil on Fire? Schulbücher, ethnische Stereotypen und Gewalt in Südosteuropa. Textbooks, Ethnic Stereotypes and Violence in South-Eastern Europe, Hannover 1996.

[32] Siehe: Winkler, Heinrich August (Hrsg.): Nationalismus, Königstein/Ts. ²1985; Berlin, Isaiah: Der Nationalismus, Frankfurt a. M. 1990; Giesen, Bernhard (Hrsg.): Nationale und kulturelle Identität. Studien zur Entwicklung des kollektiven Bewußtseins in der Neuzeit, Frankfurt a. M. 1991.

Weiteren näher eingehen. Dabei wird sich mein Hauptaugenmerk insbesondere auf die ehemals sozialistischen Balkanstaaten richten.

Zunächst möchte ich im historischen Rückblick ausführen, wie eng der Prozess der „nationalen Wiedergeburt"[33] ursprünglich mit der häufig romantisch verklärten Entdeckung der eigenen Geschichte und Identität der Völker Südosteuropas zusammenfiel. Sodann soll kurz umrissen werden, in welche konfliktreichen Prozesse der Staaten- und Nationenbildung dies einmündete und welche zum Teil bis heute offenen Probleme sich daraus ergaben. Schließlich soll diskutiert werden, inwiefern diese überkommenen „historischen" Konflikte, die während der kommunistischen Herrschaft keineswegs gelöst, sondern vielfach eher verschärft worden sind oder bestenfalls „eingefroren" wurden, und die später erneut auflebten, eine ernste Gefahr für die Demokratisierungsprozesse und die Schaffung freiheitlicher Gesellschaftsverhältnisse in Südosteuropa darstellen. Kürzer gesagt: im Folgenden soll es um die andere, um die eher problematische Seite des Wiedererwachens der Geschichte gehen und dieser Hintergrund soll auch ein Stück zu verstehen helfen, welche Rolle die „wiedererwachte Geschichte" und nationalistische Ideologie beim Überfall der Ukraine durch Russland spielt.

Die „nationale Wiedergeburt" und das ursprüngliche Erwachen des geschichtlichen Bewusstseins

Der vor allem im 19. Jahrhundert um sich greifende Prozess der „nationalen Wiedergeburt" auf dem Balkan, der wesentlich zur Entstehung und Ausformung des nationalkulturellen Eigenbewusstseins der einzelnen Völker Südosteuropas beitrug, zog sich lange hin. Mindestens ebenso langwierig, kompliziert und konfliktreich wie der Prozess der kulturellen Identitätsfindung verliefen die davon eingeleiteten und zugleich maßgeblich voran-

---

[33] Der Begriff „nationale Wiedergeburt", der hier wie im Folgenden Verwendung finden soll, ist nicht nur eine vielfach gebrauchte, feststehende Formulierung der Geschichtswissenschaft, sondern dieser Begriff entspricht auch, zumindest dem Sinn nach, den für diesen Prozess von einzelnen Völkern Südosteuropas selbst gewählten Bezeichnungen dieser historischen Vorgänge in den jeweiligen Sprachen. Siehe: Hösch, Edgar: Geschichte der Balkanländer. Von der Frühzeit bis zur Gegenwart, München ²1993, insb. S. 159 ff.

getriebenen politischen Vorgänge der Staaten- und Nationenbildung in diesem Raum.³⁴ Sie sind bis heute offenkundig noch keineswegs überall zum Abschluss gekommen. Zu den Ausgangsbedingungen und der ersten wichtigen Phase des nationalen Wiedererwachens, die vornehmlich in die erste Hälfte des 19. Jahrhunderts fällt, stellte Edgar Hösch fest: „Im Regelfall handelte es sich – von den Madjaren und Griechen abgesehen – um kleine Bauernvölker mit geringer sozialer Mobilität und Innovationskraft und einem noch wenig entwickelten urbanen Milieu. Sie waren seit Jahrhunderten schon ihrer politischen Selbstbestimmung beraubt, und die Führungspositionen in Gesellschaft, Wirtschaft, Kultur und Kirche befanden sich in volksfremden Händen. Nur eine Nationalbewegung des sezessionistischen Typs hatte auf Dauer eine Chance, die weithin analphabetischen bäuerlichen Massen anzusprechen und für eine Abkehr von den bisherigen Herren zu mobilisieren. In den gesellschaftlichen Konsens mußten auch jene Aufsteiger eingebunden werden, die bisher dem eigenen Volk und seinen Kulturtraditionen durch Assimilation an die Herrenschicht verlorengegangen waren. Dabei haben europäische Aufklärungsideen, denen die Neuentdeckung des Eigenwertes der Völker und der einzelnen Nationalkulturen zu verdanken war, stimulierend gewirkt."³⁵

---

[34] Zur Problematik der Staaten- und Nationenbildung im Allgemeinen siehe: Deutsch, Karl W.: Nationalism and Social Communication, Cambridge/Mass. 1966; Eisenstadt, Samuel N./Rokkan, Stein (Hrsg.): Building States and Nations, Beverly Hills-London 1973 (2 Bde); Winkler, Heinrich August (Hrsg.): Nationalismus, Königstein/Ts. ²1985; Berlin, Isaiah: Der Nationalismus, Frankfurt a. M. 1990; Giesen, Bernhard (Hrsg.): Nationale und kulturelle Identität. Studien zur Entwicklung des kollektiven Bewußtseins in der Neuzeit, Frankfurt a. M. 1991. Zu den komplizierten und langwierigen Prozessen der Staaten- und Nationenbildung und der damit zusammenhängenden Minderheitenproblematik in Südosteuropa im Besonderen siehe: Bohmann, Alfred: Menschen und Grenzen, 2. Bd.: Bevölkerung und Nationalitäten in Südosteuropa, Köln 1969; Poulton, Hugh: The Balkans. Minorities and States in Conflict, London 1991; Seton Watson, Hugh: Osteuropa zwischen den Kriegen 1918-1941, Paderborn 1948, insb. 310 ff; Hösch, Edgar: Geschichte der Balkanländer. Von der Frühzeit bis zur Gegenwart, München ²1993; Schönfeld, Roland (Hrsg.): Nationalitätenprobleme in Südosteuropa, München 1987; Sterbling, Anton: Sterbling, Anton: Staaten- und Nationenbildung in Südosteuropa, in: Sterbling, Anton: Kontinuität und Wandel in Rumänien und Südosteuropa. Historisch-soziologische Analysen, München 1997 (S. 101-117).

[35] Siehe: Hösch, Edgar: Geschichte der Balkanländer. Von der Frühzeit bis zur Gegenwart, München ²1993, insb. S. 140 ff, vgl. S. 159 f.

Der nationalen Unabhängigkeit und Eigenstaatlichkeit der meisten Völker Südosteuropa gingen zielstrebige und leidenschaftliche kulturelle und intellektuelle Anstrengungen der Entwicklung eigenständiger Nationalkulturen und der Stärkung des nationalen und kulturellen Eigenbewusstseins voraus. Die Geschichtsschreibung, mit ihren nicht selten starken nationalromantischen Einschlägen spielte dabei eine wesentliche Rolle.[36] Welch hervorragende Bedeutung der Geschichtsschreibung und der Förderung eines historisch ausgerichteten Kollektivbewusstseins zukam, soll im Folgenden durch einige prägnante Beispiele illustriert werden.

Bei der „nationalen Wiedergeburt" in Bulgarien spielte die schon 1762 verfasste und handschriftlich verbreitete, sodann 1844 erstmals gedruckte „Slaweno-bulgarische Geschichte von den bulgarischen Völkern, Zaren und Heiligen" des Athos-Mönchs Paisij Chilendarski eine wesentliche Rolle. In einem volkssprachlichen Idiom geschrieben, hat sie die „Umrisse eines neuen nationalen Geschichtsbildes und Bildungsprogrammes entworfen". Von dieser Arbeit gingen bedeutsame Einflüsse auf die gräzisierte bulgarische Oberschicht im Sinne der „Wiederentdeckung des eigenen Volkstums und der eigenen geschichtlichen Größe" aus.[37] Sie förderte gleichermaßen die politische Emanzipation von der osmanischen Herrschaft wie die geistig-kulturelle Entbindung von der griechischen Dominanz.

Das rumänische Nationalbewusstsein erwachte zunächst nicht etwa in den altrumänischen Fürstentümern Moldau und Walachei, sondern in Siebenbürgen. Hier wurde von der sogenannten „Siebenbürgischen Schule" („Şcoala Ardeleană"), deren Mitglieder zum Teil als Theologiestudenten der Unierten Kirche in Rom weilten, die These einer direkten Kontinuitätslinie zwischen der dako-romanischen Bevölkerung der Römerzeit und den Rumänen aufgestellt. Auch wurde der überwiegend lateinische Charakter der rumänischen Sprache entdeckt und hervorgehoben.[38] Beides geschah

---

[36] Siehe dazu auch: Justin: Volkskultur, Hochkultur, Nationalkultur, in: Balla, Bálint/ Sterbling, Anton (Hrsg.): Zusammenbruch des Sowjetsystems – Herausforderung für die Soziologie, Hamburg 1996 (S. 213-227).

[37] Siehe: Hösch, Edgar: Geschichte der Balkanländer. Von der Frühzeit bis zur Gegenwart, München ²1993, vgl. S. 152 f.

[38] In der Geschichtsschreibung findet sich demgegenüber auch die konkurrierende Auffassung vertreten, dass sich der größte Teil dako-romanische Bevölkerung beim

nicht zuletzt in der Absicht, den politischen Gleichheitsansprüchen der Rumänen in Siebenbürgen, die dort lediglich als zugewanderte „tolerierte" Bevölkerungsgruppe galten, Nachdruck zu verleihen. Der in Blasendorf (Blaj), dem Bischofssitz und kulturellen Zentrum der Unierten Kirche in Siebenbürgen, sowie in Wien ausgebildete Samuil Micu-Klein legte schon 1778 eine aufsehenerregende Studie zur Geschichte Siebenbürgens mit dem Titel: „Brevis historica notitia originis et progressus nationis Daco-Romanae" vor, in der nachdrücklich auf die dako-romanischen Ursprünge des rumänischen Volkes hingewiesen wird. Nachdem Micu-Klein auch als Mitverfasser der bekannten Denkschrift „Supplex Libellus Valachorum" hervorgetreten ist,[39] veröffentlichte er Anfang des 19. Jahrhunderts ein vierbändiges Werk zur rumänischen Geschichte, das sich in seinem Inhalt und seiner Tendenz deutlich von den früheren historiographischen Arbeiten der slawophilen Chronisten in den altrumänischen Fürstentümern abhob. Zusammen mit Gheorghe Şincai verfasste Micu-Klein auch eine erste, von der Latinität der rumänischen Sprache ausgehende und diesen Sachverhalt festschreibende Grammatik.[40]

Ansturm der Wandervölker mit der römischen Verwaltung und den Truppen südlich der Donau, auf den Balkan, zurückgezogen habe und dass die zurückgebliebene Restbevölkerung von den Wandervölkern weitestgehend dezimiert oder assimiliert wurde. Bei den Rumänen in Siebenbürgen handele es sich demnach nicht um die dort kontinuierlich siedelnden Nachkommen der ursprünglichen dako-romanischen Bevölkerung, sondern um später, erst nach der Landnahme durch die Magyaren, vom Balkan her über die Karpatenpässe eingewanderte Bauern und Wanderhirten. Siehe dazu: Illyés, Elemér: Nationale Minderheiten in Rumänien. Siebenbürgen im Wandel, Wien 1981; Révesz, László: Minderheitenschicksal in den Nachfolgestaaten der Donaumonarchie. Unter besonderer Berücksichtigung der magyarischen Minderheit, Wien 1990, insb. S. 85 ff.

[39] Diese dem Kaiser in Wien durch die beiden Bischöfe Gherasim Adamovici aus Hermannstadt und Ioan Bob aus Blasendorf überbrachte Petition, in der die rechtliche und politische Gleichstellung der Rumänen in Siebenbürgen mit den Magyaren, Szeklern und Sachsen gefordert wird, wurde unter anderen von den Historikern Samuil Micu-Klein, Ioan Molnar Piuariu, Ioan Budai-Deleanu, Petru Maior und Gheorghe Şincai verfasst. Siehe: Constantinescu, Miron/Daicoviciu, Constantin/Pascu, Stefan (Hrsg.): Istoria României. Compendiu (Geschichte Rumäniens. Kompendium), Bucureşti ²1971, insb. S. 222 ff, vgl. S. 223.

[40] Siehe: Hösch, Edgar: Geschichte der Balkanländer. Von der Frühzeit bis zur Gegenwart, München ²1993, insb. S. 149 ff; Constantinescu, Miron/Daicoviciu, Constantin/Pascu, Stefan (Hrsg.): Istoria României. Compendiu (Geschichte Rumäniens.

Ähnlich wie im Falle der „Siebenbürgischen Schule" („Şcoala Ardeleană") kommt auch der Geschichtsschreiber Jovan Rajić (1726-1801), der ein vierbändiges Werk zur südslawischen Geschichte verfasste, nicht aus dem serbischen Kernland. Er entstammt vielmehr dem südungarischen Serbentum. Genauso übrigens auch der in der Tradition der Aufklärung stehende Sprachforscher Dositej Obradović (1742-1811), der wie Rajić zunächst dem Athos-Mönchstum angehörte, ehe er nach längeren Wanderungen durch Europa 1807 erster Erziehungsminister des autonomen Fürstentums Serbien wurde.[41]

Wie bei den anderen südosteuropäischen Völkern sollten auch für die Albaner vor allem zwei historisch-nationalpatriotische Schriften, die an die vergangene Größe, den Leidensweg der Fremdherrschaft und den heldenhaften Befreiungskampf erinnerten und die die zukünftige historische Mission der Albaner beschrieben, eine hervorragende Bedeutung erlangen: Die 1879 zunächst in französischer Sprache veröffentlichte, von Vasa Pashko verfasste Schrift: „Die Wahrheit über Albanien und die Albaner" sowie Sami Frashëris 1899 erschienenes Werk: „Albanien, was es war, was es ist und was es sein wird", das zu einer regelrechten Kampfschrift im albanischen Unabhängigkeitsbestreben wurde.[42]

Die einerseits von Mythen und Legenden durchsetzte, andererseits von politischen Aufklärungs- und Mobilisierungszielen bestimmte Geschichtsschreibung bildete einen zentralen Kristallisationspunkt und ein überaus wichtiges Medium bei der Entstehung und Entwicklung des Nationalbewusstseins der Völker Südosteuropas. Die Historiographie half nicht selten, die Ursprünge und die vermeintlich wahre Identität und Geschichte der einzelnen Völker überhaupt erst zu „entdecken". Natürlich geschah dies nicht selten im Widerstreit mit den Geschichtsauffassungen, den Geschichtsmythen und den Herkunftslegenden anderer Völker, waren und sind die

---

Kompendium), Bucureşti ²1971; Sterbling, Anton: Kontinuität und Wandel in Rumänien und Südosteuropa. Historisch-soziologische Analysen, München 1997; Drace-Francis, Alex: The Making of Modern Romanian Culture. Literacy and the Development of National Identity, London-New York 2006.

[41] Siehe: Hösch, Edgar: Geschichte der Balkanländer. Von der Frühzeit bis zur Gegenwart, München ²1993, insb. S. 146 ff.

[42] Siehe: Hösch, Edgar: Geschichte der Balkanländer. Von der Frühzeit bis zur Gegenwart, München ²1993, insb. S. 156 ff.

Schicksale der Völker Südosteuropas durch ihre Siedlungsgeschichte und durch ihre häufig gemeinsame politische Geschichte doch ebenso konfliktreich wie unentwirrbar aneinander gekettet. Daher erstaunt auch kaum, dass die Anstöße zur nationalen Wiedergeburt der einzelnen Völker oft zunächst von auswärts, aus den ausländischen Siedlungs- oder Emigrationszentren kamen.

Begleitet und weitergeführt wurden die Bemühungen auf dem Gebiet der Historiographie, wie schon angedeutet, von sprachreformerischen, sprachnormierenden und sprachpolitischen Maßnahmen. Die heroisch-verklärende Geschichtsschreibung hatte ihr Pendant aber auch in der Kunst und Literatur, die in romantischer Manier zur Entdeckung und Popularisierung der Volkskunst beitrugen und die nicht selten nationalpatriotische Themen und Motive in den Mittelpunkt des künstlerischen Schaffens stellten. Ein weiteres wichtiges Gebiet der nationalkulturellen Entwicklung, das bald zu einem der politisch umstrittensten Konfliktfelder werden sollte, war das Elementarschul- und Bildungswesen.[43] Die Initiatoren, Förderer und Träger all dieser kulturschöpferischen Bemühungen im Zeichen nationaler Ziele waren entweder Kirchenmänner, vor allem, wenn sie einer um ihre Gleichberechtigung kämpfenden Minderheitenkirche angehörten. Oder Angehörige der neuentstehenden Intelligenz bzw. Intellektuelle, die sich häufig durch den Kontakt mit der fortgeschritteneren westlichen Kultur auf ihre eigenen Ursprünge zurückbesannen.[44] Eine richtungsweisende Bedeutung kam hierbei den Ideen der deutschen Aufklärung und namentlich den Schriften Johann Gottfried Herders,[45] aber auch den Gedanken der Französischen Revolution und der romantischen Bewegung zu.

---

[43] Schon in der zweiten Hälfte des 18. Jahrhunderts erhielt das Elementarschulwesen der einzelnen Nationalitäten durch die theresianisch-josephinischen Reformen bedeutsame Anstöße. Siehe: Hösch, Edgar: Geschichte der Balkanländer. Von der Frühzeit bis zur Gegenwart, München ²1993, insb. S. 160.

[44] Siehe: Hösch, Edgar: Geschichte der Balkanländer. Von der Frühzeit bis zur Gegenwart, München ²1993; Seton Watson, Hugh: „Intelligentsia" und Nationalismus in Osteuropa 1848-1918, in: Historische Zeitschrift, Bd. 195, München 1962 (S. 331-345).

[45] Siehe vor allem: Herder, Johann Gottfried: Ideen zur Philosophie der Geschichte der Menschheit. Herders sämtliche Werke XIII, London 2006 (zuerst 1784).

Das ursprüngliche Erwachen der Geschichte, das mit der „nationalen Wiedergeburt" zusammenfiel, war bei den Völkern Südosteuropa vor allem mit nationalen Freiheitsideen und Emanzipationsbestrebungen verbunden. Zwar spielten auch soziale Anliegen – wie die 1848er Revolution zeigte – eine gewisse Rolle. Diese waren aber – gerade der Verlauf der 1848er Revolution in Ungarn macht dies überaus deutlich[46] – gegenüber den nationalen Interessen und Bestrebungen allemal nachrangig. So war denn auch die „Geschichte", als immer einflussreicheres und mächtigeres Medium der kollektiven Bewusstseinsbildung und der politischen Mobilisierung,[47] in erster Linie Orientierungsrahmen und geistiges Instrument jenes Werte- und Überzeugungssystems, das in Südosteuropa schnell eine dominante Bedeutung erlangen sollte: des Nationalismus. Als solche hatte sie gelegentlich eine geradezu „magische", eine tief in die Vorstellungs- und Gefühlswelt eingespeiste sozialreligiöse Deutungsqualität.

Doch die Geschichte hielt nicht das, was sie in ihren nationalistischen Färbungen versprach. Wohl kein südosteuropäisches Volk fand bisher zu seiner romantisch verklärten, monumentalhistorisch entworfenen Größe und Selbstherrlichkeit. Die in ihren Grenzen weitgehend umstrittenen unabhängigen Staaten, die schrittweise entstanden sind, waren allenfalls enttäuschende Stückwerke ihrer historischen Vorbilder und Entwürfe. Die im Zeichen nationaler Ideen und Interessen entstandenen, legendenhaft in die Vergangenheit und verheißungsvoll in die Zukunft gerichteten Geschichtsprojektionen wurden aber keineswegs verworfen, nachdem die Realgeschichte einen anderen, komplizierteren Verlauf nahm. Sie wurden vielmehr zur hartnäckigen Revisionsgrundlage der in den meisten Fällen als enttäuschend erlebten realgeschichtlichen Entwicklungen.

---

[46] Siehe dazu: Hösch, Edgar: Geschichte der Balkanländer. Von der Frühzeit bis zur Gegenwart, München ²1993, insb. S. 155; Molnár, Miklós: Geschichte Ungarns. Von den Anfängen bis zur Gegenwart, Hamburg 1999, insb. S. 263 ff; Lendvai, Paul: Die Ungarn. Ein Jahrtausend Sieger in Niederlagen, München 1999, insb. S. 237 ff.

[47] Siehe hierzu allgemeiner: Lepsius, M. Rainer: Gesellschaftsanalyse und Sinngebungszwang, in: Albrecht, Günter u.a. (Hrsg.): Soziologie, Opladen 1973 (S. 103-116).

Die „Geschichte" als Revisionsgrundlage der Realgeschichte

Die meisten Völker Südosteuropas haben ihre Eigenstaatlichkeit und politische Unabhängigkeit größtenteils erst Ende des 19. oder Anfang des 20. Jahrhunderts erreicht. Dies nicht selten erst nach mehreren Zwischenschritten und Grenzkorrekturen. Die Grenzziehungen, die sich dabei ergaben, und nicht zuletzt die Grenzen, wie sie nach dem Ersten Weltkrieg zustande kamen und im Wesentlichen länger Bestand hatten, waren dabei stets tief umstritten. Hierzu nur einen groben Überblick.

Das Freiheitsstreben der Magyaren erfuhr nach der 1848er Revolution zunächst einen empfindlichen Rückschlag, ehe es 1867 zum sogenannten „Ausgleich" kam und Ungarn als gleichberechtigte und staatsrechtlich eigenständige Reichshälfte der österreichisch-ungarischen Doppelmonarchie anerkannt wurde. Dieser Teilerfolg der Magyaren bedeutete indes eine gleichzeitige Enttäuschung für andere aufstrebende Völker und Teilvölker, die nunmehr zu ethnischen Minderheiten in der „nationalstaatlich" ausgerichteten ungarischen Reichshälfte wurden und dabei zudem einem mehr oder weniger starken Magyarisierungsdruck ausgesetzt waren. Zwar wurden den einzelnen Ethnien verschiedene Rechte eingeräumt. Die gegebene Situation wurde aber selbst von den privilegierten ethnischen Gruppen vielfach als unbefriedigend empfunden.

So wurde mit Kroatien – genauer genommen mit dem kroatischen Landadel – ein „kleiner Ausgleich" erreicht, der diesem traditionelle Privilegien zugestand. Dem außerhalb der ungarischen Reichshälfte lebenden dalmatinischen Bürgertum schwebte indes eine andere Lösung vor. Insbesondere Angehörige der kroatischen Intelligenz sympathisierten schon früh mit der Idee eines südslawischen Gesamtstaates.[48] Selbst die Siebenbürger Sachsen sahen ihre jahrhundertelange politische Eigenständigkeit bedroht und wendeten sich mehr und mehr von Budapest und Wien ab und – insbesondere nach 1871 – Berlin zu.[49] Auch in der rumänischen Bevölkerung

---

[48] Siehe: Hösch, Edgar: Geschichte der Balkanländer. Von der Frühzeit bis zur Gegenwart, München ²1993, insb. S. 153 ff; Gross, Mirjana: Die Anfänge des modernen Kroatien, Köln-Wien 1993.

[49] Siehe zum Beispiel: Kotzian, Ortfried: Das Schulwesen der Deutschen in Rumänien im Spannungsfeld zwischen Volksgruppe und Staat, Augsburg 1983, insb. S. 155 ff; McArthur, Marylin: Zum Identitätswandel der Siebenbürger Sachsen, Köln-Wien

Siebenbürgens, der serbischen Südungarns oder der slowakischen Nordungarns gab es – vor allem im Umfeld der rumänischen Unierten und Orthodoxen Kirche, der serbischen Orthodoxen Kirche und im gebildeteren protestantischen Teil der slowakischen Bevölkerung wie natürlich auch in der sich allmählich herausbildenden Intelligenz – vielfach sezessionistische und irredentistische Kräfte und Bestrebungen.[50]

Infolge des Ersten Weltkrieges verlor Ungarn dann bekanntlich große Teile seines ehemaligen Staatsgebietes.[51] Ungarn wurde damit zu einem ethnisch relativ homogenen Staat. Ein großer Teil der Magyaren indes geriet in der Folge selbst in den Status einer nationalen Minderheit in dem territorial erheblich vergrößerten Königreich Rumänien, dem Königreich der Serben, Kroaten und Slowenen – also dem späteren Jugoslawien – der neuentstandenen Tschechoslowakei und der Sowjetunion.[52] Diese exterritoriale Minderheitenproblematik besteht gleichsam bis heute fort. Die schwierige Situation der ungarischen Minderheit in Siebenbürgen, insbesondere in der

---

1990, insb. S. 91 ff; Schödl, Günter (Hrsg.): Deutsche Geschichte im Osten Europas. Land an der Donau, Berlin 2002; Puttkamer, Joachim von: Ostmitteleuropa im 19. und 20. Jahrhundert, München 2010.

[50] Siehe: Seton Watson, Hugh: „Intelligentsia" und Nationalismus in Osteuropa 1848-1918, in: Historische Zeitschrift, Bd. 195, München 1962 (S. 331-345).

[51] Mit dem Friedensschluss von Trianon 1920 verlor Ungarn zwei Drittel seines ehemaligen Staatsgebietes und 60 Prozent seiner ehemaligen Bevölkerung. Über drei Millionen Magyaren, etwa 40 Prozent der Volksangehörigen, lebten fortan exterritorial, im Minderheitenstatus. Von der in den neuen Staatsgrenzen Ungarns lebenden Bevölkerung waren 833.000, das heißt etwa 10 Prozent, Nichtmagyaren, davon gehörten mehr als eine halbe Million der deutschen Minderheit an. Siehe: Seewann, Gerhard/Sitzler, Kathrin: Ungarn. Kontinuität der Brüche, in: Bonwetsch, Bernd/Grieger, Manfred (Hrsg.): Was früher hinterm Eisernen Vorhang lag. Kleine Osteuropakunde vom Baltikum bis Bessarabien, Dortmund 1991 (S. 159-173); Hoensch, Jörg K.: Geschichte Ungarns 1867-1983, Stuttgart-Berlin-Köln-Mainz 1984, vgl. S. 104; Révesz, László: Minderheitenschicksal in den Nachfolgestaaten der Donaumonarchie. Unter besonderer Berücksichtigung der magyarischen Minderheit, Wien 1990; Molnár, Miklós: Geschichte Ungarns. Von den Anfängen bis zur Gegenwart, Hamburg 1999; Lendvai, Paul: Die Ungarn. Ein Jahrtausend Sieger in Niederlagen, München 1999.

[52] Siehe: Bohmann, Alfred: Menschen und Grenzen, 2. Bd.: Bevölkerung und Nationalitäten in Südosteuropa, Köln 1969; Poulton, Hugh: The Balkans. Minorities and States in Conflict, London 1991.

Zeit der Ceaușescu-Diktatur, war hinlänglich bekannt.[53] Durch den Zerfall Jugoslawiens[54] und die damit verbundenen kriegerischen Auseinandersetzungen, durch die staatliche Absonderung der Slowakei und durch die Auflösung der Sowjetunion aktualisierten sich indes auch bestimmte Probleme und Fragen, die die Lage der ungarischen Minderheiten in der Vojwodina und in Kroatien, in der Slowakei oder in der transkarpatischen Westukraine betreffen.[55] Im Schatten des Überfalls der Ukraine durch Russland Anfang des Jahres 2022 gewinnt auch die Frage der Ungarn im transkarpatischen Raum eine erneute Aktualität.

Die Zwischenetappen des rumänischen Weges in die staatliche Unabhängigkeit lassen sich folgendermaßen festmachen. Das Jahr 1822 brachte das Ende der Phanariotenherrschaft in den altrumänischen Fürstentümern, die als autonome staatliche Gebilde weiterhin im Status der Tributpflichtigkeit gegenüber dem Osmanischen Reich und zugleich russische Protektorate blieben. 1859 erfolgte sodann die Vereinigung der beiden Fürstentümer Moldau und Walachei zu Rumänien. Schließlich kam es im Zusammenhang mit dem russisch-türkischen Krieg zur Unabhängigkeitserklärung von 1877. Die Unabhängigkeit Rumäniens wurde im Vorfriede von San Stefano und dann auch im Friedensvertrag von Berlin 1878 völkerrechtlich bestätigt. Nach der Erlangung der staatlichen Unabhängigkeit blieben aus rumänischer Sicht vor allem das Schicksal der Rumänen in Siebenbürgen und in Bessarabien, das 1812 an Russland abgetreten wurde, politisch ungelöste Probleme.[56] Der rumänische Eintritt in den Ersten Weltkrieg auf Seiten der

---

[53] Siehe: Mihok, Brigitte: Ethnostratifikation im Sozialismus, aufgezeigt an den Beispielländern Ungarn und Rumänien, Frankfurt a. M.-Bern-New York-Paris 1990; Wagner, Richard: Sonderweg Rumänien. Bericht aus einem Entwicklungsland, Berlin 1991, insb. S. 82 ff.

[54] Siehe: Sundhaussen, Holm: Experiment Jugoslawien. Von der Staatsgründung bis zum Staatsverfall, Mannheim-Leipzig-Wien-Zürich 1993.

[55] Siehe: Rupnik, Jacques: Eisschrank oder Fegefeuer. Das Ende des Kommunismus und das Wiedererwachen der Nationalismen, in: Transit. Europäische Revue, Heft 1, Frankfurt a. M. 1990 (S. 132-141); Sterbling, Anton: Kontinuität und Wandel in Rumänien und Südosteuropa. Historisch-soziologische Analysen, München 1997.

[56] Siehe: Hösch, Edgar: Geschichte der Balkanländer. Von der Frühzeit bis zur Gegenwart, München ²1993; Constantinescu, Miron/Daicoviciu, Constantin/Pascu, Stefan (Hrsg.): Istoria României. Compendiu (Geschichte Rumäniens. Kompendium), București ²1971.

siegreichen Entente führte denn auch zur Eingliederung Siebenbürgens, Bessarabien, der Nordbukowina, der Süddobrudscha und großer Teile des Banats[57] in das Staatsgebiet Rumäniens. Rumänien wurde danach selbst, von einem ethnisch relativ homogenen Staat, zu einem Vielvölkerstaat mit einem Minderheitenanteil von etwa 28 Prozent.[58] Heute ist die überkommene Minderheitenproblematik, vor allem, was die Lage der ungarischen und der deutschen Minderheit in Siebenbürgen und im Banat betrifft,[59] zwar weitgehend – nicht zuletzt auch auf Grund massiver Auswanderungen – entspannt, aber nicht ganz verschwunden. Problematisch blieb die Frage der nach dem Zweiten Weltkrieg an die Sowjetunion abgetretenen Gebiete und vor allem die der Republik Moldau und insbesondere des Gebiets Transnistriens, wie sich aktuell vor dem Hintergrund des Krieges Russlands gegen die Ukraine zeigt.

Der Staatsbildungsprozess Bulgariens, das wie Ungarn zu den Verliererstaaten des ersten Weltkriegs zählte, war vor allem im Hinblick auf die territoriale Ausdehnung mit großen Hoffnungen und vielen Rückschlägen verbunden. Dem osmanischen Herrschaftszentrum von allen Balkanstaaten am nächsten, war die fremdherrschaftliche Penetration besonders stark und

---

[57] Siehe: Sterbling, Anton: Der Erste Weltkrieg, das Ende der Habsburgermonarchie und das Banat, in: Ulbricht, Justus H. (Hrsg.): Das Ende des Alten Europa. Der Erste Weltkrieg in Geschichte und Erinnerung mitteleuropäischer Regionen, Dresden 2016 (S. 97-107).

[58] Bei der Volkszählung von 1930 rechneten sich 71,9 Prozent zur rumänischen Nationalität und gaben 73,0 Prozent Rumänisch als Muttersprache an. Siehe: Bundesministerium für Vertriebene, Flüchtlinge und Kriegsgeschädigte (Hrsg.), Bearbeitung Schieder, Theodor u.a.: Dokumentation der Vertreibung der Deutschen aus Ost-Mitteleuropa III: Das Schicksal der Deutschen in Rumänien, München 1984 (zuerst 1957), vgl. S. 5 E.

[59] Siehe: Mihok, Brigitte: Ethnostratifikation im Sozialismus, aufgezeigt an den Beispielländern Ungarn und Rumänien, Frankfurt a. M.-Bern-New York-Paris 1990; Wagner, Richard: Sonderweg Rumänien. Bericht aus einem Entwicklungsland, Berlin 1991, insb. S. 82 ff; Gabanyi, Anneli Ute: Die unvollendete Revolution. Rumänien zwischen Diktatur und Demokratie, München 1990; Sterbling, Anton: Kontinuität und Wandel in Rumänien und Südosteuropa. Historisch-soziologische Analysen, München 1997; Sterbling, Anton: Eliten, Intellektuelle, Institutionenwandel. Untersuchungen zu Rumänien und Südosteuropa, Hamburg 2001; Sterbling, Anton: Das Banat, die Deutschen aus Rumänien und die rumäniendeutsche Literatur, München 2022 (in Vorbereitung).

dauerte der Weg in die Unabhängigkeit besonders lange. Die infolge des russisch-türkischen Krieges von 1877/78 im Vorfriede von San Stefano zunächst vereinbarten Grenzen des zukünftigen Bulgariens wurden durch den späteren Berliner Vertrag widerrufen. Darüber hinaus wurde Bulgarien lediglich die Autonomie, nicht die Unabhängigkeit zugestanden. Neben den Unabhängigkeitsauseinandersetzungen mit dem Osmanischen Reich, die letztlich 1908 zur vollständigen staatlichen Unabhängigkeit führten, stieß Bulgarien in territorialen Interessenfragen zudem in der Dobrudscha auf die Gegeninteressen Rumäniens und in Thrazien auf die Griechenlands. In Mazedonien trafen die bulgarischen Ansprüche mit den Aspirationen Serbiens und Griechenlands und den Vorstellungen eines sich als authentische Mazedonier verstehenden Bevölkerungsteils zusammen. Außerdem versuchte Rumänien durch kultur- und bildungspolitische Maßnahmen die Anliegen der Aromunen wahrzunehmen. Von diesen Interessengegensätzen waren im Wesentlichen auch der bulgarisch-serbische Krieg 1885 sowie die beiden Balkankriege 1912-1913 bestimmt.[60] Vor allem das Mazedonienproblem, dass schon vor dem Ersten Weltkrieg wie in der Zwischenkriegszeit eine hervorragende außen- und innenpolitische Rolle in Bulgarien spielte, rückte nach dem Zerfall Jugoslawiens erneut ins Zentrum konkurrierender Interessen und Einflussnahmen, wobei sich eigentlich bis heute neben bulgarischen, griechischen, serbischen, mazedonischen auch albanische Vorstellungen zu behaupten suchen.[61] Dies betrifft nicht nur innenpolitische Fragen der Integration der Albaner und anderer Minderheiten in den Verfassungskonsens über die staatliche Einheit Mazedoniens, das heute offiziell bekanntlich „Nordmazedonien" heißt, sondern auch den jahrelangen, nahezu absurden „Namensstreit" mit Griechenland und die Einsprüche und Blockaden Griechenlands bzw. Bulgariens[62] bei der Eingliederung Nord-

---

[60] Siehe: Hösch, Edgar: Geschichte der Balkanländer. Von der Frühzeit bis zur Gegenwart, München ²1993, insb. S. 175 ff.

[61] Siehe: Troebst, Stefan: Die bulgarisch-jugoslawische Kontroverse um Makedonien 1967-1982, München 1983.

[62] Siehe auch: Voß, Christian: Der bulgarisch-mazedonische Streit um historische und sprachliche Identität – ein Schlichtungsversuch, in: Südosteuropa Mitteilungen, 60. Jg., Heft 6, München 2020 (S. 51-62).

mazenoniens in die NATO und nunmehr bei dem Beginn der Verhandlungen über die Aufnahme in die Europäische Union.

Mit der Unabhängigkeitserklärung von 1912, die sodann 1913 völkerrechtlich anerkannt wurde, erlangte Albanien als letzter Balkanstaat seine Unabhängigkeit vom Osmanischen Reich. Die innerhalb der neuentstandenen Staatsgrenzen lebende Bevölkerung bestand, neben den konfessionell mehrfach gespaltenen Albanern, aus einer Reihe weiterer ethnischer Minderheiten (Griechen, Aromunen, Serben u.a.). Für die Folgezeit noch gewichtiger als dies war indes die Tatsache, dass ein erheblicher Teil der Albaner, nicht zuletzt infolge verschiedener Ausbreitungs- und Auswanderungsbewegungen, außerhalb der Grenzen Albaniens lebte und lebt. Wie bekannt, massiert im Kosovo, aber auch in anderen Teilen des ehemaligen Jugoslawiens oder Griechenlands. Die damit zusammenhängende Problematik, die übrigens einen der Ausgangspunkte innerjugoslawischen Auseinandersetzungen bildete,[63] setzt sich bis heute, insbesondere in der noch keineswegs endgültig geklärten Statusfrage des Kosovo, das von vielen Staaten (auch solchen, die der Europäischen Union angehören) noch nicht in seiner Eigenstaatlichkeit anerkannt ist, und den immer wieder aufkommenden interethnischen Spannungen in Mazedonien fort.

Schließlich zur Entstehung des Staates Jugoslawien: Dank seiner geographischen Lage war Montenegro fast immer nur nominell der osmanischen Herrschaft unterworfen. Ein autonomes Fürstentum Serbien entstand Anfang des 19. Jahrhunderts, seine vollständige Unabhängigkeit erlangte dieses, zunächst nur südlich der Donau gelegene serbische Fürstentum in der Folge des russisch-türkischen Krieges 1877/1878. Slowenische, kroatische und serbische Teilgebiete waren kurzfristig, zwischen 1809 und 1814, unter französischer Besatzung zu den sogenannten Illyrischen Provinzen vereinigt. Ansonsten waren diese Gebiete nach der hauptsächlich Ende des 18. Jahrhunderts erfolgten vollständigen habsburgischen Wiedereroberung von den Türken und der habsburgischen Übernahme venezianischer Besitzungen in Istrien und Dalmatien, Teile der Habsburger Monarchie. Slawo-

---

[63] Siehe: Reuter, Jens: Die Albaner in Jugoslawien, München 1982; Altmann, Lothar (Hrsg.): Albanien im Umbruch. Eine Bestandsaufnahme, München 1990; Sundhaussen, Holm: Experiment Jugoslawien. Von der Staatsgründung bis zum Staatsverfall, Mannheim-Leipzig-Wien-Zürich 1993.

nien und andere nördliche Teile Kroatiens wie auch die von Ungarn, Deutschen, Rumänen und Serben bewohnten Gebiete Südungarns waren Teil der nach 1867 staatsrechtlich eigenständigen ungarischen Reichshälfte.[64] Zum Kondominium beider österreichisch-ungarischen Reichsteile wurde das 1908, nach dem Beginn der jungtürkischen Revolution, auch offiziell annektierte Bosnien-Herzegowina.[65]

Nach dem Ersten Weltkrieg ist Jugoslawien, das bis 1929 zunächst Königreich der Serben, Kroaten und Slowenen hieß, im wesentlichen in den bis Anfang der 1990er Jahre geltenden Grenzen entstanden.[66] Dieser neugebildete Vielvölkerstaat umfasste neben den südslawischen Völkern, mit ihren verschiedenen historischen Erfahrungen und unterschiedlichen Konfessions- und Kulturkreiszugehörigkeiten, noch eine ganze Reihe weiterer nationaler Minderheiten.[67] Welche Spannungen und Spaltungstendenzen diesem Staatsgebilde, das schon von Anfang an durch zentralistische Neigungen und serbische Vormachtbestrebungen belastet war, innewohnten, ist uns heute, nach dem Zerfall Jugoslawiens,[68] mehr als geläufig.

Südosteuropa war jahrhundertelang Konfliktgegenstand und Herrschaftsgebiet dreier kontinentaler Vielvölkerimperien: des Osmanischen Reichs, der Habsburger Monarchie und des Russischen Zarenreichs. Der Balkan geriet zudem, spätestens seit Beginn des 19. Jahrhundert, zunehmend in die Interessen- und Einflusssphäre[69] der westeuropäischen Groß-

---

[64] Siehe: Gross, Mirjana: Die Anfänge des modernen Kroatien, Köln-Wien 1993; Steindorff, Ludwig: Kroatien. Vom Mittelalter bis zur Gegenwart, Regensburg 2001.

[65] Siehe auch: Clark, Christopher: Die Schlafwandler. Wie Europa in den Ersten Weltkrieg zog, München ^{7}2013; Lovrenović, Ivan: Bosnien und Herzegowina. Eine Kulturgeschichte, Wien-Bozen 1998, insb. S. 141 ff.

[66] Siehe: Sundhaussen, Holm: Experiment Jugoslawien. Von der Staatsgründung bis zum Staatsverfall, Mannheim-Leipzig-Wien-Zürich 1993.

[67] Siehe: Hösch, Edgar: Geschichte der Balkanländer. Von der Frühzeit bis zur Gegenwart, München ^{2}1993.

[68] Siehe dazu auch: Halpern, Joel M./Kideckel, David A. (Hrsg.): Neighbors at War. Anthropological Perspectives on Yugoslav Ethnicity, Culture, and History, Pennsylvania 2000.

[69] Siehe auch: Clark, Christopher: Die Schlafwandler. Wie Europa in den Ersten Weltkrieg zog, München ^{7}2013.

mächte. Das Staatensystem, das durch die Unabhängigkeitsbestrebungen der südosteuropäischen Völker und den gleichzeitigen Niedergang der Vielvölkerimperien, unter den maßgeblichen Interesseneinflüssen der Großmächte und Siegerstaaten des Ersten Weltkriegs auf dem Balkan entstanden ist, war von Anfang an durch viele ungelöste Probleme und interethnische Konflikte belastet.[70] Insbesondere die Staatsgrenzen, die nach dem Ersten Weltkrieg entstanden und bis zum Zerfall Jugoslawiens – von kleineren Zeiträumen des Zweiten Weltkrieges abgesehen – im Wesentlichen gleichgeblieben sind, entsprachen in vielen Fällen nicht den von den einzelnen Staaten „historisch" beanspruchten Territorien. Vor allem die Verliererstaaten des Ersten Weltkrieges, Ungarn und Bulgarien, kamen infolge mehr oder weniger großer Territorialverluste schlecht weg. Der Bevölkerungsaustausch, der beispielsweise zwischen der Tschechoslowakei und Ungarn sowie der Türkei, Griechenland und Bulgarien stattfand, war ebenso problematisch im Hinblick auf seine Folgewirkungen wie als Lösung der gegebenen interethnischen Fragen wohl unangemessen.[71]

---

[70] Siehe: Solomon, Flavius/Rubel, Alexander/Zub, Alexandru (Hrsg.): Südosteuropa im 20. Jahrhundert. Ethnostrukturen, Identitäten, Konflikte, Iaşi-Konstanz 2004.

[71] Nach dem Ersten Weltkrieg kamen etwa 350.000 Rücksiedler, zumeist Beamte, Lehrer und Militärs, aus den Gebieten der Nachfolgestaaten, insbesondere den ehemals ungarischen Gebieten der Slowakei, nach Ungarn zurück. Ihre berufliche und soziale Eingliederung führte zu erheblichen Problemen. Ein Teil traditionell in Ungarn arbeitender slowakischer Land- und Saisonarbeiter verließ Ungarn und gingen in die neuentstandene Tschechoslowakei. Nach dem griechisch-türkischen Krieg erfolgte 1923 ein gewaltiger Bevölkerungstransfer. Über 1,5 Millionen Griechen verließen Anatolien und gingen nach Griechenland. Größtenteils siedelten sie sich in Thrazien und Südmazedonien an. Von hier wanderten Angehörige der türkischen und der bulgarischen Minderheit in die Türkei bzw. nach Bulgarien. Zwischen 1923 bis zum Ausbruch des Zweiten Weltkrieges wanderten andererseits auch etwa 230.000 Türken aus Bulgarien in die Türkei. Siehe: Hoensch, Jörg K.: Geschichte Ungarns 1867-1983, Stuttgart-Berlin-Köln-Mainz 1984, insb. S. 103 f; Hösch, Edgar: Geschichte der Balkanländer. Von der Frühzeit bis zur Gegenwart, München ²1993; Höpken, Wolfgang: Die Emigration der Türken aus Bulgarien. Historisches und Gegenwärtiges. Teil I: Die Emigration 1878 bis 1951, in: Südosteuropa. Zeitschrift für Gegenwartsforschung, 38. Jg., München 1989 (S. 608-637); Révesz, László: Minderheitenschicksal in den Nachfolgestaaten der Donaumonarchie. Unter besonderer Berücksichtigung der magyarischen Minderheit, Wien 1990; Schönfeld, Roland (Hrsg.): Nationalitätenprobleme in Südosteuropa, München 1987.

Ein erheblicher Teil des magyarischen Volkes und viele sich dem Bulgarentum zurechnenden oder von Bulgarien in Anspruch genommenen Bevölkerungsgruppen lebten fortan exterritorial, im Minderheitenstatus, wobei von diesen Minderheiten immer wieder irredentistische Bestrebungen ausgingen. Die territorial erheblich vergrößerten Siegerstaaten indes, Rumänien und das neuentstandene Jugoslawien, waren der ethnischen Zusammensetzung ihrer Bevölkerungen nach eher verkleinerte Neuauflagen der ehemaligen Vielvölkerimperien denn konsolidierte „Nationalstaaten". So wurde spätestens nach dem Ersten Weltkrieg die überaus konfliktreiche Situation eines vielfachen Gegeneinanderstrebens und Auseinanderfallens von Staaten- und Nationenbildung deutlich, die nicht zuletzt in der südosteuropäischen Siedlungsgeschichte und politischen Geschichte ihre Ausgangspunkte hatte.[72] Da einfache politische Lösungen aufgrund der gegebenen Siedlungsräume oder der gerade bestehenden Staatsgebilde nicht möglich waren oder nicht akzeptierbar erschienen, erlangte die historische Begründung konkurrierender Territorialansprüche nahezu durchgängig eine hervorragende Bedeutung. Die nicht selten aus politischen Wunschvorstellungen abgeleiteten Geschichtskonstruktionen wurden in der Zwischenkriegszeit gleichsam zur richtungsweisenden Revisionsgrundlage der unbefriedigend verlaufenen Realgeschichte.

Die territoriale Revision des realgeschichtlich entstandenen Staatensystems wurde in allen südosteuropäischen Gesellschaften zu einem Hauptmotiv der Zwischenkriegspolitik, zumal die mit der „nationalen Wiedergeburt", mit dem „Erwachen der Geschichte", geweckten Hoffnungen durch die entstandene Staatenwelt doch vielfach weitgehend uneingelöst geblieben sind. Ganz in diesem Sinne stellt auch Ernst Cassirer im Hinblick auf die Zwischenkriegszeit fest: „Die allgemeinen Bedingungen, die diese Entwicklung begünstigten und zu ihrem schließlichen Sieg beitrugen, erschienen in der Zeit nach dem Ersten Weltkrieg. In dieser Zeit begegneten alle Völker, die am Krieg teilgenommen hatten, den gleichen fundamentalen

---

[72] Siehe: Bohmann, Alfred: Menschen und Grenzen, 2. Bd.: Bevölkerung und Nationalitäten in Südosteuropa, Köln 1969; Hösch, Edgar: Geschichte der Balkanländer. Von der Frühzeit bis zur Gegenwart, München ²1993; Lienau, Cay (Hrsg.): Raumstrukturen und Grenzen in Südosteuropa. Südosteuropa-Jahrbuch, 32 Band, München 2001.

Schwierigkeiten. Sie begannen, sich klar zu machen, daß der Krieg, selbst für die siegreichen Nationen, auf keinem Gebiet eine wirkliche Lösung gebracht hatte. Auf allen Seiten entstanden neue Fragen. Die internationalen, sozialen und menschlichen Konflikte wurden immer intensiver. Sie wurden überall empfunden."[73] Diese von nahezu allen Seiten als unbefriedigendes Provisorium empfundene Situation war mithin ein wesentlicher Grund, dass die anfänglichen Demokratieansätze in der Zwischenkriegszeit nirgendwo zur Entfaltung kamen und sich stabilisieren konnten, sondern schnell, wie ein kurzer Rückblick zeigt, autoritären oder zumindest halbautoritären Herrschaftssystemen, etwa Militärdiktaturen oder königlichen Diktaturen oder einem Scheinparlamentarismus, weichen mussten. Natürlich wurden diese Entwicklungen auch durch das externe Vorbild oder den Einfluss der schnell erstarkenden faschistischen Bewegung Mussolinis, durch den Austrofaschismus und durch den Aufstieg des Nationalsozialismus in Deutschland maßgeblich mitgeprägt.[74]

Der albanische Parlamentarismus beschränkte sich eigentlich auf den Zeitraum 1920-1923. Achmet Žogu, der nach Wahlverlusten im Jahre 1923 und Bauernunruhen 1924 gestürzt wurde, riss 1925, von jugoslawischen Truppen unterstützt, erneut die Macht an sich und errichtete anschließend ein autoritäres Regime. Nicht zuletzt als Ausdruck seines autoritären Herrschaftsanspruches ließ sich Žogu 1928 sogar zum albanischen König ausrufen. In den 1930er Jahren geriet Albanien dann mehr und mehr unter italienischen Einfluss. Žogu selbst musste 1938, nachdem er dieser Entwicklung viel zu spät entgegenzutreten suchte, ins Exil gehen.[75] Es mag als eine bittere Ironie der Geschichte betrachtet werden, aber unter italienisch-deutscher Besatzung ging zum ersten Mal, ebenso kurz wie leidvoll, der natio-

---

[73] Siehe: Cassirer, Ernst: Der Mythus des Staates. Philosophische Grundlagen politischen Verhaltens, Frankfurt a. M. 1985, vgl. S. 360 f.

[74] Siehe: Carsten, Francis L.: Der Aufstieg des Faschismus in Europa, Frankfurt a. M. ²1969.

[75] Siehe: Hösch, Edgar: Geschichte der Balkanländer. Von der Frühzeit bis zur Gegenwart, München ²1993; Seton Watson, Hugh: Osteuropa zwischen den Kriegen 1918-1941, Paderborn 1948; Hartmann, Jürgen: Politik und Gesellschaft in Osteuropa. Eine Einführung, Frankfurt a. M. 1983, insb. S. 57 f.

nalistische Traum von einem „Groß-Albanien", zumindest als Besatzungsverwaltungseinheit, fragwürdig in Erfüllung.

In Bulgarien wurde der demokratische Wahlsieg der Bauernpartei, die in ihrer Regierungszeit 1919-1923 eine Reihe bemerkenswerter Reformen durchführte, im Jahre 1923 durch einen Militärputsch vereitelt. Es folgten Zeiten des politischen Terrors, der vor allem von der I.M.R.O., der vornehmlich aus mazedonischen Emigranten bestehenden Revolutionsorganisation, ausging. So wirkte das historische Mazedonienproblem unmittelbar und nachhaltig auf die bulgarische Innen- und Außenpolitik der Zwischenkriegszeit ein. Auch die von bürgerlichen Oppositionsparteien und gemäßigten Agrariern gewonnenen Wahlen des Jahres 1931 brachten wegen des anhaltenden politischen Terrors keine demokratische Stabilisierung.[76] Im Jahre 1934 erfolgte ein erneuter Militärputsch, der letztlich die 1935 errichtete königliche Diktatur des Zaren Boris vorbereitete und einleitete.

In dem nach dem Ersten Weltkrieg entstandenen Vielvölkerstaat Jugoslawien, dessen politisches Leben von Anfang an durch das Vormachtstreben Serbiens und durch vielfältige Nationalitätenkonflikte bestimmt war, beherrschten Attentate, Tätlichkeiten und Parlamentskrawalle das Geschehen. Dies führte schon 1929 zur Errichtung der Königsdiktatur, die sich 1931 zwar zu einem Scheinkonstitutionalismus wandelte, ohne dass die grundlegenden politischen Probleme und vor allem die historisch belasteten Nationalitätenfragen damit allerdings eine Lösung gefunden hätten.[77]

Auch der von Carol II im Jahre 1938 in Rumänien errichteten königlichen Diktatur, der dann 1940 das autoritäre Antonescu-Regime folgte, gingen Zeiten der politischen Instabilität und Korruption sowie häufige Regierungswechsel voraus, in der nicht zuletzt die faschistische Ideologie und Bewegung erstarkten.[78] Die Weltanschauung des Corneliu Codreanu Zelea,

---

[76] Siehe: Hösch, Edgar: Geschichte der Balkanländer. Von der Frühzeit bis zur Gegenwart, München ²1993; Seton Watson, Hugh: Osteuropa zwischen den Kriegen 1918-1941, Paderborn 1948, insb. S. 279 ff.

[77] Siehe: Hösch, Edgar: Geschichte der Balkanländer. Von der Frühzeit bis zur Gegenwart, München ²1993; Seton Watson, Hugh: Osteuropa zwischen den Kriegen 1918-1941, Paderborn 1948, insb. S. 250 ff; Hartmann, Jürgen: Politik und Gesellschaft in Osteuropa. Eine Einführung, Frankfurt a. M. 1983, insb. S. 54 f.

[78] Siehe: Hösch, Edgar: Geschichte der Balkanländer. Von der Frühzeit bis zur Gegenwart, München ²1993; Seton Watson, Hugh: Osteuropa zwischen den Kriegen

der 1927 die „Legion Erzengel Michael" gründete, aus der 1930 dann die berüchtigte „Eiserne Garde" hervorging, hatte neben stark antisemitischen und antikommunistischen Tendenzen ausgeprägt religiös-mystische und geschichtsverklärende Züge. Dieser faschistischen Bewegung von „unten" stand die autoritäre Bewegung von oben, die 1938 zur königlichen Diktatur Carol II führte, gegenüber. Diese suchte vor allem den martialischen Charakter und den historischen Monumentalismus des italienischen Faschismus Mussolinis zu imitieren. Schließlich war auch die Ideologie des Antonescu-Regimes, das sich bei der Machteroberung zunächst mit der „Eisernen Garde" verbündete, um diese dann bald zu zerschlagen, von einen historisch überhöhten Nationalpatriotismus oder Nationalismus bestimmt.[79]

Die mit der „nationalen Wiedergeburt" erwachte, in ihren Verheißungen vielfach unerfüllt gebliebene und daher unstetig vor sich hin hasardierende Geschichte war nicht nur in ihrer autokratisch-nationalistischen oder faschistischen Ideologiegestalt der Zwischenkriegszeit eine treibende Kraft des politischen Geschehens. Auch im kommunistischen Herrschaftssystem hat sie später eine höchst wirkungsvolle und gleichermaßen problematische Instrumentalisierung erfahren.

Die Realgeschichte als Revisionsgrundlage der „Geschichte"?

Auf den ersten Blick mag es so wirken, als sei mit der kommunistischen Machtergreifung nicht nur ein tiefer realgeschichtlicher Bruch erfolgt.[80] Es scheint zunächst auch so, als sei die Geschichte als Bezugspunkt des nationalen Kollektivbewusstseins einer weitreichenden ideologischen, vornehmlich klassentheoretischen Umdeutung unterworfen worden und hätte damit ihre emotionalisierende, sinnstiftende und mobilisierende ideologische

---

1918-1941, Paderborn 1948, insb. S. 228 ff; Hartmann, Jürgen: Politik und Gesellschaft in Osteuropa. Eine Einführung, Frankfurt a. M. 1983, insb. S. 55 f.

[79] Siehe: Heinen, Armin: Die Legion „Erzengel Michael" in Rumänien. Soziale Bewegung und politische Organisation, München 1986; Carsten, Francis L.: Der Aufstieg des Faschismus in Europa, Frankfurt a. M. ²1969, insb. S. 212 ff; Gheorghe, Ion: Rumäniens Weg zum Satellitenstaat, Heidelberg 1952, insb. S. 21 ff.

[80] Siehe: Schmidt-Hartmann, Eva (Hrsg.): Kommunismus und Osteuropa. Konzepte, Perspektiven und Interpretationen im Wandel, München 1994.

Funktion im Zeichen nationaler politischer Interessen verloren.[81] Nahezu das Gegenteil war aber vielfach der Fall: Noch selektiver und dogmatischer als alle Ideologien davor bediente sich die kommunistische und nationalkommunistische Ideologie der Geschichtsmanipulation und Geschichtsverfälschung in ihrem Sinne. Gleichzeitig muss man allerdings eine auch für die postkommunistische Zeit relevante, nichtintendierte latente Wirkung der kommunistischen Geschichtsdarstellung beachten.

Zunächst einige Bemerkungen und Beispiele zur Instrumentalisierung der Geschichte durch die nationalkommunistische und kommunistische Ideologie. Die nationalkommunistischen Parteien Südosteuropas nutzten den sowjetischen Hegemonialanspruch als eigenes Drohpotential gegen jegliche „konterrevolutionäre" Tendenz, zugleich suchten sie ihre Herrschaft durch die Betonung ihrer Selbständigkeit und die Mobilisierung entsprechender nationalistischer Gefühle zu stabilisieren.[82] Dabei wurde nicht zuletzt von den emotionalen Manipulationsmöglichkeiten der Geschichte, mit ihren langen Episoden der Fremdherrschaft wie auch den daraus gewonnenen Feindbildern und historischen Reminiszenzen, in zunehmend direkterer Form Gebrauch gemacht. Vor allem der albanische und der rumänische Nationalkommunismus griffen massiv zu solchen Möglichkeiten der historisch-ideologischen Manipulation, um permanente Fremdbedrohungen der nationalen Geschicke zu suggerieren und dies zur eigenen Herrschaftssicherung auszunutzen. Bezeichnend erscheint hierfür, dass der nach seiner vergeblichen Flucht gefangengenommene Diktator Nicolae Ceauşescu, die Situation nochmals zu seinen Gunsten zu wenden versuchte, indem er von einer „ausländischen Verschwörung" gegen ihn und das rumänische Volk sprach.[83]

---

[81] Siehe: Messelken, Karlheinz: Proletarischer Internationalismus und Nationalismus, in: Glatzer, Wolfgang (Hrsg.): 25. Deutscher Soziologentag. Die Modernisierung moderner Gesellschaften. Sektionen, Arbeits- und Ad hoc-Gruppen, Ausschuß für Lehre, Opladen 1991 (S. 603-609).

[82] Siehe: Rupnik, Jacques: Eisschrank oder Fegefeuer. Das Ende des Kommunismus und das Wiedererwachen der Nationalismen, in: Transit. Europäische Revue, Heft 1, Frankfurt a. M. 1990 (S. 132-141).

[83] Siehe: Wagner, Richard/Frauendorfer, Helmuth (Hrsg.): Der Sturz des Tyrannen. Rumänien und das Ende einer Diktatur, Reinbek bei Hamburg 1990; Gabanyi, An-

Die kommunistischen Machthaber bedienten sich in ihrer Politik eigentlich immer wieder der Evokation historischer Konflikte zur Mobilisierung nationalistischer Leidenschaften. Erinnert sei hier nur an den gegen die ethnischen Minderheiten gerichteten extreme Nationalismus des Ceaușescu-Regimes in den 1970er und 1980er Jahren, der nahezu unübertrefflich in der bizarren Erfindung nationalapologetischer Geschichtslegenden und eines schwulstigen Personenkults[84] einerseits und in der Zerstörung materialer Geschichtszeugnisse andererseits war. Im gleichen Zuge wie die rumänische Geschichte immer glorreicher und heroischer umgedeutet wurde, sind ungarische und deutsche Inschriften an Gebäuden getilgt, sind kunsthistorische Bauten und Monumente zerstört, sind jüdische Friedhöfe zum Verschwinden gebracht und sind ganze Dörfer in den Boden planiert worden.[85] Vorher schon wurde nur noch der Gebrauch rumänischer Ortsbezeichnungen erlaubt, als ob mit dem Verschwinden des nichtrumänischen Namens eines Ortes aus den Zeitungen auch dessen Geschichte auszulöschen oder umzudeuten wäre.

Bei den Namen setzten auch die bulgarischen Kommunisten den Hebel ihrer Minderheitenpolitik, die die Geschichte gewissermaßen im Nachhinein korrigieren sollte, an. Von der These ausgehend, dass die bulgarischen Türken ihrer wahren ethnischen Herkunft nach eigentlich wie die Pomaken[86] islamisierte Bulgaren seien, wurden sie in den 1980er Jahren zur Bulgarisierung ihres Namens wie auch zur weitgehenden Aufgabe ihrer Spra-

---

neli Ute: Die unvollendete Revolution. Rumänien zwischen Diktatur und Demokratie, München 1990.

[84] Siehe: Ursprung, Daniel: Herrschaftslegitimation zwischen Tradition und Innovation. Repräsentation und Inszenierung von Herrschaft in der rumänischen Geschichte, Kronstadt/Brașov 2007; Gabanyi, Anneli Ute: The Ceaușescu Cult. Propaganda and Power Policy in Communist Romania, Bucharest 2000.

[85] Siehe: Oschlies, Wolf: Rumäniendeutsches Schicksal 1918-1988. Wo Deutsch zur Sprache der Grabsteine wird ..., Köln-Wien 1988; Mihok, Brigitte: Ethnostratifikation im Sozialismus, aufgezeigt an den Beispielländern Ungarn und Rumänien, Frankfurt a. M.-Bern-New York-Paris 1990; Wagner, Richard: Sonderweg Rumänien. Bericht aus einem Entwicklungsland, Berlin 1991, insb. S. 82 ff; Sterbling, Anton: Das Banat, die Deutschen aus Rumänien und die rumäniendeutsche Literatur, München 2022 (in Vorbereitung).

[86] Siehe: Telbizova-Sack, Jordanka: Identitätsmuster der Pomaken Bulgariens. Ein Beitrag zur Minoritätenforschung. Scripta Slavica, Band 7, Marburg/Lahn 1999.

che, Religion und Gebräuche gezwungen. Am Ende scheute Todor Živkov im Machtkampf dann allerdings auch davor nicht zurück, über 300.000 Angehörige der eigentlich nicht anerkannten türkischen Minderheit über die Grenze in die Türkei zu vertreiben.[87]

Schließlich machte auch der blutige Konflikt im ehemaligen Jugoslawien, der nicht zuletzt durch Machtinteressen der serbischen Kommunisten im Bündnis mit der Armee und anderen nationalistischen Gruppen eskalierte, die Instrumentalisierung historischer Gegensätze in der kommunistischen Machtpolitik überaus deutlich.[88] Desgleichen ist an die extrem nationalistisch eingefärbte „historische" Brandrede von Slobodan Milošević im Juni 1989 auf dem Amselfeld zu erinnern.

Die ideologiegeleitete kommunistische Geschichtsdarstellung hatte indes gerade durch die Ausblendung, Verdrängung oder unglaubwürdige Umdeutung wichtiger historischer Tatsachen noch eine andere, nichtintendierte Wirkung, die später nahezu überall zum Vorschein kam und sich in der postkommunistischen Zeit und politischen Kultur folgenreich fortschrieb. Die offizielle Geschichtsschreibung hat im Sinne der sie leitenden kommunistischen Ideologie Klassenkämpfe und sozialrevolutionäre Prozesse in alle Episoden und Schlüsselereignisse der Geschichte hineininterpretiert. Sie hat nationalen Helden grobe sozialrevolutionäre Züge aufgemalt. Sie hat die häufig völlig bedeutungslosen kommunistischen Bewegungen, Parteien und Führer mächtig in den Vordergrund gerückt und gehörig heroisiert. Zugleich musste sie die kommunistischen Opfer der Schauprozesse und der Säuberungswellen verschweigen, in Vergessenheit geraten lassen oder wegretuschieren. Falls die „Reaktionären", die „Aus-

---

[87] Siehe: Höpken, Wolfgang: Die Emigration der Türken aus Bulgarien. Historisches und Gegenwärtiges. Teil I: Die Emigration 1878 bis 1951, in: Südosteuropa. Zeitschrift für Gegenwartsforschung, 38. Jg., München 1989 (S. 608-637); Poulton, Hugh: The Balkans. Minorities and States in Conflict, London 1991.

[88] Siehe: Reuter, Jens: Zagreb und Belgrad zum Krieg in Kroatien. Widerstreitende Meinungen zum Kernpunkt des Konflikts, in: Südosteuropa. Zeitschrift für Gegenwartsforschung, 40. Jg., München 1991 (S. 415-422); Sundhaussen, Holm: Experiment Jugoslawien. Von der Staatsgründung bis zum Staatsverfall, Mannheim-Leipzig-Wien-Zürich 1993; Rüb, Matthias: Balkan Transit. Das Erbe Jugoslawiens, Wien 1998.

beuter", die „Klassenfeinde" überhaupt vorkamen, wurden sie in düstersten Farben und völlig entstellt geschildert.

Durch all dies blieb das offizielle Geschichtsbild kläglich blass, inkonsistent und überzeugungslos. Es verdrängte die überkommenen Geschichtsbilder zwar aus dem öffentlichen Verkehr, nicht aber aus dem privaten Bewusstsein. Hier lebte die andere, die mündlich weitergegebene, die „wahre" „Geschichte" als kollektives Erinnerungs- und Bewusstseinsphänomen fort.[89] Und zwar legendenreicher, verklärter und stärker emotionalisiert als es sonst denkbar gewesen wäre. Die verbürgte Wahrheit dieser verdrängten Geschichte lag schon allein darin, dass sie dem unglaubhaften offiziellen Geschichtsbild widersprach. „Es war eine Möglichkeit ideellen Überlebens im Osten, immer das Gegenteil von dem zu glauben, was die Kommunisten sagten."[90] Es ist diese andere „Geschichte", dieses untergründig vermittelte, private Geschichtswissen, es sind diese aus dem Versteck geholten Geschichtsvorstellungen, die nach dem Abdanken der offiziellen Geschichtsdarstellungen wiedererwachten. Und es sind nicht zuletzt diese bruchstückhaft überkommenen, in der Färbung der Zwischenkriegszeit stilisierten geschichtlichen Erinnerungen, an denen man in einer tiefen Sinnkrise, die der Kommunismus hinterlassen hat, Orientierung suchte. Zu fragen bleibt dabei natürlich, inwiefern in diesem Wiedererwachen der verdrängten und doch nicht vergessenen Geschichte auch neue Gefahren für die Demokratisierungsprozesse und die politische Kultur der postkommunistischen Gesellschaften Südosteuropas liegen?

Die Zwischenzeit hat erkennen lassen, dass sich daraus durchaus der vielfach wiederauflebende Nationalismus, der Populismus unterschiedlicher Spielart, antiwestliche Stimmungen, Neigungen zu autoritären Führern

---

[89] Es handelt sich gleichermaßen um ein historisches Phänomen des „Gleichzeitigen im Ungleichzeitigen". Siehe dazu: Sterbling, Anton: Unterdrückung, Ideologie und der untergründige Fortbestand der Mythen, in: Dahlmann, Dittmar/Potthoff, Willfried (Hrsg.): Mythen, Symbole und Rituale. Die Geschichtsmächtigkeit der Zeichen in Südosteuropa im 19. und 20. Jahrhundert, Frankfurt a. M. u.a.O. 2000 (S. 275-293); Sterbling, Anton: Macht der Illusionen und Mythen im modernen politischen Denken, in: Sterbling, Anton: Europa zwischen Realität und Verblendung, Hamburg 2016 (S. 29-91).

[90] Siehe: Wagner, Richard: Völker ohne Signale. Zum Epochenbruch in Osteuropa, Berlin 1992, vgl. S. 9 f.

und nichtdemokratischen politischen Verhältnissen usw. speisen.⁹¹ Und zwar nicht nur in Staaten, die der Europäischen Union nicht angehören, sondern auch in solchen, die schon seit längerem Mitglieder der EU sind.⁹²
Mit den Demokratisierungsprozessen und dem Wiedererwachen der Geschichte lebten in nahezu allen Gesellschaften Ost- und Südosteuropas gleichsam auch nationale Kräfte und nationalistische Tendenzen ebenso wie historische Erinnerungen und überkommene Leitbilder auf. Fukuyama stellte dazu fest: „Das triste Bild, das man sich so oft von dem früheren Ostblock macht, rührt von einer grundlegend falschen Vorstellung von Nationalismus. Obwohl er häufig ein Feind der Demokratie ist, steht der Nationalismus seit der Französischen Revolution immer auch in ihren Diensten. Oft erfüllt er nämlich die wichtige Aufgabe, Völkern die Kraft zu verleihen, ihr Schicksal selber in die Hand zu nehmen und sich von der Tyrannei zu befreien." Diese Feststellungen wie auch die Vermutung: „Demokratie und Nationalismus werden im neuen Eurasien wahrscheinlich nebeneinander existieren, oftmals innerhalb eines Landes",⁹³ sind nicht von der Hand zu weisen und sollten daher auch angemessene analytische Beachtung, nicht nur moralische Abwertung oder Verwerfung finden.

Schlussbetrachtungen

Vor dem in diesem Kapitel skizzierten Hintergrund einer „wiedererwachten Geschichte" und den davon nicht selten inspirierten und gespeisten nationalistischen Leidenschaften wird vielleicht doch etwas leichter nachvollziehbar, warum auch in der gegenwärtigen russischen nationalistischen Ideologie, die recht befremdlich auf uns wirken mag, der Evokation einer

---

[91] Siehe: Sterbling, Anton: Pro- und antiwestliche Diskurse in Rumänien. Anmerkungen zur Gegenwart und zur Zwischenkriegszeit, in: Schubert, Gabriella/Sundhaussen, Holm (Hrsg.): Pro- und antiwestliche Diskurse in den Balkanländern/Südosteuropa, Südosteuropa-Jahrbuch 34, München 2008 (S. 251-266).

[92] Siehe dazu auch: Balla, Bálint/Dahmen, Wolfang/Sterbling, Anton (Hrsg.): Demokratische Entwicklungen in der Krise? Politische und gesellschaftliche Verwerfungen in Rumänien, Ungarn und Bulgarien, Beiträge zur Osteuropaforschung 19, Hamburg 2015.

[93] Siehe: Fukuyama, Francis: Keine Region der Finsternis, in: Die Zeit, Nr. 19, vom 1. Mai 1992 (S. 12).

von historischen Mythen und fragwürdigen Doktrinen durchsetzten „Geschichte" und ideologisch stilisierten historischen Narrativen eine so große Bedeutung zukommt, die in ihrem Einfluss auf die Bevölkerung sicherlich nicht ganz unwirksam bleiben. Umso wichtiger erscheint eine streng „objektive", wissenschaftlichen Standards, Methoden und Gütekriterien verpflichtete Geschichtsschreibung wie auch eine ideologiekritische Auseinandersetzung mit entsprechenden Phänomenen der politischen Kultur,[94] wie sie in diesen Ausführungen versucht wurde. Dabei sollte man die Geschichtsschreibung natürlich den professionell ausgebildeten Historikern überlassen, die in ihrem wissenschaftlichen Selbstverständnis auch mehr und mehr ihre Bindung an nationale Standorte und Wertungen überwunden haben oder dies zumindest anstreben, wie schwierig das auch sein mag. Vorliegendes historisches Material aber ideologiekritisch zu analysieren und auszuwerten, bleibt natürlich auch und nicht zuletzt eine wichtige und dringliche Aufgabe der sozialwissenschaftlichen wie ebenso der geisteswissenschaftlichen Forschung und Erkenntnistätigkeit.

Literatur

Altmann, Lothar (Hrsg.): Albanien im Umbruch. Eine Bestandsaufnahme, München 1990

Apelt, Andreas H./Grünbaum, .Robert/Gutzeit, Martin (Hrsg.): Umbrüche und Revolutionen in Ostmitteleuropa 1989, Berlin 2015

Arato, Andrew: Revolution, Civil Society und Demokratie, in: Transit. Europäische Revue, Heft 1, Frankfurt a. M. 1990 (S. 110-126)

Ariès, Philippe: Geschichte im Mittelalter, Frankfurt a. M. 1990

Ariès, Philippe: Zeit und Geschichte, Frankfurt a. M. 1988

Aron, Raymond: Opium für Intellektuelle oder die Sucht nach Weltanschauung, Köln-Berlin 1957

Aron, Raymond: Zwischen Macht und Ideologie, Wien 1974

---

[94] Siehe dazu auch: Schlesinger, Arthur M.: Die Spaltung Amerikas. Überlegungen zu einer multikulturellen Gesellschaft, Stuttgart 2020; Sterbling, Anton: Gesellschaftliche Spaltungsgefahren und die Bedeutung einer Leitkultur. Arthur M. Schlesingers Einsichten zur modernen Nationenbildung und zum Fortbestand von Nationen am Beispiel des Sonderfalls USA, in: Kostner, Sandra (Hrsg.): Debattierband zu Arthur M. Schlesingers: Die Spaltung Amerikas, Stuttgart 2022 (in Vorbereitung).

Ash, Timothy Garton: Ein Jahrhundert wird abgewählt. Aus den Zentren Mitteleuropas 1980-1990, München-Wien 1990

Axt, Heinz-Jürgen/Schwarz, Oliver/Wiegand, Simon: Konfliktbeilegung durch Europäisierung? Zypernfrage, Ägäis-Konflikt und griechisch-mazedonischer Namensstreit, Baden-Baden 2008

Axt, Heinz-Jürgen: Nervenkrieg um Energie-Ressourcen im östliche Mittelmeer, in: Südosteuropa Mittteilungen, 60. Jg., Heft 1-2, München 2020 (S. 83-98)

Balla, Bálint/Dahmen, Wolfang/Sterbling, Anton (Hrsg.): Demokratische Entwicklungen in der Krise? Politische und gesellschaftliche Verwerfungen in Rumänien, Ungarn und Bulgarien, Beiträge zur Osteuropaforschung 19, Hamburg 2015

Berlin, Isaiah: Der Nationalismus, Frankfurt a. M. 1990

Bohmann, Alfred: Menschen und Grenzen, 2. Bd.: Bevölkerung und Nationalitäten in Südosteuropa, Köln 1969

Böhme, Britta: Methodologische Überlegungen zur vergleichenden Osteuropaforschung. Die Nationwerdung der Ukraine, in: Balla, Bálint/Sterbling, Anton (Hrsg.): Soziologie und Geschichte. Geschichte der Soziologie. Beiträge zur Osteuropaforschung, Hamburg 1995 (S. 101-120)

Boia, Lucian: Geschichte und Mythos. Über die Gegenwart des Vergangenen in der rumänischen Gesellschaft, Köln-Weimar-Wien 2003

Bourdieu, Pierre: Im Osten erwacht die Geschichte. Die Revolution und die Befreiung der Worte, in: Schirrmacher, Frank (Hrsg.): Im Osten erwacht die Geschichte, Stuttgart 1990 (S. 159-162) (zuerst, am 6 Dezember 1989, in der: Frankfurter Allgemeinen Zeitung)

Bourdieu, Pierre: Die Intellektuellen und die Macht, Hamburg 1991

Bürgers, Jana: Kosakenmythos und Nationsbildung in der postsowjetischen Ukraine, Konstanz 2006

Bundesministerium für Vertriebene, Flüchtlinge und Kriegsgeschädigte (Hrsg.), Bearbeitung: Schieder, Theodor u.a.: Dokumentation der Vertreibung der Deutschen aus Ost-Mitteleuropa III: Das Schicksal der Deutschen in Rumänien, München 1984 (zuerst 1957)

Busek, Erhard/Brix, Emil: Projekt Mitteleuropa, Wien 1986

Carsten, Francis L.: Der Aufstieg des Faschismus in Europa, Frankfurt a. M. [2]1969

Cassirer, Ernst: Der Mythus des Staates. Philosophische Grundlagen politischen Verhaltens, Frankfurt a. M. 1985

Clark, Christopher: Die Schlafwandler. Wie Europa in den Ersten Weltkrieg zog, München [7]2013

Constantinescu, Miron/Daicoviciu, Constantin/Pascu, Stefan (Hrsg.): Istoria României. Compendiu (Geschichte Rumäniens. Kompendium), Bucureşti [2]1971

Dahrendorf, Ralf: Betrachtungen über die Revolution in Europa, in einem Brief, der an einen Herrn in Warschau gerichtet ist, Stuttgart 1990

Deutsch, Karl W.: Nationalism and Social Communication, Cambridge/Mass. 1966

Drace-Francis, Alex: The Making of Modern Romanian Culture. Literacy and the Development of National Identity, London-New York 2006

Durkheim, Emile: Montesquieus Beitrag zur Gründung der Soziologie, in: Durkheim, Emile: Frühe Schriften zur Begründung der Sozialwissenschaft, Darmstadt-Neuwied 1981 (S. 87-128)

Eisenstadt, Samuel N./Rokkan, Stein (Hrsg.): Building States and Nations, Beverly Hills-London 1973 (2 Bde)

Erler, Gernot: Woher der Frost kommt. Mythenbildung und russische Politik 1991 bis heute, in: Südosteuropa Mitteilungen, 62. Jg., Heft 1, München 2022 (S. 9-20)

Fukuyama, Francis: Das Ende der Geschichte. Wo stehen wir?, München 1992

Fukuyama, Francis: Keine Region der Finsternis, in: Die Zeit, Nr. 19, vom 1. Mai 1992 (S. 12).

Gabanyi, Anneli Ute: Die unvollendete Revolution. Rumänien zwischen Diktatur und Demokratie, München 1990

Gabanyi, Anneli Ute: The Ceauşescu Cult. Propaganda and Power Policy in Communist Romania, Bucharest 2000

Gheorghe, Ion: Rumäniens Weg zum Satellitenstaat, Heidelberg 1952

Giesen, Bernhard (Hrsg.): Nationale und kulturelle Identität. Studien zur Entwicklung des kollektiven Bewußtseins in der Neuzeit, Frankfurt a. M. 1991

Gross, Mirjana: Die Anfänge des modernen Kroatien, Köln-Wien 1993

Habermas, Jürgen: Der philosophische Diskurs der Moderne. Zwölf Vorlesungen, Frankfurt a. M. 1985

Halpern, Joel M./Kideckel, David A. (Hrsg.): Neighbors at War. Anthropological Perspectives on Yugoslav Ethnicity, Culture, and History, Pennsylvania 2000

Hartmann, Jürgen: Politik und Gesellschaft in Osteuropa. Eine Einführung, Frankfurt a. M. 1983

Heinen, Armin: Die Legion „Erzengel Michael" in Rumänien. Soziale Bewegung und politische Organisation, München 1986

Herder, Johann Gottfried: Ideen zur Philosophie der Geschichte der Menschheit. Herders sämtliche Werke XIII, London 2006 (zuerst 1784)

Hildesheimer, Manfred: Geschichte Russlands. Vom Mittelalter bis zur Oktoberrevolution, München 2013

Hoensch, Jörg K.: Geschichte Ungarns 1867-1983, Stuttgart-Berlin-Köln-Mainz 1984

Höpken, Wolfgang: Die Emigration der Türken aus Bulgarien. Historisches und Gegenwärtiges. Teil I: Die Emigration 1878 bis 1951, in: Südosteuropa. Zeitschrift für Gegenwartsforschung, 38. Jg., München 1989 (S. 608-637)

Höpken, Wolfgang (Hrsg.): Öl ins Feuer? Oil on Fire? Schulbücher, ethnische Stereotypen und Gewalt in Südosteuropa. Textbooks, Ethnic Stereotypes and Violence in South-Eastern Europe, Hannover 1996

Hösch, Edgar: Geschichte der Balkanländer. Von der Frühzeit bis zur Gegenwart, München ^{2}1993

Hösch, Edgar/Grabmüller, Hans-Jürgen: Daten der russischen Geschichte. Von den Anfängen bis 1917, München 1981

Illyés, Elemér: Nationale Minderheiten in Rumänien. Siebenbürgen im Wandel, Wien 1981

Ionesco, Eugène: Der Kommunismus ist der größte Mißerfolg in der Geschichte der Menschheit, in: Ionesco, Eugène: Gegengifte. Artikel, Aufsätze, Polemiken, Frankfurt a. M.-Berlin-Wien 1983 (S. 85-87) (zuerst, am 8. Juli 1976, in: Le Figaro)

Kant, Immanuel: Beantwortung der Frage: Was ist Aufklärung?, in: Kant, Immanuel: Schriften zur Anthropologie, Geschichtsphilosophie, Politik und Pädagogik. Werke in sechs Bänden. Band VI, Darmstadt 1998 (S. 53-61).

Kappeler, Andreas: Ungleiche Brüder. Russen und Ukrainer vom Mittelalter bis zur Gegenwart, München ⁴2022

Kocka, Jürgen/Konrad, Christoph (Hrsg.): Europäische Zivilgesellschaft in Ost und West. Begriff, Geschichte, Chancen, Frankfurt a. M.-New York 2000

Konrád, György: Antipolitik. Mitteleuropäische Meditationen, Frankfurt a. M. 1985

Koslowski, Peter u.a. (Hrsg.): Moderne oder Postmoderne? Zur Signatur des gegenwärtigen Zeitalters, Weinheim 1986

Kotzian, Ortfried: Das Schulwesen der Deutschen in Rumänien im Spannungsfeld zwischen Volksgruppe und Staat, Augsburg 1983

Lendvai, Paul: Die Ungarn. Ein Jahrtausend Sieger in Niederlagen, München 1999

Lepsius, M. Rainer: Gesellschaftsanalyse und Sinngebungszwang, in: Albrecht, Günter u.a. (Hrsg.): Soziologie, Opladen 1973 (S. 103-116)

Lienau, Cay (Hrsg.): Raumstrukturen und Grenzen in Südosteuropa. Südosteuropa-Jahrbuch, 32 Band, München 2001

Lovrenović, Ivan: Bosnien und Herzegowina. Eine Kulturgeschichte, Wien-Bozen 1998

Lyotard, Jean-Francois: La condition postmoderne, Paris 1979

Maner, Hans-Christian: Galizien. Eine Grenzregion im Kalkül der Donaumonarchie im 18. und 19. Jahrhundert, München 2007

McArthur, Marylin: Zum Identitätswandel der Siebenbürger Sachsen, Köln-Wien 1990

Meier, Heinrich (Hrsg.): Zur Diagnose der Moderne, München-Zürich 1990

Merkel, Wolfgang (Hrsg.): Systemwechsel 5. Zivilgesellschaft und Transformation, Opladen 2000

Messelken, Karlheinz: Proletarischer Internationalismus und Nationalismus, in: Glatzer, Wolfgang (Hrsg.): 25. Deutscher Soziologentag. Die Modernisierung moderner Gesellschaften. Sektionen, Arbeits- und Ad hoc-Gruppen, Ausschuß für Lehre, Opladen 1991 (S. 603-609)

Metzeltin, Michael: Nationalstaatlichkeit und Identität. Ein Essay über die Erfindung von Nationalstaaten, Wien 2000

Mihok, Brigitte: Ethnostratifikation im Sozialismus, aufgezeigt an den Beispielländern Ungarn und Rumänien, Frankfurt a. M.-Bern-New York-Paris 1990

Molnár, Miklós: Geschichte Ungarns. Von den Anfängen bis zur Gegenwart, Hamburg 1999

Oschlies, Wolf: Rumäniendeutsches Schicksal 1918-1988. Wo Deutsch zur Sprache der Grabsteine wird ..., Köln-Wien 1988

Popper, Karl R.: Die offene Gesellschaft und ihre Feinde, München ^{7}1992 (2 Bde)

Poulton, Hugh: The Balkans. Minorities and States in Conflict, London 1991

Puttkamer, Joachim von: Ostmitteleuropa im 19. und 20. Jahrhundert, München 2010

Rauch, Georg von: Geschichte der Sowjetunion, Stuttgart ^{8}1990

Reuter, Jens: Die Albaner in Jugoslawien, München 1982

Reuter, Jens: Zagreb und Belgrad zum Krieg in Kroatien. Widerstreitende Meinungen zum Kernpunkt des Konflikts, in: Südosteuropa. Zeitschrift für Gegenwartsforschung, 40. Jg., München 1991 (S. 415-422)

Révesz, László: Minderheitenschicksal in den Nachfolgestaaten der Donaumonarchie. Unter besonderer Berücksichtigung der magyarischen Minderheit, Wien 1990

Rüb, Matthias: Balkan Transit. Das Erbe Jugoslawiens, Wien 1998

Rupnik, Jacques: Eisschrank oder Fegefeuer. Das Ende des Kommunismus und das Wiedererwachen der Nationalismen, in: Transit. Europäische Revue, Heft 1, Frankfurt a. M. 1990 (S. 132-141)

Schelsky, Helmut: Der selbständige und der betreute Mensch, Stuttgart 1976

Schlesinger, Arthur M.: Die Spaltung Amerikas. Überlegungen zu einer multikulturellen Gesellschaft, Stuttgart 2020

Schlögel, Karl: Archäologie des Kommunismus oder Russland im 20. Jahrhundert. Ein Bild neu zusammensetzen, München 2014

Schluchter, Wolfgang: Die Entwicklung des okzidentalen Rationalismus. Eine Analyse von Max Webers Gesellschaftsgeschichte, Tübingen 1979

Schmidt-Hartmann, Eva (Hrsg.): Kommunismus und Osteuropa. Konzepte, Perspektiven und Interpretationen im Wandel, München 1994

Schödl, Günter (Hrsg.): Deutsche Geschichte im Osten Europas. Land an der Donau, Berlin 2002

Schönfeld, Roland (Hrsg.): Nationalitätenprobleme in Südosteuropa, München 1987

Seewann, Gerhard/Sitzler, Kathrin: Ungarn. Kontinuität der Brüche, in: Bonwetsch, Bernd/Grieger, Manfred (Hrsg.): Was früher hinterm Eisernen Vorhang lag. Kleine Osteuropakunde vom Baltikum bis Bessarabien, Dortmund 1991 (S. 159-173)

Seton Watson, Hugh: Osteuropa zwischen den Kriegen 1918-1941, Paderborn 1948

Seton Watson, Hugh: „Intelligentsia" und Nationalismus in Osteuropa 1848-1918, in: Historische Zeitschrift, Bd. 195, München 1962 (S. 331-345)

Solomon, Flavius/Rubel, Alexander/Zub, Alexandru (Hrsg.): Südosteuropa im 20. Jahrhundert. Ethnostrukturen, Identitäten, Konflikte, Iași-Konstanz 2004

Stagl, Justin: Volkskultur, Hochkultur, Nationalkultur, in: Balla, Bálint/Sterbling, Anton (Hrsg.): Zusammenbruch des Sowjetsystems – Herausforderung für die Soziologie, Hamburg 1996 (S. 213-227)

Steindorff, Ludwig: Kroatien. Vom Mittelalter bis zur Gegenwart, Regensburg 2001

Sterbling, Anton: Eliten im Modernisierungsprozeß. Ein Theoriebeitrag zur vergleichenden Strukturanalyse unter besonderer Berücksichtigung grundlagentheoretischer Probleme, Hamburg 1987

Sterbling, Anton: Modernisierung und soziologisches Denken. Analysen und Betrachtungen, Hamburg 1991

Sterbling, Anton: Überlegungen zum „Wiedererwachen der Geschichte", in: Südosteuropa. Zeitschrift für Gegenwartsforschung, 42. Jg., Heft 3-4, München 1993 (S. 219-243)

Sterbling, Anton: Staaten- und Nationenbildung in Südosteuropa, in: Sterbling, Anton: Kontinuität und Wandel in Rumänien und Südosteuropa. Historisch-soziologische Analysen, München 1997 (S. 101-117)

Sterbling, Anton: Kontinuität und Wandel in Rumänien und Südosteuropa. Historisch-soziologische Analysen, München 1997

Sterbling, Anton: Unterdrückung, Ideologie und der untergründige Fortbestand der Mythen, in: Dahlmann, Dittmar/Potthoff, Wilfried (Hrsg.): Mythen, Symbole und Rituale. Die Geschichtsmächtigkeit der Zeichen in Südosteuropa im 19. und 20. Jahrhundert, Frankfurt a. M. u.a.O. 2000 (S. 275-293)

Sterbling, Anton: Eliten, Intellektuelle, Institutionenwandel. Untersuchungen zu Rumänien und Südosteuropa, Hamburg 2001

Sterbling, Anton: Pro- und antiwestliche Diskurse in Rumänien. Anmerkungen zur Gegenwart und zur Zwischenkriegszeit, in: Schubert, Gabriella/Sundhaussen, Holm (Hrsg.): Pro- und antiwestliche Diskurse in den Balkanländern/Südosteuropa, Südosteuropa-Jahrbuch 34, München 2008 (S. 251-266)

Sterbling, Anton: Der Erste Weltkrieg, das Ende der Habsburgermonarchie und das Banat, in: Ulbricht, Justus H. (Hrsg.): Das Ende des Alten Europa. Der Erste Weltkrieg in Geschichte und Erinnerung mitteleuropäischer Regionen, Dresden 2016 (S. 97-107)

Sterbling, Anton: Macht der Illusionen und Mythen im modernen politischen Denken, in: Sterbling, Anton: Europa zwischen Realität und Verblendung, Hamburg 2016 (S. 29-91)

Sterbling, Anton: Über Freiheit und Zeiten der Unfreiheit, in: Sterbling, Anton: Bürgerliche Gesellschaft, ihre Leistungen und ihre Feinde, Stuttgart 2020 (S. 53-82)

Sterbling, Anton: Das Banat, die Deutschen aus Rumänien und die rumäniendeutsche Literatur, München 2022 (in Vorbereitung)

Sterbling, Anton: Gesellschaftliche Spaltungsgefahren und die Bedeutung einer Leitkultur. Arthur M. Schlesingers Einsichten zur modernen Nationenbildung und zum Fortbestand von Nationen am Beispiel des Sonderfalls USA, in: Kostner, Sandra (Hrsg.): Debattierband zu Arthur M. Schlesingers: Die Spaltung Amerikas, Stuttgart 2022 (in Vorbereitung)

Sundhaussen, Holm: Experiment Jugoslawien. Von der Staatsgründung bis zum Staatsverfall, Mannheim-Leipzig-Wien-Zürich 1993

Szoboszlai, György (Hrsg.): Democracy and Political Transformation. Theories and East-Central European Realities, Budapest 1991

Telbizova-Sack, Jordanka: Identitätsmuster der Pomaken Bulgariens. Ein Beitrag zur Minoritätenforschung. Scripta Slavica, Band 7, Marburg/Lahn 1999

Troebst, Stefan: Die bulgarisch-jugoslawische Kontroverse um Makedonien 1967-1982, München 1983

Ursprung, Daniel: Herrschaftslegitimation zwischen Tradition und Innovation. Repräsentation und Inszenierung von Herrschaft in der rumänischen Geschichte, Kronstadt/Braşov 2007

Voß, Christian: Der bulgarisch-mazedonische Streit um historische und sprachliche Identität – ein Schlichtungsversuch, in: Südosteuropa Mitteilungen, 60. Jg., Heft 6, München 2020 (S. 51-62)

Wagner, Richard: Sonderweg Rumänien. Bericht aus einem Entwicklungsland, Berlin 1991

Wagner, Richard: Völker ohne Signale. Zum Epochenbruch in Osteuropa, Berlin 1992

Wagner, Richard, Mythendämmerung. Einwürfe eines Mitteleuropäers, Berlin 1993

Wagner, Richard: Osteuropa oder die permanente Kollaboration, in: Kursbuch 115, Reinbek bei Hamburg 1994 (S. 175-181)

Wagner, Richard/Frauendorfer, Helmuth (Hrsg.): Der Sturz des Tyrannen. Rumänien und das Ende einer Diktatur, Reinbek bei Hamburg 1990

Weber, Max: Die „Objektivität" sozialwissenschaftlicher und sozialpolitischer Erkenntnis, in: Weber, Max: Gesammelte Aufsätze zur Wissenschaftslehre, Tübingen [7]1988 (S. 146-214)

Welsch, Wolfgang: Unsere postmoderne Moderne, Weinheim 1987

Welsch, Wolfgang (Hrsg.): Wege aus der Moderne. Schlüsseltexte der Postmoderne-Diskussion, Weinheim 1988

Winkler, Heinrich August (Hrsg.): Nationalismus, Königstein/Ts. [2]1985

Donauraum und Mitteleuropa. Über imaginäre und reale Grenzen in Europa und Lehren für die Europäische Union

Der aus dem Banat stammende deutsche Schriftsteller Richard Wagner schrieb irgendwo sinngemäß, alle Osteuropäer liefen mit „Landkarten in den Köpfen" herum, nur würden die Grenzen dieses imaginären Karten nicht mit den tatsächlichen heutigen Grenzverläufen übereinstimmen und auch keineswegs zueinander passen.[1] Die folgenden Überlegungen beginnen demnach mit der Betrachtung imaginärer und realer Grenzen in Europa.[2] In einem zweiten Schritt geht es um die Bedeutung der modernen Staaten- und Nationenbildung. Sodann wende ich mich den historisch-politischen Konzepten des Donauraums und Mitteleuropas wie auch dem Habsburger Vielvölkerstaat, der österreichisch-ungarischen Doppelmonarchie und deren Nachfolgestaaten zu. Fallbezogen möchte ich die Folgen des Zerfalls der Doppelmonarchie am Beispiel des historischen Banats betrachten. Von der Idee ausgehend, dass es einige wichtige Gemeinsamkeiten, aber auch erhebliche Unterschiede zwischen der Doppelmonarchie als Vielvölkerstaat und der Europäischen Union gibt, möchte ich in einem abschließenden Teil meiner Ausführungen zunächst den Grundgedanken der Europäischen Union als „Wertegemeinschaft" aufgreifen und ausleuchten und von daher die entscheidenden gegenwärtigen Grundfragen der Europäischen Union im Horizont der Erfahrungen des Donauraums, Mitteleuropas und der Habsburger Doppelmonarchie unter der Analyseperspektive von Wertordnungen und ihrer maßgeblichen verhaltensleitenden und handlungsrelevanten Erscheinungsformen betrachten.

---

[1] Diese Landkarten sind zumeist die eines Großbulgariens, Großrumäniens, Großserbiens, des Ungarns der Stephanskrone usw. Siehe: Wagner, Richard: Sonderweg Rumänien. Bericht aus einem Entwicklungsland, Berlin 1991; Wagner, Richard, Mythendämmerung. Einwürfe eines Mitteleuropäers, Berlin 1993.

[2] Zu den Grenzen Deutschlands in einer solchen Perspektive siehe: Demandt, Alexander (Hrsg.): Deutschlands Grenzen in der Geschichte, München 1990. Zu Folgendem siehe auch: Sterbling, Anton: Nationalstaaten und Europa. Problemfacetten komplizierter Wechselbeziehungen. Geistige Lieferung I, Schriften der Akademie Herrnhut, Dresden 2018, insb. S. 21 ff.

Imaginäre und reale Grenzen in Europa

Zu den Grenzen in Europa vor der Zeit der formierten Nationalstaaten, also einem langen Zeitraum der eigentlich – sieht man von der Antike und Spätantike und dem frühen Mittelalter einmal ab – seit der Jahrtausendwende vom ersten zum zweiten Jahrtausend bis in die Anfänge des 20. Jahrhunderts reichte, sollen einige aufschlussreiche Aspekte und Anmerkungen festgehalten werden.

Die Nachhaltigkeit der Trennung des oströmischen und des weströmischen Reichs als imaginäre und reale Grenzlinie

Der lange Zeitraum zwischen der Ausbreitung des Urchristentums im Römischen Reich, dem Aufstieg des Christentums zur Staatsreligion,[3] dem Ansturm der Wandervölker, der Ansiedlung der Südslawen und Protobulgaren auf dem Balkan und ihren Staatsbildungen bis zur osmanischen Expansion im südosteuropäischen Raum stand sowohl im Zeichen der Herausbildung zweier konkurrierender Herrschaftszentren, des oströmischen und des weströmischen, des teilweisen Zerfalls ihrer Herrschaftsmacht und ihres Einflusses und der Entstehung kleinerer Herrschaftsgebilde, insbesondere in ihren Randgebieten; wie auch der immer deutlicher werdenden, auch institutionell und symbolisch sichtbare Gestalt annehmenden Glaubensspaltung zwischen der orthodoxen und katholischen Kirche, die diese siedlungsgeschichtlichen, bevölkerungsstrukturellen und herrschaftsräumlichen Vorgänge gleichsam überwölbte[4] – und so etwas wie einen durch das südöstliche Europa verlaufenden „Kontinentalbruch"[5] herbeiführte. Mit der

---

[3] Siehe: Messelken, Karlheinz: Zur Durchsetzung des Christentums in der Spätantike. Strukturell-funktionale Analyse eines Gegenstandes, in: Kölner Zeitschrift für Soziologie und Sozialpsychologie, 29. Jg., Opladen 1977 (S. 261-294).

[4] Siehe dazu näher: Hösch, Edgar: Geschichte der Balkanländer. Von der Frühzeit bis zur Gegenwart, München ²1993, insb. S. 19 ff und S. 29 ff; Fuhrmann, Manfred: Rom in der Spätantike. Porträt einer Epoche, München-Zürich 1994, insb. S. 13 ff; Kleinschmidt, Harald: Geschichte des Völkerrechts in Krieg und Frieden, Darmstadt 2013, insb. S. 33 ff und S. 50 ff.

[5] Im Vorfeld des Jahres 2003, als Graz „Kulturhauptstadt" Europas wurde, fand dort ein Workshop unter dem Arbeitstitel „Kontinentalbruch" statt, bei dem es um diese quer durch Europa verlaufende imaginäre Grenze verschiedener Kulturkreise ging.

späteren, jahrhundertelangen osmanischen Herrschaft wurde diese ursprüngliche Herrschaftsraum- und Kulturkreisgrenze überlagert und verfestigt, aber auch immer wieder durchbrochen und verschoben.

Die folgenreiche Bedeutung dieser teils imaginären, teils realen Grenzlinie ist vor allem in dem zu sehen, das man als die „abendländische Sonderentwicklung" begründenden, frühen institutionellen Differenzierungsvorgänge betrachten kann; also die Trennung von „weltlicher" und „geistlicher" Herrschaft und die dadurch bedingten Machtbegrenzungen im katholischen Alteuropa wie auch die Entstehung einer eigenständigen und folgenreichen okzidentalen Stadtkultur[6] und schließlich die Ausdifferenzierung der Universitäten als autonome institutionelle Gebilde und geistige und intellektuelle „Enklaven"[7] in diesem Gesamtkontext. Diese imaginäre Grenze durchzieht aber auch die Gebiete, die geographisch den Donauraum bilden, und bestimmt mit, was wir als „Ränder Mitteleuropas"[8] verstehen.

Anmerkungen zur „Hajnal-Linie"

Eine andere in ihrer Relevanz immer noch weitgehend unteranalysierte imaginäre Grenze in Europa ist die sogenannte „Hajnal-Linie", die sich spätestens seit dem 15. Jahrhundert deutlich ausmachen lässt. Diese verläuft – gleichsam als Grenzlinie mit fließenden Übergangszonen, grob gesprochen von Finnland über das Baltikum bis zur slowenisch-kroatischen Grenze oder, noch zugespitzter formuliert, von Sankt Petersburg bis nach Triest – und bezieht sich auf typologisch prägnant zu fassende Unterschie-

---

Als Leitvorstellung galt, dass Graz im Bereich dieser Grenze liege und diese gleichsam überbrücken würde. Zu „Bruchlinien" in Europa siehe: Schönfelder, Andreas: Europa im Kampf der Kulturen, in: Silesia Nova. Vierteljahrsschrift für Kultur und Geschichte, 11. Jg., Heft 1, Dresden-Breslau 2014 (S. 23-40), insb. S. 25 ff.

[6] Siehe: Sterbling, Anton: Stadtkultur, bürgerliche Gesellschaft, Kunst, in: Sterbling, Anton: Bürgerliche Gesellschaft, ihre Leistungen und ihre Feinde, Stuttgart 2020 (S. 35-52).

[7] Zu den innovativen Leistungen solcher „Enklaven" siehe: Eisenstadt, Samuel N.: Tradition, Wandel und Modernität, Frankfurt a. M. 1979; Eisenstadt, Shmuel N.: Theorien der Moderne. Soziologische Essays, Wiesbaden 2006.

[8] Siehe auch: Sterbling, Anton: Am Rande Mitteleuropas. Über das Banat und Rumänien, Buchreihe Land-Berichte 14, Aachen 2018.

de der Familien- und Verwandtschaftssysteme wie auch des damit zusammenhängenden Erbrechts.

Schließt man sich den Ausführungen Karl Kasers[9] an, so hat man es dabei in der vorindustriellen Zeit mit einem westeuropäischen „Sonderfall" und einem ost- und südosteuropäischen Normalfall zu tun. Den westeuropäischen Typus kennzeichnet die früh sich herausbildende „Kernfamilie", ein spätes Heiratsalter mit relativ großen Abständen zwischen den Generationen und einem hohen Anteil unverheiratet bleibender Personen. Ein Erbrecht,[10] das zumindest grundsätzlich beide Geschlechter berücksichtigte, aber vorwiegend dem Prinzip des „Ahnerbenrechts" folgte und ein Haushaltssystem, das neben Familienangehörigen häufig auch andere Personen (Gesinde usw.) umfasste.

Den ost- und südosteuropäischen Typus kennzeichnet indes ein niedriges Heiratsalter mit einem geringen Anteil lebenslang unverheiratet bleibender Personen, ein gleichberechtigtes Männererbrecht mit ausgeprägten patriarchalischen Haushaltsstrukturen, die sich weitgehend auf Familienangehörige beschränkten und mit komplexen Familienformen und zumeist großen Familien einhergingen, die allerdings streng patrilinear und vielfach auch patrilokal ausgerichtet waren und teilweise mehrere Generationen männlicher Nachkommen und deren Frauen und Kinder umfassten. Die bis heute in Restbeständen auf dem Balkan existierende „Zadruga" wäre dafür ein treffliches Beispiel.[11]

Diese Differenzen der Familien- und Haushaltstypen hatten, über die engen mikrosozialen Beziehungsmuster hinaus, auch eine weiterreichende sozialstrukturelle Bedeutung, die man unter anderem so fassen kann, dass der westeuropäische Familien- und Haushaltstypus die „Statusassoziation" von Personen in ähnlichen sozioökonomischen Lagen begünstigte und da-

---

[9] Siehe: Kaser, Karl: Familie und Geschlechterbeziehungen, in: Kaser, Karl/Gruber, Siegfried/Pichler, Robert (Hrsg.): Historische Anthropologie im südöstlichen Europa. Eine Einführung, Wien-Köln-Weimar 2003 (S. 153-174), insb. S. 153 ff.

[10] Zum Erbrecht in Deutschland und dessen weitreichenden sozialstrukturellen und entwicklungsgeschichtlichen Folgen siehe auch: Bohler, Karl Friedrich: Regionale Gesellschaftsentwicklung und Schichtungsmuster in Deutschland, Frankfurt a. M. u.a.O. 1995.

[11] Siehe: Telbizova-Sack, Jordanka: Identitätsmuster der Pomaken Bulgariens. Ein Beitrag zur Minoritätenforschung. Scripta Slavica, Band 7, Marburg/Lahn 1999.

mit auch Vergesellschaftungs- und soziale Organisationsprozesse förderte, die dezentrale Gegengewichte zu den politischen Herrschaftszentren bildeten. Der ost- und südosteuropäische Familien- und Haushaltstypus stärkte indes primordiale Familien- und Verwandtschaftsbeziehungen und mithin das Prinzip der Primordialität generell, und führte sozialstrukturell zur „Statussegregation" mit einer zum Teil starken Abhängigkeit der einzelnen sozialen Teileinheiten (Familien- und Verwandtschaftsgruppen) vom jeweiligen (politischen) Machtzentrum.[12] Mit einer gewissen Berechtigung könnte man daher nicht nur auf bestimmte Affinitäten zu später dominierenden Strukturprinzipien der sozialen Differenzierung und Schichtung und der zivilgesellschaftlichen Entwicklungen in Westeuropa bzw. deren Unterentwicklung im östlichen und südöstlichen Europa hinweisen,[13] sondern auch Phänomene der Vorherrschaft der „Formalität" („formalen Rationalität"), des entpersonalisierten generellen und öffentlichen Vertrauens in Westeuropa und der „Informalität", des allein auf personale Beziehungen gestützten Vertrauens in den Gesellschaften des „öffentlichen Misstrauens"[14] in Südosteuropa besser verstehbar machen.

---

[12] Siehe dazu auch: Eisenstadt, Samuel N.: Tradition, Wandel und Modernität, Frankfurt a. M. 1979; Eisenstadt, Samuel N.: Revolution und Transformation von Gesellschaften. Eine vergleichende Untersuchung verschiedener Kulturen, Opladen 1982.

[13] Siehe: Sterbling, Anton: Entstehung sozialer Ungleichheit in ost- und südosteuropäischen Gesellschaften, in: Bach, Maurizio/Sterbling, Anton (Hrsg.): Soziale Ungleichheit in der erweiterten Europäischen Union, Beiträge zur Osteuropaforschung 14, Hamburg 2008 (S. 39-62); Sterbling, Anton (Hrsg.): Zivilgesellschaftliche Entwicklungen in Südosteuropa. Südosteuropa-Jahrbuch, Band 36, München 2009.

[14] Siehe: Giordano, Christian: Privates Vertrauen und informelle Netzwerke: Zur Organisationsstruktur in Gesellschaften des öffentlichen Misstrauens. Südosteuropa im Blickpunkt, in: Roth, Klaus (Hrsg.): Soziale Netzwerke und soziales Vertrauen in den Transformationsländern. Freiburger Sozialanthropologische Studien, Band 15, Wien-Zürich-Berlin 2007 (S. 21-49), insb. S. 26 f; Giordano, Christian/Hayoz, Nicolas (Hrsg.): Informality in Eastern Europe. Structures, Political Cultures and Social Practices. Interdisciplinary Studies on Central and Eastern Europe, Vol. 11, Bern u.a.O. 2013. Man kann eventuell noch weiter gehen und fragen, ob damit in Westeuropa nicht auch eine stärkere Orientierung an „abstrakten Regeln" und in Südosteuropa eine stärkere Ausrichtung an einer „partikularistischen Sozialmoral" und an „emotionalen Beziehungen" einhergeht. Siehe dazu – mit einem sicherlich passenden Verweis auf Friedrich August von Hayek – auch: Gellner, Ernest: Pflug, Schwert und Buch. Grundlinien der Menschheitsgeschichte, München 1993, insb. S. 27 ff.

Kulturkreise und Vielvölkerimperien

Ähnliches wie für die soziale Relevanz der „Hajnal-Linie" gilt für die Abgrenzungen, Überscheidungen und Durchdringungen der „Kulturkreise" in Europa, die teilweise bereits angesprochen wurden. Ob man diese streng religionssoziologisch oder bereits auf die spätantiken Grenzen zwischen ost- und weströmischem Reich zurückführt, oder ob man Samuel Huntingtons Vorstellungen vom „Kampf der Kulturen"[15] folgen mag oder nicht, auf jeden Fall lassen sich auf dem europäischen Kontinent – insbesondere historisch betrachtet, aber mit weitreichenden Auswirkungen bis in die Gegenwart – mehrere „Kulturkreise" ausmachen und näher bestimmen, die man als „westeuropäisch-abendländisch", „osteuropäisch-orthodox", „orientalisch-islamisch" und möglicherweise auch „südeuropäisch-mediterran" bezeichnen könnte, wobei entsprechende Grenzziehungen natürlich keineswegs unverrückbar oder eindeutig erscheinen. Ohne Zweifel haben aber gerade im östlichen Teil Europas und insbesondere auf dem Balkan und an den Rändern Mitteleuropas die sozialen Tiefenprägungen durch die Kulturkreiszugehörigkeiten wie auch durch die Begegnungen, Abgrenzungen und Spannungen zwischen diesen, eine nachhaltige Relevanz und Auswirkung auf die kollektiven Identitäten,[16] von der universalgeschichtlichen Bedeutung der „abendländischen Sonderentwicklung", die vorhin angesprochen wurde, ganz abgesehen.

Eine nachwirkende Bedeutung haben auch die ehemaligen Grenzen der nach dem Ersten Weltkrieg untergegangenen Vielvölkerstaaten, des Osmanischen Reichs, der Habsburger Monarchie bzw. seit 1867 der kaiserlichen und königlichen Monarchie Österreich-Ungarn und des Russischen Zarenreichs, das ja in gewisser Weise in der späteren Sowjetunion fortbestand

---

[15] Siehe: Huntington, Samuel P.: Der Kampf der Kulturen. Die Neugestaltung der Weltpolitik im 21. Jahrhundert, München ⁵1997.

[16] Siehe dazu auch: Sterbling, Anton: Aktuelle Identitätsprobleme in Südosteuropa, in: Südosteuropa-Mitteilungen, 45. Jg., Heft 2, München 2005 (S. 6-15); Sterbling, Anton: Identitätsfragen, sozialer Wandel in Südosteuropa und das Dauerdilemma „zwischen Ost und West", in: Kulturkreise. Kultursoziologie, Potsdam 2014 (S. 67-81); Sterbling, Anton: Collective Identities, in: Kollmorgen, Raj/Merkel, Wolfgang/Wagener, Hans-Jürgen (eds.): Handbook of Political, Social, and Economic Transformation, Oxford 2019 (S. 416-420).

und bis heute russische Großmachtvorstellungen grundiert. Die derzeitigen türkischen Machtstaatambitionen erscheinen ebenfalls deutlich von der Idee der zumindest partiellen Wiederherstellung des Osmanischen Großreichs geleitet. Auch in den insbesondere in den 1980er Jahren als politische Konzepte erneut in Umlauf gekommenen Begriffe „Mitteleuropa"[17] oder „Donauraum" wird diese Langzeitwirkung anschaulich und greifbar.

In unserem Überlegungszusammenhang ist mit Blick auf diese Vielvölkerimperien, in deutlicher Abhebung zu den Nationalstaaten und der Relevanz ihrer Grenzen, wichtig, nicht nur auf die ethnische und religiöse Heterogenität, die natürlich auch für einzelne europäische „Nationalstaaten" charakteristisch erscheint, hinzuweisen, sondern auch darauf, dass es sich vielfach um staatliche Territorien mit institutionellen Gefügen und kulturellen, wirtschaftlichen, sozialen und teilweise auch rechtlichen Teilordnungen unterschiedlicher räumlicher Relevanz und Reichweite handelt.

Gerade diese unterschiedliche räumliche Reichweite der gesellschaftlichen und institutionellen Teilordnungen ändert sich mit der Durchsetzung des nationalstaatlichen Prinzips, mit dem sich eine weitgehende territoriale Deckungsgleichheit nahezu aller institutionellen und sonstigen Teilordnungen ergab.[18] Diese weitgehende nationalstaatliche Konvergenz löst sich – und dies ist von großer, institutionentheoretisch allerdings noch keineswegs hinreichend analysierter Bedeutung – mit fortschreitenden Erweiterungs- und supranationalen Integrationsprozessen der Europäischen Union zumindest tendenziell wieder auf.[19]

---

[17] Zum Begriff „Mitteleuropa" siehe zum Beispiel: Konrád, György: Antipolitik. Mitteleuropäische Meditationen, Frankfurt a. M. 1985; Busek, Erhard/Brix, Emil: Projekt Mitteleuropa, Wien 1986; Sterbling, Anton: Der Donauraum – Kooperation und Konkurrenz, in: Institut für Donauraum und Mitteleuropa / Susanne Milford und Viktoria Weber (Hrsg.): Der Donauraum. Möglichkeiten und Grenzen der EU-Strategie für den Donauraum, 53. Jg., Heft 3-4, Wien 2013 (S. 355-364); Wagner, Richard: Habsburg. Bibliothek einer verlorenen Welt, Hamburg 2014.

[18] Dies verhält sich etwas anders, das heißt diese institutionelle Konfiguration wird durchbrochen, wenn man kulturelle und insbesondere religiöse Institutionen und Kirchen, soweit sie von Minderheiten oder Bevölkerungsgruppen getragen werden, die relativ kompakt in begrenzten regionalen Siedlungsgebieten leben, mit in Betracht zieht.

[19] Eine der wenigen Ausnahmen bilden in der deutschen Soziologie in diesem Sinne die Arbeiten von M. Rainer Lepsius. Siehe: Lepsius, M. Rainer: Interessen, Ideen

Zur modernen Staaten- und Nationalbildung

Aus einer historisch-modernisierungstheoretischen Perspektive betrachtet, bilden die moderne Staaten- und Nationenbildung fundamentale Vorgänge der Modernisierung.[20] Es handelt sich um zwei in vielen Fällen eng miteinander verschränkte und zeitlich zusammengehende, komplexe historische Prozesse, zwischen denen aber auch nicht selten erhebliche Spannungen und Ungleichzeitigkeiten auftreten können, wie sich gerade am Fallbeispiel des Donauraums zeigen lässt. Zu diesen Verschränkungs- und Spannungsbeziehungen lassen sich einige wichtige weiterführende modernisierungstheoretische Thesen formulieren.

Die erfolgreiche moderne Nationalstaatenbildung ist in der Regel auch eng mit Vorgängen der politischen Demokratisierung und der gesellschaftlichen „Fundamentaldemokratisierung" im Sinne Karl Mannheims[21] verbunden. Das gemeinsame Ergebnis dieser Prozesse ist im erfolgreich verlaufenden Fall die sukzessive Ablösung des „Untertans" durch den „Staatsbürger" mit – unter Absehung seines sozialen Status und seiner Person – uneingeschränkt gleichen Rechten und Pflichten. Mit Talcott Parsons kann man auch von einer für die Moderne entscheidenden Ablösung „partikularistischer" durch „universalistische" Normen und Prinzipien sprechen.[22]

---

und Institutionen, Opladen 1990; Lepsius, M. Rainer: Institutionalisierung politischen Handelns. Analysen zur DDR, Wiedervereinigung und Europäischen Union, Wiesbaden 2013. Siehe auch: Sterbling, Anton: Institutionenanalyse und Institutionenwandel in Südosteuropa, in: Sterbling, Anton: Intellektuelle, Eliten und Institutionenwandel. Untersuchungen zu Rumänien und Südosteuropa, Hamburg 2001 (S. 13-35), insb. S. 19 ff.

[20] Dies unter anderem unterscheidet die in der Denktradition Max Webers stehende „historische" Modernisierungstheorie deutlich von „systemtheoretisch-evolutionistischen" Modernisierungstheorien. Siehe dazu eingehender: Sterbling, Anton: Sozialer Wandel und historisch-vergleichende Modernisierungsforschung, in: Sterbling, Anton: Verwerfungen in Modernisierungsprozessen. Soziologische Querschnitte, Hamburg 2012 (S. 129-152), insb. S. 141 ff.

[21] Siehe: Mannheim, Karl: Mensch und Gesellschaft im Zeitalter des Umbaus, Bad Homburg-Berlin-Zürich 1967.

[22] Siehe: Parsons, Talcott: Evolutionäre Universalien, in: Zapf, Wolfgang (Hrsg.): Theorien des sozialen Wandels, Köln-Berlin ³1971 (S. 55-74); Parsons, Talcott: Gesellschaften. Evolutionäre und komparative Perspektiven, Frankfurt a. M. 1975;

Dabei handelt es sich vielfach um einen länger andauernden Prozess, bei dem Gleichheitsrechte zunächst in der Dimension formaler rechtlicher Gleichstellung, sodann der politischen Partizipationsgleichheit und schließlich – in fortgeschrittenen demokratischen Wohlfahrtsstaaten – auch der tendenziellen Angleichung der materiellen Lebensverhältnissen ausgedehnt, generalisiert und substanziell verwirklicht werden.[23]

In diesem Zusammenhang spielt – gerade für die Teilhabe am politischen Prozess und an den wohlfahrtsstaatlichen Leistungen – der Status der staatsbürgerlichen Zugehörigkeit und das Prinzip der nationalstaatlich begründeten Solidarität eine entscheidende und letztlich wahrscheinlich auch unverzichtbare Rolle,[24] zumindest solange die Europäische Union nicht zu einer weitgehend sozialstaatlich umgebauten Transferunion im Sinne einer eigenen, eine hohe subjektive Identifikation der Bevölkerungen ermöglichenden politischen Bezugseinheit umgestaltet worden ist.[25] Damit lassen die nationalstaatlichen Grenzen wohl auch ihre besondere und weiterhin maßgeblich fortbestehende Relevanz erkennen.

Im Falle schwieriger, verspäteter und umstrittener Nationalstaatenbildung, so zeigt sich unter anderem am Beispiel Südosteuropas und teilweise auch des engeren Donauraums, werden auch andere grundlegende Vorgän-

---

Sterbling, Anton: Partikularismus in Südosteuropa, in: Land-Berichte. Sozialwissenschaftliches Journal, XIII. Jg., Heft 1, Aachen 2010 (S. 89-104).

[23] Siehe dazu auch: Marshall, Thomas H.: Class, Citizenship, and Social Development, Garden City 1964; Offe; Claus: Das Dilemma der Gleichzeitigkeit. Demokratisierung und Marktwirtschaft in Osteuropa, in: Merkur. Deutsche Zeitschrift für europäisches Denken, 45. Jg., Stuttgart 1991 (S. 279-292).

[24] Siehe: Streeck, Wolfgang (Hrsg.): Internationale Wirtschaft, nationale Demokratie, Frankfurt a. M.-New York 1998; Streeck, Wolfgang: Zwischen Globalisierung und Demokratie, Berlin 2021; Sterbling, Anton: Bürgerliche Gesellschaft, ihre Leistungen und ihre Feinde, Stuttgart 2020, insb. S. 103 ff.

[25] Siehe eingehender: Lepsius, M. Rainer: Die Europäische Gemeinschaft und die Zukunft des Nationalstaates, in: Lepsius, M. Rainer: Demokratie in Deutschland, Göttingen 1993 (S. 249-264); Lepsius, M. Rainer: Nationalstaat oder Nationalitätenstaat als Modell für die Weiterentwicklung der Europäischen Gemeinschaft, in: Lepsius, M. Rainer: Demokratie in Deutschland, Göttingen 1993 (S. 265-285); Lepsius, M. Rainer: Die Europäische Union: Ökonomisch-politische Integration und kulturelle Pluralität, in: Lepsius, M. Rainer Institutionalisierung politischen Handelns. Analysen zur DDR, Wiedervereinigung und Europäischen Union, Wiesbaden 2013 (S. 185-203).

ge der Modernisierung, wie die Demokratisierung oder die wirtschaftliche und soziale Modernisierung, verzögert, gestört oder tiefgreifend beeinträchtigt,[26] wobei immer wieder deutliche gesellschaftliche und politische Krisen in Erscheinung treten. Ebenso fallen in diesen Gesellschaften häufig erhebliche regionale Disparitäten und sozialstrukturelle Verwerfungen auf.

In der modernen Staaten- und Nationenbildung stehen – folgt man Gabriel Almond u.a.[27] – insgesamt sechs Probleme oder Modernisierungsherausforderungen an, für die angemessene institutionelle Lösungen angestrebt und gefunden werden müssen: die Penetration und Integration als grundlegende Probleme der Staatenbildung, die (kollektive) Identitätsbildung und Legitimitätssicherung als vornehmliche Probleme der modernen Nationenbildung und die Partizipation und sozialstaatliche Umverteilung als Konsolidierungsprobleme moderner Nationalstaaten.

Dazu nur einige Anmerkungen, die nicht zuletzt die besondere Relevanz nationalstaatlicher Grenzen erkennbar machen. Mit der Penetration ist die Durchdringung und zentrale Kontrolle eines staatlichen Territoriums mit – im Falle des modernen Staates – gleichartigen und funktionstüchtigen Institutionen der Territorialverwaltung und der Ressourcenmobilisierung, nicht zuletzt der Steuererhebung,[28] gemeint. Dabei geht es nicht zuletzt um

---

[26] Siehe: Sterbling, Anton: Strukturfragen und Modernisierungsprobleme südosteuropäischer Gesellschaften, Hamburg 1993; Sterbling, Anton: Kontinuität und Wandel in Rumänien und Südosteuropa. Historisch-soziologische Analysen, München 1997; Müller, Michael G./Petri, Rolf (Hrsg.): Die Nationalisierung von Grenzen. Zur Konstruktion nationaler Identität in sprachlich gemischten Grenzregionen, Marburg 2002.

[27] Siehe: Almond, Gabriel A./Powell, G.: Bingham: Comparative Politics: A Developmental Approach, Boston-Toronto 1966; Almond, Gabriel A.: Politische Systeme und politischer Wandel, in: Zapf, Wolfgang (Hrsg.): Theorien des sozialen Wandels, Köln-Berlin ^{3}1971 (S. 211-227).

[28] Mangelnde Leistungsfähigkeit oder gravierende Ungerechtigkeiten in der Erfüllung dieser staatlichen Grundfunktion sind deutliche Anzeichen des „Staatszerfalls". Siehe dazu ausführlicher: Elwert, Georg: Gewaltmärkte. Beobachtungen zur Zweckrationalität der Gewalt, in: Trotha, Trutz von: Soziologie der Gewalt. Kölner Zeitschrift für Soziologie und Sozialpsychologie, Sonderheft 37, Opladen-Wiesbaden 1997 (S. 86-101); Sterbling, Anton: Entgrenzung von Sicherheitsräumen und Entstehung von „Gewaltmärkten", in: Behr, Rafael/Ohlemacher, Thomas (Hrsg.): Offene Grenzen – Polizei in der Sicherheitsarchitektur einer post-territorialen Welt. Er-

die Befriedung und den Schutz nach außen und innen, in der Regel durch die effektive Durchsetzung des staatlichen Gewaltmonopols,[29] ebenso aber auch um die staatliche Aufrechterhaltung einer Verkehrs- und Kommunikationsinfrastruktur, eines wirksamen Katastrophenschutzes usw. Dies setzt nicht nur funktionierende Institutionen, sondern auch ein leistungsfähiges Macht- und Herrschaftszentrum, in der Regel in der Gestalt einer zentralen Regierung, einer Hauptstadt, ausgebauter, zentralisierter staatlicher Bürokratien usw. voraus.

Die Integration als Aspekt der modernen Staatenbildung meint die bereits angesprochene rechtliche und politische Gleichstellung aller Bevölkerungsgruppen eines Staates im Sinne der Sozial- und Rechtsgestalt des „Staatsbürgers" und darüber hinaus die Verwirklichung der herkunftsunabhängigen Chancengleichheit im Bereich der wirtschaftlichen Betätigung, der Bildung und natürlich auch des Zugangs zu staatlichen Positionen und Leistungen.

Damit sind gleichsam auch die Konsolidierungsprobleme des modernen Staates im Sinne der sukzessiven Ausdehnung, Generalisierung und Verwirklichung der politischen und gesellschaftlichen Partizipationsrechte, insbesondere auch des Wahlrechts, und der sozialstaatlichen Umverteilungsprozesse im Hinblick auf eine Redistribution marktproduzierter Einkommens- und Güterverteilungen und eines zumindest tendenziellen Abbaus sozialer Ungleichheiten und Marginalisierungen bestimmter, deprivierter Bevölkerungsgruppen eng verbunden. Hierbei werden die staatliche Sozial- und Wohlfahrtspolitik und ihre Ergebnisse zu einer eigenen Legitimationsquelle der (demokratischen) Herrschaft. Andere, mindestens ebenso wichtige Prozesse sind die der erfolgreichen Nationenbildung.

Die Nationenbildung ist ein vielfach eng mit der modernen Staatenbildung verschränkter, aber zugleich auch ein durchaus eigenständiger Vorgang, der zuweilen in einem mehr oder weniger starken Spannungs- oder Divergenz- und Ungleichzeitigkeitsverhältnis mit der staatlichen Entwick-

---

gebnisse der XI. Tagung des Arbeitskreises Empirische Polizeiforschung, Frankfurt a. M. 2009 (S. 113-128).

[29] Siehe: Knöbl, Wolfgang: Polizei und Herrschaft im Modernisierungsprozeß. Staatsbildung und innere Sicherheit in Preußen, England und Amerika 1700-1914, Frankfurt a. M.-New York 1995.

lung stehen kann, wie die bereits erwähnten „Vielvölkerimperien"[30] in ihrem modernen Entwicklungsstadium anschaulich erkennen ließen. Die Nationenbildung bedeutet in der Hauptsache die Herausbildung eines spezifischen kollektiven Identitätsbewusstseins im Sinne der Zugehörigkeit und der subjektiven Selbstzurechnung zu einer Nation als zentraler makro sozialer Bezugseinheit. Dazu, da es sich um eine weitgehend bekannte Problematik und deren Erklärung handelt, nur einige wenige Anmerkungen.

Nationenbildung ist ein Vorgang der modernen politischen Vergesellschaftung, selbst wenn dabei auf gemeinschaftliche Grundlagen zurückgegriffen wird. Das heißt, so kann mit Karl W. Deutsch[31] vertreten werden, dass die moderne Nationenbildung notwendig mit Prozessen der sozialen und psychischen Mobilisierung und zum Teil auch mit solchen der sprachlichen und kulturellen Assimilation einher geht.

Bekanntlich kann die moderne Nationenbildung unterschiedliche Grundlagen aufweisen, etwa die Sprachgemeinsamkeit, die ethnische Herkunft oder oft auch den mythisch überhöhten historischen Glauben an eine Abstammungsgemeinschaft, eine gemeinsame Religion oder Konfession, miteinander geteilte Wert- und Wissensbestände oder auch nachhaltig prägende Schlüsselerfahrungen einer historisch-politischen „Schicksalsgemeinschaft".[32] Manchmal sind einzelne dieser Gegebenheiten, oft aber eine

---

[30] Siehe: Hösch, Edgar: Geschichte der Balkanländer. Von der Frühzeit bis zur Gegenwart, München ²1993; Matuz, Josef: Das Osmanische Reich. Grundlinien seiner Geschichte, Darmstadt ⁴2006; Puttkamer, Joachim von: Ostmitteleuropa im 19. und 20. Jahrhundert, München 2010.

[31] Siehe: Deutsch, Karl W.: Soziale Mobilisierung und politische Entwicklung, in: Zapf, Wolfgang (Hrsg.): Theorien des sozialen Wandels, Köln-Berlin ³1971 (S. 329-350); Deutsch, Karl W.: Nationenbildung, Nationalstaat, Integration, Düsseldorf 1972.

[32] Siehe dazu: Weber, Max: Wirtschaft und Gesellschaft. Grundriss der verstehenden Soziologie, Tübingen ⁵1976, insb. S. 234 ff und S. 527 ff; Sebaux, Gwénola: Ces Allemands entre Allemagne et Roumanie, Paris 2015, insb. S. 33 ff; Sterbling, Anton: Kollektive Identitäten. Anwendungsmöglichkeiten einer Analysekategorie, in: Sterbling, Anton: Verwerfungen in Modernisierungsprozessen. Soziologische Querschnitte, Hamburg 2012 (S. 155-193), insb. S. 158 ff; Sterbling, Anton: Collective Identities, in: Kollmorgen, Raj/Merkel, Wolfgang/Wagener, Hans-Jürgen (eds.): Handbook of Political, Social, and Economic Transformation, Oxford 2019 (S. 416-420).

spezifische Kombination oder Bündelung solcher Faktoren für die Nationenbildung maßgeblich oder ausschlaggebend.

Wir wissen zudem, dass die moderne Nationenbildung nicht selten von hervorragenden Intellektuellen und Eliten durch ihren Beitrag zur Schaffung einer „Nationalkultur",[33] im Sinne einer selektiven „Nationalisierung" bestimmter Wissens- und Wertbestände einer übergreifenden, zum Beispiel „alteuropäischen" Hochkultur, und deren Verknüpfung mit Elementen einer ebenfalls selektiv aufgegriffenen und aufgewerteten autochthonen „Volkskultur" wie auch durch bewusst herbeigeführte Prozesse der psychischen, sozialen und politischen Mobilisierung der Bevölkerung im Sinne solcher Kulturbestände initiiert und vorangebracht wird. Sehr wichtig, wenn nicht gar entscheidend, sind dabei allerdings auch bestimmte Institutionen wie Schulen und Hochschulen, Kultureinrichtungen (Theater, Museen, Akademien, nationale Gelehrtenvereine usw.), aber beispielsweise auch die Einführung der allgemeinen Wehrpflicht und die Ausbreitung von Massenmedien, im Prozess der Standardisierung und Diffusion „repräsentativer" nationalkultureller Wert- und Wissensbestände.[34]

Geht man von den aufgezeigten, mitunter recht komplizierten historischen Beziehungen und Verlaufsformen der modernen Staaten- und Nationenbildung aus, so kann man mit Theodor Schieder[35] in Europa drei Typen der Nationalstaatenwerdung unterscheiden: den „demokratisch-revolutionären" Typus, wie im Falle Englands oder Frankreichs, wobei der Staat bereits bestand und durch eine Revolution demokratisch umgeformt wurde, den „unitaristischen" Typus, wie im Falle Deutschlands und Italiens, wobei in diesen Fällen die Kulturnation schon weit entwickelt war und es erst ver-

---

[33] Siehe: Giesen, Bernhard (Hrsg.): Nationale und kulturelle Identität. Studien zur Entwicklung des kollektiven Bewußtseins in der Neuzeit, Frankfurt a. M. 1991.

[34] Siehe dazu: Stagl, Justin: Volkskultur, Hochkultur, Nationalkultur, in: Balla, Bálint/ Sterbling, Anton (Hrsg.): Zusammenbruch des Sowjetsystems – Herausforderung für die Soziologie, Hamburg 1996 (S. 213-227).

[35] Siehe: Schieder, Theodor: Typologie und Erscheinungsformen des Nationalstaates in Europa, in: Winkler, Heinrich August (Hrsg.): Nationalismus, Königstein/Ts. ²1985 (S. 119-137); Schieder, Theodor: Nationalismus und Nationalstaat, Göttingen 1991; Sterbling, Anton: Historische Aspekte der Staaten- und Nationenbildung in Südosteuropa, in: Sterbling, Anton: Kontinuität und Wandel in Rumänien und Südosteuropa. Historisch-soziologische Analysen, München 1997 (S. 99-114).

spätet zu einer staatlichen Einheit kam, und der „sezessionistische" Typus, wie im Falle ostmittel- und südosteuropäischer Nationalstaaten, die in der Folge von Abtrennungsbestrebungen bzw. des Zerfalls von „Vielvölkerimperien" entstanden sind.

Der Prozess der modernen Nationenbildung schafft nicht nur veränderte „kollektive Identitäten", sondern damit auch eine neue Legitimitätsgrundlage der staatlichen politischen Herrschaft, indem entsprechende Identifikationen und Loyalitäten der prinzipiell gleichberechtigten „Staatsbürger" begründet und verstärkt werden. Diese bilden in demokratisch verfassten politischen Systemen und für auf allgemeiner „Solidarität" beruhende Sozial- und Wohlfahrtsstaaten wichtige und geradezu unverzichtbare Legitimationsressourcen. Aber auch autoritäre und totalitäre Herrschaftssysteme können natürlich nationale Identifikationen und Loyalitäten, nicht selten zu einem extremen Nationalismus gesteigert und ideologisch überhöht, instrumentell zu ihrer Herrschaftssicherung wie auch zu aggressiven, gegen bestimmte Bevölkerungsgruppen oder Staaten gerichteten Zwecken nutzen. Das ist gleichsam die andere Seite, die des so zu sagen „deformierten" oder „entgleisten" Nationalstaates, wie wir diesen gegenwärtig im Falle Russlands in erschreckender Weise erleben, wie dies aber auch durch den Nationalsozialismus in Deutschland, den Faschismus in vielen europäischen Staaten der Zwischenkriegszeit, den Stalinismus und Nationalkommunismus im östlichen und südöstlichen Europa usw. historisch erfahrbar war und in vielem Teilen der Welt auch gegenwärtig vorzufinden ist.[36]

---

[36] Siehe: Carsten, Francis L.: Der Aufstieg des Faschismus in Europa, Frankfurt a. M. ²1969; Winkler, Heinrich August (Hrsg.): Nationalismus, Königstein/Ts. ²1985 (S. 119-137); Schieder, Theodor: Nationalismus und Nationalstaat, Göttingen 1991; Lepsius, M. Rainer: Extremer Nationalismus. Strukturbedingungen vor der nationalsozialistischen Machtergreifung, in: Lepsius, M. Rainer: Demokratie in Deutschland. Soziologisch-historische Konstellationsanalysen, Göttingen 1993 (S. 51-79); Sterbling, Anton: Stalinismus in den Köpfen, in: Orbis Linguarum, Band 27, Wroclaw/Breslau 2004 (S. 23-38); Sterbling, Anton: Der „innengeleitete" oder der „außengeleitete" Mensch im Horizont der Moderne, in: Sterbling, Anton: Wege der Modernisierung und Konturen der Moderne im westlichen und östlichen Europa, Wiesbaden 2015 (S. 113-138), insb. S. 119; Sterbling, Anton: Nationalstaaten und Europa. Problemfacetten komplizierter Wechselbeziehungen. Geistige Lieferung I, Schriften der Akademie Herrnhut, Dresden 2018.

Donauraum und Mitteleuropa als historisch-politische Konzepte und Sinnprojektionen

„Donauraum" und „Mitteleuropa" sind historisch-politische Konzepte, die teils imaginären und teils realen Grenzen entsprechen und zugleich eng mit dem Bestehen und Verschwinden der Habsburger Monarchie und der Entstehung ihrer Nachfolgestaaten verbunden sind. Streng geographisch sind zum Donauraum alle gegenwärtigen Staaten zu zählen, durch die die Donau fließt oder die an diesen, nach der Wolga, zweitgrößten Strom Europas angrenzen. Von der Quelle bis zu den drei Mündungen ins Schwarze Meer sind dies: die Bundesrepublik Deutschland, Österreich, die Slowakei, Ungarn, Kroatien, Serbien, Rumänien, Bulgarien, die Republik Moldau und die Ukraine. Sicherlich könnte man den Donauraum auch enger oder weitläufiger fassen, wie dies beispielsweise bei dem diesem verwandten Begriff „Mitteleuropa" der Fall ist.

„Mitteleuropa" ist ein geographisch weniger eindeutig bestimmbares politisches, kulturelles und soziales Raumkonzept. Intellektuell und politisch neu aufgewertet und entsprechend verwendet wurde der Begriff „Mitteleuropa" bekanntlich in den 1980er Jahren,[37] insbesondere, um eine Differenz und Distanzierung zu markieren – nämlich eine Abgrenzung zum damals noch von der Sowjetunion hegemonial bestimmten „Ostblock" oder zu „Osteuropa".[38] Die Zugehörigkeit zu Mitteleuropa ist offener und wohl auch stärker historisch-kulturell begründet, insbesondere, wenn man nicht von einem „Kugelmodell" der Kultur ausgeht, sondern sich der Auffassung des Schweizer Philosophen Elmar Holenstein anschließt: „Menschliche Kulturen sind nicht homogene, kompakte, in sich geschlossene und zentrierte, diskret voneinander abgehobene und voneinander unabhängige, gleichsam kugelförmige Einheiten."[39] Sondern – so Holenstein – „Sie sind

---

[37] Zum Begriff „Mitteleuropa" siehe auch: Konrád, György: Antipolitik. Mitteleuropäische Meditationen, Frankfurt a. M. 1985; Busek, Erhard/Brix, Emil: Projekt Mitteleuropa, Wien 1986.

[38] Siehe auch: Dalberg, Dirk Mathias: Die nichtpolitische Politik. Eine tschechische Strategie und Politikvorstellung (1890-1940), Stuttgart 2013.

[39] Siehe dazu: Holenstein, Elmar: Kulturphilosophische Perspektiven. Schulbeispiel Schweiz. Europäische Identität auf dem Prüfstand. Globale Verständigungsmöglichkeiten, Frankfurt a. M. 1998, vgl. S. 239. Siehe dazu auch: Sterbling, Anton:

heterogene und – teils geschichtlich und geographisch, teils nur dem Typ nach – kontinuierlich „ineinanderströmende" und ineinanderübergreifende Gebilde."[40]

Der ehemalige rumänische Außenminister, Kunsthistoriker und Philosoph Andrei Pleşu versuchte die Zugehörigkeit Rumäniens zu „Mitteleuropa", sicherlich nicht ganz ernsthaft, aber auch nicht ohne erkennbaren Hintersinn, damit zu begründen, dass auch in Bukarest der „G'spritzte" getrunken wird, und er fügte dem hinzu „Mitteleuropa ist der G'spritzte Europas". Und erläuterte diesen Vergleich: „Ebenso ist auch Mitteleuropa das gutmütige Zusammenleben der Kontraste, der Ort aller Versöhnungen, der Ort der Mehrdeutigkeiten und des Kompromisses."[41]

Selbst wenn es keine Kongruenz, keine vollständige sachliche Übereinstimmung und keine räumliche Deckungsgleichheit der Begriffe „Donauraum" und „Mitteleuropa" bzw. der damit bezeichneten oder gemeinten Großregionen gibt, so haben sie doch zumindest eines gemeinsam: Ein Kernstück beider Konzepte ist die historisch-kulturelle Prägung oder zumindest Mitprägung dieser Räume durch die Habsburger Monarchie.[42] Man kann sich dem aus dem Banat stammenden, deutschen Schriftsteller Richard Wagner vermutlich ohne Einschränkung anschließen, der scharfsinnig feststellte: „Der Donauraum, so die schlichte Erkenntnis, was das Gegebene angeht, verbindet nicht nur West und Ost, er ist ein Fundament dieser Verbindung." Und der dem hinzufügte: „Man kann nicht vom Donauraum sprechen, ohne zwei Begriffe ins Spiel zu bringen: Habsburg und

---

Räume, Grenzen, Grenzräume. Ein Ansatzpunkt zur kritischen Reflexion sozialphilosophischer, kulturwissenschaftlicher und sozialwissenschaftlicher Grundbegriffe, in: Sterbling, Anton: Zumutungen der Moderne. Kultursoziologische Analysen, Hamburg 2007 (S. 47-63).

[40] Siehe dazu: Holenstein, Elmar: Kulturphilosophische Perspektiven. Schulbeispiel Schweiz. Europäische Identität auf dem Prüfstand. Globale Verständigungsmöglichkeiten, Frankfurt a. M. 1998, vgl. S. 239.

[41] Siehe: Pleşu, Andrei: Der G'spritzte und die Geopolitik, in: Südosteuropa Mitteilungen, Sonderausgabe, Europa 2030. Eine futuristische Spurensuche in 14 Ländern Südosteuropas, 42. Jg., Heft 1, München 2002 (S. 96-101), vgl. S. 99.

[42] Siehe auch: Schödl, Günter (Hrsg.): Deutsche Geschichte im Osten Europas. Land an der Donau, Berlin 2002; Trützschler von Falkenstein, Eugenie: Mitteleuropa – Nationen, Staaten, Regionen, Frankfurt a. M. u.a.O. 2005; Puttkamer, Joachim von: Ostmitteleuropa im 19. und 20. Jahrhundert, München 2010.

Mitteleuropa. So unterschiedlich sie sein mögen und so verschiedenen man sie auch verstehen mag, ohne sie ist der Raum nicht zu beschreiben."[43] Und auch ohne das historische und gegenwärtige Banat[44] ist der Donauraum wohl nicht zu erfassen, nicht zu beschreiben und nicht zu begreifen, ohne das Banat als Realität und Mythos,[45] sollte man dem hinzufügen.

Wenn man die Entstehung oder Hervorbringung der Konzepte Donauraum und Mitteleuropa gleichsam als „intellektuelle" Reaktion auf den Untergang der Habsburger Doppelmonarchie am Ende des Erstens Weltkrieges versteht, so lassen sich am Fallbeispiel des historischen Banats die Folgen dieses Endes oder Untergangs eines Herrschaftsraums und Vielvölkerstaates sehr anschaulich begreifen.

Das Banat als Beispiel des Wandels des Donauraums nach dem Ersten Weltkrieg

Das historische Banat wird mit einiger Übereinstimmung als jene Landschaft verstanden, die die Banater Tiefebene, das Banater Hügelland und das Banater Bergland umfasst und, grob gesprochen, zwischen der Theiß im Westen, der Marosch im Norden, der Donau im Süden und den Ausläufern der Südkarpaten im Osten liegt, wiewohl seine räumlichen Grenzen nicht ganz unumstritten erscheinen, denn zumeist werden auch einige Gebiete nördlich der Marosch zum Banat gerechnet.[46]

---

[43] Siehe: Wagner, Richard: Der Donauraum, in: Wagner, Richard: Habsburg. Bibliothek einer verlorenen Welt, Hamburg 2014 (S. 62-63), vgl. S. 62. Siehe dazu auch: Sterbling, Anton: Der Donauraum – Kooperation und Konkurrenz, in: Institut für Donauraum und Mitteleuropa / Susanne Milford und Viktoria Weber (Hrsg.): Der Donauraum. Möglichkeiten und Grenzen der EU-Strategie für den Donauraum, 53. Jg., Heft 3-4, Wien 2013 (S. 355-364).

[44] Siehe: Sterbling, Anton: Das Banat, die Deutschen aus Rumänien und die rumäniendeutsche Literatur, München 2022 (in Vorbereitung).

[45] Siehe: Sterbling, Anton: Mythos Banat?, in: Spiegelungen. Zeitschrift für deutsche Kultur und Geschichte Südosteuropas, 9(63). Jg., Heft 2/14, München 2015 (S. 123-137).

[46] Insbesondere die Banater Schwaben neigen dazu, diese ehemaligen deutschen Ortschaften und Siedlungsgebiete nördlich der Marosch ebenfalls zum historischen Banat zu zählen. Siehe: Rieser, Hans-Heinrich: Das rumänische Banat – eine multikulturelle Region im Umbruch, Stuttgart 2001, vgl. S. 36 ff.

Das Banat ist ein Territorium,[47] das gegenwärtig größtenteils die westlichste Region Rumäniens (das sogenannte „rumänische Banat", großzügig gesprochen mit den Kreisen Temesch, Arad und Karasch-Severin) umfasst, das historisch betrachtet aber auch einige Gebiete des heutigen südöstlichen Ungarns (östlich von Szeged) und des Nordens Serbiens (also Teile der Vojwodina) einschließt.[48] Damit stellt das ehemalige historische Banat einen seit dem Ersten Weltkrieg durch mehrfache staatliche Grenzen bestimmten „Grenzraum" dar.

Das Banat gibt es, wohl nicht erst seit der Dreiteilung nach dem Ersten Weltkrieg, so zu sagen mehrfach. Nahezu jede der dort lebenden Ethnien hatte gleichsam ihr eigenes Banat – und insbesondere ihren mythisch überhöhten und begründeten Anspruch auf diese Region.[49] Für die Magyaren war es, trotz hundertfünfzigjähriger osmanischer Herrschaft und der zeitweiligen direkten Verwaltung durch Wien, Teil des Reichsgebiets der tausendjährigen „Stephanskrone", die Rumänen betrachteten ihren Territorialanspruch durch ihr Anrecht als ursprüngliche und kontinuierlich hier siedelnde Bevölkerung und auch durch ihre Bevölkerungsmehrheit[50] begründet, für die Serben war das Banat ebenfalls wieder in Besitz zu nehmender „heiliger Vaterlandsboden" und auch die Banater Schwaben sahen dieses Land vornehmlich als Ergebnis ihrer Ansiedlung, Kolonisierung und Urbarmachung nach der von der osmanischen Herrschaft hinterlassenen Verwüstung, Verödung und Entvölkerung und der Rückeroberung durch die Habsburger Ende des 17. und Anfang des 18. Jahrhunderts, als ihre eigene, durch Arbeit und Fleiß erworbene „neue Heimat" an.

---

[47] Siehe ausführlicher: Rieser, Hans-Heinrich: Das rumänische Banat – eine multikulturelle Region im Umbruch, Stuttgart 2001.

[48] Siehe dazu auch: Sterbling, Anton: Der Erste Weltkrieg, das Ende der Habsburgermonarchie und das Banat, in: Ulbricht, Justus H. (Hrsg.): Das Ende des Alten Europa. Der Erste Weltkrieg in Geschichte und Erinnerung mitteleuropäischer Regionen, Dresden 2016 (S. 97-107).

[49] Als literarischer Verarbeitungsversuch dieser Gegebenheiten siehe auch: Sterbling, Anton: Die versunkene Republik, in: Sterbling, Anton: Die versunkene Republik. Erzählungen, Ludwigsburg 2021 (S. 7-39).

[50] Siehe dazu: Seewann, Gerhard: Banat, in: Hösch, Edgar/Nehring, Karl/Sundhaussen, Holm (Hrsg.): Lexikon zur Geschichte Südosteuropas, Wien-Köln-Weimar 2004 (S. 89-90), insb. S. 90.

Die Dreiteilung des Banats in Folge des Ersten Weltkriegs hatte nicht zuletzt weitreichende wirtschaftliche und sozialstrukturelle Auswirkungen. Der relative Wohlstand des Banats vor der Dreiteilung ist als Ergebnis der bereits im 19. Jahrhundert wie auch im Vorfeld des Ersten Weltkriegs erfolgten wirtschaftlichen Modernisierungsprozesse zu betrachten, bei denen es sich um eng miteinander verbundene Vorgänge der Entwicklung der Infrastruktur, insbesondere des Schienennetzes und Bahnverkehrs, der Industrialisierung und der Urbanisierung handelte. Vor allem Städte wie Temeswar und Reschitza ließen bereits um die Jahrhundertwende vom 19. zum 20. Jahrhundert einen bemerkenswerten industriellen und gewerblichen Aufschwung erkennen. So verdoppelte sich beispielsweise die Bevölkerung Temeswars, nicht zuletzt in Folge der Entwicklung des Fabrikwesens, zwischen 1869 und 1910, von 36.844 auf 68.471 Einwohner, nahezu. Die im Banater Bergland gelegene Stadt Reschitza wurde ein wichtiges Zentrum der Schwerindustrie, insbesondere der Metallurgie, des Lokomotiven- und des Maschinenbaus.[51] Bemerkenswert ist zugleich, dass sich um die Jahrhundertwende vom 19. zum 20. Jahrhundert in einer Reihe von Agrarkleinstädten des Banats das Gewerbe, das Fabrikwesen sowie Handel und Banken wie auch das kulturelle Leben, das Schul- und Vereinswesen sowie die Zivilgesellschaft insgesamt ebenfalls auffällig entwickelten, wie sich etwa am Beispiel der Kleinstadt Hatzfeld oder auch Groß-Sankt-Nikolaus näher zeigen ließe.[52] Dessen ungeachtet wies das Banat bis zum Ersten Weltkrieg und auch danach mit einem Anteil von über 70 Prozent bäuerlich-ländlicher Bevölkerung eine vorwiegend agrarwirtschaftlich geprägte Gesellschaftsstruktur auf.

---

[51] Siehe: Wolf, Josef: Die Bevölkerung des Banats vor dem Ersten Weltkrieg. Eine historisch-demographische Zustandsbeschreibung, in: Tonța, Walter/Engel, Walter (Hrsg.): Deutsches Kulturleben im Banat am Vorabend des Ersten Weltkriegs. Der Beitrag von kleineren Städten und Gemeinden, Stuttgart 2013 (S. 37-82), insb. S. 58 ff; Georgescu, Anton: Adunate din greșeală. Răfueli sentimentale (Aus Versehen gesammelt. Sentimentale Vorfälle), Reșița 2014.

[52] Siehe: Vastag, Hans: Das Hatzfelder Kulturleben Ende des 19. und zu Beginn des 20. Jahrhunderts. Schule, Presse, Vereine, in: Engel, Walter/Tonța, Walter (Hrsg.): Deutsches Kulturleben im Banat am Vorabend des Ersten Weltkriegs. Der Beitrag von kleineren Städten und Gemeinden, Stuttgart 2013 (S. 93-127); Wolz, Franz/Leber, Peter-Dietmar (Hrsg.): Heimatbuch Großsanktnikolaus im Banat. Beiträge zur Geschichte der Deutschen im Ort, Rohrbach/Ilm 2005.

Die Dreiteilung des Banats nach dem Ersten Weltkrieg führte zu teilweise gravierenden sozial- und wirtschaftsstrukturellen Auswirkungen, zumal ein einheitlicher Wirtschafts- und Kulturraum, der im Vorfeld des Ersten Weltkriegs gerade eine beachtliche Modernisierung und Dynamisierung erfuhr, aufgespalten wurde und zudem nationalistisch motivierte Agrar- und Wirtschaftsreformen, insbesondere in den „Siegerstaaten" des Ersten Weltkriegs, sich nachteilig und durchaus diskriminierend auf die Lage der ethnischen Minderheiten auswirkten.[53] In komparativer Hinsicht indes, also im Vergleich zu anderen Regionen der neuen Nationalstaaten, insbesondere des Königreichs Rumänien und des Königreichs der Serben, Kroaten und Slowenen (ab 1929 Jugoslawien), wurden die Gebiete des historischen Banats zumeist Landesteile mit einem hohen und mithin auch für Zuwanderer attraktiven Wohlstandsniveau. Dies blieb auch so in der Zeit des Sozialismus[54] und setzte sich bis in die Gegenwart fort – und begründet und stützt mithin die Vorstellung vom Banat als „Wohlstandsgebiet". Dabei spielten natürlich auch der Fleiß, die Strebsamkeit und die wirtschaftliche Tüchtigkeit der Bevölkerung, nicht zuletzt der Deutschen aus dem Banat, die zeitweilig in vielen Teilen des Banats den größten Bevölkerungsanteil aufwiesen, eine wichtige Rolle.

Lehren aus der Betrachtung des Donauraums und Mitteleuropas für die Europäische Union

Dem Zerfall eines staatlich geordneten Herrschaftsraums, der Doppelmonarchie Österreich-Ungarn, nach dem Ersten Weltkrieg folgte die Entstehung neuer Nationalstaaten oder die Erweiterung und Neubestimmung der

---

[53] Siehe dazu und zu den interethnischen Spannungen und Konflikten der Zwischenkriegszeit eingehender: Sterbling, Anton: A qui appartient la terre transylvaine?, in: Paysans au-delá du mur. Etudes rurales, Nr. 138-140, Paris 1995 (S. 87-101); Sterbling, Anton: On the Development of Ethnic Relations and Conflicts in Romania, in: Giordano, Christian/Greverus, Ina-Maria (Hrsg.): Ethnicity, Nationalism and Geopolitics in the Balkans (II), Sonderheft des Anthropological Journal on European Cultures, Band 4, Heft 2, Fribourg-Frankfurt a. M. 1995 (S. 37-52).

[54] Siehe auch: Sterbling, Anton: „Lebenswelten" im Sozialismus. Anpassung und Widerstand, in: Balla, Bálint/Sterbling, Anton (Hrsg.): Europäische Entwicklungsdynamik. Beiträge zur Osteuropaforschung 17, Hamburg 2009 (S. 53-85).

Grenzen bereits bestehender Staaten im Donauraum. Mit diesen politischen Wandlungsprozessen ging in der Folgezeit die Bewahrung oder Neubelebung kultureller Einheitsvorstellungen des entsprechenden Raums durch die Konzepte Donauraum und Mitteleuropa einher. Auch die Idee und politische Bewegung des Transsilvanismus spielte in der Zwischenkriegszeit in dieser Hinsicht eine beachtenswerte Rolle.[55] Diese Vorstellungen fanden sodann, nach der demokratischen Wende 1089/90 und in den folgenden Jahren und Jahrzehnten, in der Europäischen Union und der Aufnahme der meisten Staaten dieses Raums – nicht aller – in diese überstaatliche Gemeinschaft gleichsam eine gewisse Verwirklichung.

Wie wir allerdings wissen, befindet sich die Europäische Union gegenwärtig in einer unübersehbaren Krise des konfliktreichen Aufeinandertreffens zentrifugaler und forciert integrativer Kräfte. Die Grundproblematik, um die es dabei geht, wurde bereits früh als ein offenes Dilemma oder als die zentrale Entscheidungsfrage der Europäischen Union in ihrer Ausgestaltung als „Herrschaftsverband"[56] zwischen einem „Staatenbund" oder „Bundesstaat" ausgemacht und auf den Begriff gebracht. Die zwischenzeitlich verwendete Begrifflichkeit „Staatenverbund", gleichsam als Kompromissformel, hilft dabei kaum weiter. Es geht tatsächlich um die grundsätzliche und zugleich folgenreiche Frage, ob die Europäische Union weiterhin als eine Werte-, Interessen- und Vertragsgemeinschaft freiheitlich-demokratischer Nationalstaaten fortbestehen oder ob ein verfassungsrechtlich eigenständiges und institutionell zugleich voll ausgestaltetes supranationales staatliches Herrschaftsgebilde als vollwertiger Ersatz der nationalen Einzelstaaten angestrebt oder sogar bereits in substanziellen Zügen reali-

---

[55] Siehe dazu auch: Lengyel, Zsolt K.: Auf der Suche nach dem Kompromiß. Ursprünge und Gestalten des frühen Transsilvanismus 1918-1928, München 1993; Molnár, Miklós: Geschichte Ungarns, Hamburg 1999.

[56] Siehe vor allem: Lepsius, M. Rainer: Demokratie in Deutschland. Soziologisch-historische Konstellationsanalysen, Göttingen, 1993, insb. Teil III: Deutschland und die Europäische Gemeinschaft (S. 249-285); Lepsius, M. Rainer: Institutionalisierung politischen Handelns. Analysen zur DDR, Wiedervereinigung und Europäischen Union, Wiesbaden 2013, insb. Teil IV: Institutionenbildung in der Europäischen Union (S. 185-252); Bach, Maurizio: Die Europäisierung nationaler Gesellschaften, Kölner Zeitschrift für Soziologie und Sozialpsychologie, Sonderheft 40, Opladen 2000; Bach, Maurizio: Europa ohne Gesellschaft. Politische Soziologie der europäischen Integration, Wiesbaden ²2014.

siert werden soll. Wie ist diese Frage zu beantworten? Hilft uns ein Rückblick auf die Doppelmonarchie, auf den Vielvölkerstaat Österreich-Ungarn, bei der Beantwortung dieser Frage weiter?

Exkurs: Wertegemeinschaft und Wertordnungen

Zur Beantwortung dieser Fragen wollen wir zunächst einen gedankliche Umweg gehen, denn die immer wieder beschworene ideelle Grundlage der Europäischen Union ist ihr Verständnis und Selbstverständnis als „Wertegemeinschaft", ebenso wie übrigens die Konzepte Donauraum und Mitteleuropa kulturelle Einheiten in einem ganz ähnlichen Sinne bezeichnen. Wertideen als abstrakte Sinnprojektionen bilden Grundelemente jeder Kultur.[57] Wenngleich sich der Begriff der Kultur[58] auch keineswegs auf den Aspekt der Werte und Wertkonstellationen reduzieren lässt, zumal das Universum der Kultur viel umfassender ist und gleichermaßen ideelle und symbolische wie auch materielle Dinge, einschließlich technischer Artefakte, einbegreift, so können Wertideen, „Wertbeziehungen" und Wertvorstellungen doch als ein wesentliches und gewissermaßen auch konstitutives Kernelement jeder Kultur aufgefasst werden.

Diesbezüglich hat die kultur- und religionssoziologischen Forschung immer wieder konstatiert, dass existenzielle Daseinsfragen ebenso wie grundlegende Wertbestände nahezu in allen Kulturen und Religionen – zumal in den Hochkulturen[59] – ähnlich erscheinen.[60] Wodurch sich einzelne Kulturen und Religionen und insbesondere verschiedene Kulturkreise aber

---

[57] Siehe dazu auch: Sterbling, Anton: Kultur und Interkulturalität, in: Sterbling, Anton: Zuwanderung, Kultur und Grenzen in Europa, Aachen 2015 (S. 47-77).

[58] Siehe zum Beispiel: Neidhardt, Friedhelm/Lepsius, M. Rainer/Weiß, Johannes (Hrsg.): Kultur und Gesellschaft, Kölner Zeitschrift für Soziologie und Sozialpsychologie, Sonderheft 27, Opladen 1986; Wimmer, Andreas: Kultur. Zur Reformulierung eines sozialanthropologischen Grundbegriffs, in: Kölner Zeitschrift für Soziologie und Sozialpsychologie, 48. Jg., Opladen 1996 (S. 401-425).

[59] Siehe dazu: Habermas, Jürgen: Auch eine Geschichte der Philosophie, Berlin ³2019 (2 Bde).

[60] Siehe: Bergmann, Jörg/Hahn, Alois/Luckmann, Thomas (Hrsg.): Religion und Kultur, Kölner Zeitschrift für Soziologie und Sozialpsychologie, Sonderheft 33, Opladen 1993.

zum Teil wesentlich unterscheiden, das sind die Wertkonstellationen, also die Wertprioritäten, die „Wertbeziehungen",[61] die Geltungsbereiche sowie die spezifischen Interpretationsmodi und die Konkretisierungs- und Vermittlungsformen einzelner Werte, oder knapper gesagt: die Wertordnungen.

Zugleich gilt, dass zwischen bestimmten Grundwerten oder „letzten Wertmaximen" häufig tiefgreifende Gegensätze oder Spannungen bestehen oder – in den Worten Max Webers ausgedrückt – ein ewiger und unauflöslicher „Kampf" vorherrscht.[62] Die Besonderheit einzelner Kulturen oder Religionen ist nicht zuletzt darin gegeben, dass potenzielle Wertgegensätze durch einen zumindest teilweise verbindlichen Konsens über Wertprioritäten und Deutungsmodi der Werte entschärft und so in eine mehr oder weniger konsistente, hierarchisch strukturierte Wertordnung eingebunden werden. Die Eigentümlichkeit und Besonderheit einzelner Kulturen besteht nicht zuletzt – wenn auch nicht ausschließlich – darin, welche Wertprioritäten und „Wertbeziehungen" in der betreffenden Kultur verbindlich und zumeist auch unhinterfragt und selbstverständlich festgelegt sind, wie auch, welche kollektiven Identitätsvorstellungen sich damit verbinden. Kollektive Identitätsvorstellung bilden jene Bezugsgrößen, in denen sich kulturelle Wertvorstellungen nicht nur in einer spezifischen Weise konkretisieren, sondern auch eine gewisse Inklusivität und Exklusivität zum Ausdruck bringen.

Wertideen und Wertordnungen als abstrakte Sinnprojektionen konkretisieren sich in mindestens fünf wesentlichen sozialen Erscheinungsformen und werden erst dadurch unmittelbar verhaltensleitend und handlungsrelevant: nämlich in normativen Ordnungen und insbesondere Rechtsordnungen, in Institutionensystemen, in sozialmoralischen Verhaltensorientierungen, in ästhetischen Präferenzen und Wertmaßstäben und – wie bereits erwähnt – in maßgeblichen Vorstellungen der kollektiven Identität. Ebenso wie im Falle der Konzepte Donauraum und Mitteleuropa als abstrakte oder

---

[61] Zu „Wertbeziehungen" im Sinne Max Webers sowie des Neukantianismus siehe: Weiß, Johannes: Max Webers Grundlegung der Soziologie. Eine Einführung, München 1975.

[62] Siehe: Weber, Max: Wissenschaft als Beruf, in: Weber, Max: Gesammelte Aufsätze zur Wissenschaftslehre, Tübingen ^{7}1988 (S. 582-613), vgl. S. 603; Sterbling, Anton: Gegen die Macht der Illusionen. Zu einem Europa im Wandel, Hamburg 1994, insb. S. 29 ff und S. 225 ff.

imaginäre Kultureinheiten, in die jahrhundertealte Spaltungen wie die der Ost- und Westkirche, der Hajnal-Linie, der Kulturkreise und der Herrschaftsräume historischer Imperien hineinwirken, muss auch die Europäische Union als „Wertegemeinschaft" nicht nur abstrakt verstanden, sondern ebenso im Hinblick auf die erwähnten Konkretisierungsformen von Wertideen und Wertordnungen näher analysiert werden.

Der aktuelle Streit um den Vorrang von Europäischem Recht oder nationalem Verfassungsrecht legt nahe, damit zu beginnen. Erst sachgerechte Analysen nationaler Rechtsordnungen und Rechtssysteme wie auch des international paktierten Rechts auf der supranationalen Ebene sowie der Spannungs- und Anschlussbeziehungen zwischen diesen Rechtsgegebenheiten lassen die eigentliche Tragweite der Problematik erkennen.[63] So ist es aus meiner Sicht gegenwärtig zunächst unzutreffend, die Europäische Union als eine „Rechtsgemeinschaft" zu bezeichnet oder zu verstehen, wie dies mitunter leichtfertig geschieht. Sie ist, genauer betrachtet, lediglich eine Vertragsgemeinschaft mit einem gewissen Bestand an supranational paktiertem, harmonisiertem oder generiertem gemeinsamem Recht, neben eigenen nationalen Rechtsbeständen und übrigens auch recht unterschiedlichen Rechtsinstitutionen und Rechtskulturen. Die Zuständigkeit des Europäischen Gerichtshofs (EuGH) bezieht und beschränkt sich dabei lediglich auf das vertraglich vereinbarte gemeinsame europäische Recht, keineswegs auf sämtliche Rechtsgegebenheiten der Mitgliedstaaten der Europäischen Union, wie dies mitunter irrtümlich behauptet wird.

Solange es keine europäische Verfassung gibt,[64] bleibt die Geltung des nationalen Verfassungsrechts in Konfliktfällen mit dem Europäischen Recht oder der Rechtsprechung des EuGH vorrangig, denn ansonsten – betrachtet man die Normensetzung aus staatspolitischer, demokratietheoretischer und herrschaftssoziologischer Perspektive – würde der grundsätzliche Vorrang des international paktierten Rechts zwangsläufig auf willkürliche

---

[63] Siehe auch: Sterbling, Anton: Die Gefahr hegemonialer Entwicklungen in der Europäischen Union, in: Sterbling, Anton: Die antwortlose Gesellschaft. Zeitfragen, Düren 2021 (S. 105-126).

[64] Der Versuch des Abschlusses eines Vertrags über eine Verfassung für Europa im Jahr 2004 ist bekanntlich durch ablehnende Volksabstimmungen in Frankreich und in den Niederlanden gescheitert.

Einschränkungen oder Veränderungen des nationalen Verfassungsrechts hinaus laufen. Verfassungsänderungen sind aber in den meisten Fällen allein nationalen Parlamenten, auf verfassungsrechtlich klar definierten Verfahrenswegen, vorbehalten. Anderenfalls wäre die vertragliche Vereinbarung von international paktiertem Recht, das nationales Verfassungsrecht außer Kraft setzen kann, doch nichts anderes als bewusst oder unbeabsichtigt in Kauf genommener Verfassungsbruch.[65] Externe Eingriffe in die Geltung nationalstaatlicher Verfassungen kommen in hegemonialen zwischenstaatlichen Beziehungen, bei denen die Hegemonialmacht über entsprechende Droh- und Erzwingungsmittel verfügt, zwar durchaus vor. Solche Möglichkeiten der Einschränkung der Geltung nationalen Verfassungsrechts sollten aber in freiwillig paktierten internationalen Beziehungen zwischen souveränen Staaten allerdings nicht hinnehmbar sein, es sei denn, sie sind in den geltenden nationalen Verfassungen selbst entsprechend verankert.[66]

Ein anderes Problem einzelner Urteile des Europäischen Gerichtshofes (EuGH) ist zudem darin zu sehen, dass dieser nicht selten seine Befugnisse in die Richtung offensichtlicher Politikgestaltung überschreitet und damit das Prinzip der Gewaltenteilung unterläuft. Die europäische Rechtsarchitektur weist also grundsätzlich offene und zugleich folgenreiche Kernprobleme auf, die leider einige ausblenden oder wegdefinieren möchten und andere irrtümlich für entschieden halten.

Ähnlich können die Spannungen, Konflikte und Anschlussprobleme zwischen nationalen Institutionensystemen und supranationalen Institutionen – keineswegs nur im Rechtsbereich –, gesehen werden. Institutionen sind auf kulturellen Wertideen gegründet und durch diese legitimiert.[67] Dies darf bei vordergründiger – durch die vielfache Verschränkung von Institutionen mit modernen Organisationen gegebenen – Ähnlichkeit verwandter

---

[65] Hinzu kommt im deutschen Falle u.a. auch die „Ewigkeitsklausel" des Grundgesetzes. Siehe dazu auch: Papier, Hans-Jürgen: Die Warnung. Wie der Rechtsstaat ausgehöhlt wird, München ²2019.

[66] Siehe auch: Kleinschmidt, Harald: Geschichte des Völkerrechts in Krieg und Frieden, Darmstadt 2013.

[67] Siehe vor allem: Lepsius, M. Rainer: Interessen, Ideen und Institutionen, Opladen 1990.

Institutionen in verschiedenen Gesellschaften keineswegs ausgeblendet werden. Man kann demnach, bei allen mehr oder weniger erkennbaren institutionellen Harmonisierungsbestrebungen, beispielsweise bei den Institutionen der inneren und äußeren Sicherheit, der sozialen Sicherung und Wohlfahrt, der Asylpolitik usw. beginnend bis zu den Bildungs- und Ausbildungseinrichtungen oder dem Hochschulwesen eine große institutionelle Vielfalt im Rahmen der Europäischen Union erkennen,[68] ganz unabhängig davon, dass einzelne dieser Bereiche durch die Europäischen Verträge ganz bewusst in der nationalstaatlichen Zuständigkeit belassen wurden. Daher ergibt sich ein europäisches institutionelles Gesamtgefüge mit vielen interinstitutionellen Spannungen- und Anschlussproblemen wie auch gewissen Inkompatibilitäten und darüber hinaus institutionellen Teilordnungen unterschiedlicher Reichweite, das eher den institutionellen Gegebenheiten vormoderner Herrschaftsräume als den Institutionensystemen moderner Nationalstaaten entspricht. Die institutionellen Verwerfungen und Leistungsdefizite im Rahmen der Europäischen Union sind schon allein dadurch, durch das Mehrebenengefüge und die entsprechenden interinstitutionellen Anschlussprobleme häufig zu erklären.

Hinzu kommen als weiterer Gesichtspunkt unterschiedliche lebensweltliche sozialmoralische Vorstellungen und Handlungsorientierungen einzelner sozialer Milieus und Bevölkerungskreise im europäischen Sozialraum, wobei die Vielfalt der Sprachen, die unterschiedlichen Spannungs- und Verschränkungsmuster traditionaler und moderner Einstellungen und Verhaltensweisen oder die religiösen Unterschiede ebenso auffällig wie relevant erscheinen und ihre jeweilige Eigenproblematik aufweisen. Ähnlich differenzierte Befunde ergibt die analytische Betrachtung verschiedener ästhetischer und alltagsästhetischer Präferenzen und Wertmaßstäbe im europäischen Kulturraum.[69] Und eben auch die Berücksichtigung verschie-

---

[68] Siehe: Sterbling, Anton: Europa zwischen Realität und Verblendung, Hamburg 2016; Sterbling, Anton: Desintegrationstendenzen der Europäischen Union und spezifische Entwicklungen in einzelnen ostmittel- und südosteuropäischen Mitgliedstaaten, in: Sterbling, Anton: Bürgerliche Gesellschaft, ihre Leistungen und ihre Feinde, Stuttgart 2020 (S. 179-199).

[69] Zur oft weitgehend unterschätzten Reichweite ästhetischer Wertvorstellungen auf das alltägliche soziale Leben siehe: Fischer, Joachim: Ästhetisierung der Gesellschaft statt Ökonomisierung der Gesellschaft. Kunstsoziologie als Schlüsseldiszip-

dener maßgeblicher Wertvorstellungen, die die Selbst- und Fremdwahrnehmung kollektiver Identitäten betreffen und leiten.

All diese Aspekte und Dimensionen ergeben zusammen ein realistisches Bild der Europäischen Union als „Wertegemeinschaft" und sozialer Realität. Dabei muss man die fortbestehenden, historisch-kulturell eingelagerten und institutionell gegebenen Unterschiede natürlich respektieren und muss ihnen politisch angemessen Rechnung tragen, und darf – bei aller Übereinstimmung im Hinblick auf ähnliche Grundwerte und Wertkonstellationen als abstraktes Fundament einer „Wertegemeinschaft" – keine forcierte Homogenisierung dieser einzelnen Erscheinungs- und Konkretisierungsformen kulturelle Werte oberflächlich herbeireden oder gar politisch erzwingen wollen.[70]

Abschließende Gedanken

Die grundsätzliche und zugleich folgenreiche Frage, ob die Europäische Union weiterhin als eine freiwillige Werte-, Interessen- und Vertragsgemeinschaft freiheitlich-demokratischer Nationalstaaten fortbestehen oder ob ein verfassungsrechtlich eigenständiges und institutionell zugleich voll ausgestaltetes supranationales staatliches Herrschaftsgebilde werden soll, ist historisch „offen".[71] Diese Frage kann daher auch nur in uneingeschränkt offenen, auf Sachargumenten beruhenden kritischen Diskussionen wie auch in transparenten demokratischen Verfahren durch die Bevölkerungen der Staaten der Europäischen Union geklärt werden; und eben nicht durch bestimmte, von ihren Eigeninteressen angetriebenen, utopiegeleiteten oder technokratisch orientierten Eliten durch entsprechende rechtliche und institutionelle Weichenstellungen vorentschieden oder gar – gleichsam hinterrücks – herbeigeführt werden. Denn ansonsten entsteht noch mehr als bisher ein in die „Wolken gebautes", institutionell ungefestigtes „Karten-

---

lin der Gegenwartsanalytik, in: Danko, Dagmar/Moeschler, Olivier/Schumacher, Florian (Hrsg.): Kunst und Öffentlichkeit, Wiesbaden 2014 (S. 21-32).

[70] Siehe auch: Sterbling, Anton: Nationalstaaten und Europa. Problemfacetten komplizierter Wechselbeziehungen. Geistige Lieferung I, Schriften der Akademie Herrnhut, Dresden 2018.

[71] Siehe dazu: Popper, Karl R./Lorenz, Konrad: Die Zukunft ist offen. Das Altenberger Gespräch. München-Zürich ³1988.

haus" mit einer problematischen hegemonialen Schieflage,[72] das den Anstürmen und Erschütterungen nächster ernsthafter Herausforderungen, Verwerfungen und Konflikten wohl kaum standhalten dürfte. Das lehrt uns nicht zuletzt der historische Rückblick auf die soziale Wirklichkeit, auf die Kompromissversuche, die Spannungsverhältnisse und die Konfliktdynamiken der untergegangenen Doppelmonarchie.

Literatur

Almond, Gabriel A./Powell, G.: Bingham: Comparative Politics: A Developmental Approach, Boston-Toronto 1966

Almond, Gabriel A.: Politische Systeme und politischer Wandel, in: Zapf, Wolfgang (Hrsg.): Theorien des sozialen Wandels, Köln-Berlin ³1971 (S. 211-227)

Bach, Maurizio: Die Europäisierung nationaler Gesellschaften, Kölner Zeitschrift für Soziologie und Sozialpsychologie, Sonderheft 40, Opladen 2000

Bach, Maurizio: Europa ohne Gesellschaft. Politische Soziologie der europäischen Integration, Wiesbaden ²2014

Bergmann, Jörg/Hahn, Alois/Luckmann, Thomas (Hrsg.): Religion und Kultur, Kölner Zeitschrift für Soziologie und Sozialpsychologie, Sonderheft 33, Opladen 1993

Bohler, Karl Friedrich: Regionale Gesellschaftsentwicklung und Schichtungsmuster in Deutschland, Frankfurt a. M. u.a.O. 1995

Busek, Erhard/Brix, Emil: Projekt Mitteleuropa, Wien 1986

Dalberg, Dirk Mathias: Die nichtpolitische Politik. Eine tschechische Strategie und Politikvorstellung (1890-1940), Stuttgart 2013

Demandt, Alexander (Hrsg.): Deutschlands Grenzen in der Geschichte, München 1990

Deutsch, Karl W.: Soziale Mobilisierung und politische Entwicklung, in: Zapf, Wolfgang (Hrsg.): Theorien des sozialen Wandels, Köln-Berlin ³1971 (S. 329-350)

Deutsch, Karl W.: Nationenbildung, Nationalstaat, Integration, Düsseldorf 1972

Eisenstadt, Samuel N.: Tradition, Wandel und Modernität, Frankfurt a. M. 1979

Eisenstadt, Samuel N.: Revolution und Transformation von Gesellschaften. Eine vergleichende Untersuchung verschiedener Kulturen, Opladen 1982

Eisenstadt, Shmuel N.: Theorien der Moderne. Soziologische Essays, Wiesbaden 2006

Elwert, Georg: Gewaltmärkte. Beobachtungen zur Zweckrationalität der Gewalt, in: Trotha, Trutz von: Soziologie der Gewalt. Kölner Zeitschrift für Soziologie und Sozialpsychologie, Sonderheft 37, Opladen-Wiesbaden 1997 (S. 86-101)

---

[72] Siehe auch: Sterbling, Anton: Die Gefahr hegemonialer Entwicklungen in der Europäischen Union, in: Sterbling, Anton: Die antwortlose Gesellschaft. Zeitfragen, Düren 2021 (S. 105-126).

Fischer, Joachim: Ästhetisierung der Gesellschaft statt Ökonomisierung der Gesellschaft. Kunstsoziologie als Schlüsseldisziplin der Gegenwartsanalytik, in: Danko, Dagmar/Moeschler, Olivier/Schumacher, Florian (Hrsg.): Kunst und Öffentlichkeit, Wiesbaden 2014 (S. 21-32)

Fuhrmann, Manfred: Rom in der Spätantike. Porträt einer Epoche, München-Zürich 1994

Gellner, Ernest: Pflug, Schwert und Buch. Grundlinien der Menschheitsgeschichte, München 1993

Georgescu, Anton: Adunate din greșeală. Răfueli sentimentale (Aus Versehen gesammelt. Sentimentale Vorfälle), Reșița 2014

Giesen, Bernhard (Hrsg.): Nationale und kulturelle Identität. Studien zur Entwicklung des kollektiven Bewußtseins in der Neuzeit, Frankfurt a. M. 1991

Giordano, Christian: Privates Vertrauen und informelle Netzwerke: Zur Organisationsstruktur in Gesellschaften des öffentlichen Misstrauens. Südosteuropa im Blickpunkt, in: Roth, Klaus (Hrsg.): Soziale Netzwerke und soziales Vertrauen in den Transformationsländern. Freiburger Sozialanthropologische Studien, Band 15, Wien-Zürich-Berlin 2007 (S. 21-49)

Giordano, Christian/Hayoz, Nicolas (Hrsg.): Informality in Eastern Europe. Structures, Political Cultures and Social Practices. Interdisciplinary Studies on Central and Eastern Europe, Vol. 11, Bern u.a.O. 2013

Habermas, Jürgen: Auch eine Geschichte der Philosophie, Berlin [3]2019 (2 Bde)

Holenstein, Elmar: Kulturphilosophische Perspektiven. Schulbeispiel Schweiz. Europäische Identität auf dem Prüfstand. Globale Verständigungsmöglichkeiten, Frankfurt a. M. 1998

Huntington, Samuel P.: Der Kampf der Kulturen. Die Neugestaltung der Weltpolitik im 21. Jahrhundert, München [5]1997

Hösch, Edgar: Geschichte der Balkanländer. Von der Frühzeit bis zur Gegenwart, München [2]1993

Kaser, Karl: Familie und Geschlechterbeziehungen, in: Kaser, Karl/Gruber, Siegfried/Pichler, Robert (Hrsg.): Historische Anthropologie im südöstlichen Europa. Eine Einführung, Wien-Köln-Weimar 2003 (S. 153-174)

Kleinschmidt, Harald: Geschichte des Völkerrechts in Krieg und Frieden, Darmstadt 2013

Knöbl, Wolfgang: Polizei und Herrschaft im Modernisierungsprozeß. Staatsbildung und innere Sicherheit in Preußen, England und Amerika 1700-1914, Frankfurt a. M.-New York 1995

Konrád, György: Antipolitik. Mitteleuropäische Meditationen, Frankfurt a. M. 1985

Lengyel, Zsolt K.: Auf der Suche nach dem Kompromiß. Ursprünge und Gestalten des frühen Transsilvanismus 1918-1928, München 1993

Lepsius, M. Rainer: Interessen, Ideen und Institutionen, Opladen 1990

Lepsius, M. Rainer: Extremer Nationalismus. Strukturbedingungen vor der nationalsozialistischen Machtergreifung, in: Lepsius, M. Rainer: Demokratie in Deutschland. Soziologisch-historische Konstellationsanalysen, Göttingen 1993 (S. 51-79)

Lepsius, M. Rainer: Die Europäische Gemeinschaft und die Zukunft des Nationalstaates, in: Lepsius, M. Rainer: Demokratie in Deutschland, Göttingen 1993 (S. 249-264)

Lepsius, M. Rainer: Nationalstaat oder Nationalitätenstaat als Modell für die Weiterentwicklung der Europäischen Gemeinschaft, in: Lepsius, M. Rainer: Demokratie in Deutschland, Göttingen 1993 (S. 265-285)

Lepsius, M. Rainer: Demokratie in Deutschland, Göttingen 1993

Lepsius, M. Rainer: Die Europäische Union: Ökonomisch-politische Integration und kulturelle Pluralität, in: Lepsius, M. Rainer Institutionalisierung politischen Handelns. Analysen zur DDR, Wiedervereinigung und Europäischen Union, Wiesbaden 2013 (S. 185-203)

Lepsius, M. Rainer: Institutionalisierung politischen Handelns. Analysen zur DDR, Wiedervereinigung und Europäischen Union, Wiesbaden 2013

Mannheim, Karl: Mensch und Gesellschaft im Zeitalter des Umbaus, Bad Homburg-Berlin-Zürich 1967

Marshall, Thomas H.: Class, Citizenship, and Social Development, Garden City 1964

Matuz, Josef: Das Osmanische Reich. Grundlinien seiner Geschichte, Darmstadt [4]2006

Messelken, Karlheinz: Zur Durchsetzung des Christentums in der Spätantike. Strukturell-funktionale Analyse eines Gegenstandes, in: Kölner Zeitschrift für Soziologie und Sozialpsychologie, 29. Jg., Opladen 1977 (S. 261-294)

Molnár, Miklós: Geschichte Ungarns, Hamburg 1999

Müller, Michael G./Petri, Rolf (Hrsg.): Die Nationalisierung von Grenzen. Zur Konstruktion nationaler Identität in sprachlich gemischten Grenzregionen, Marburg 2002

Neidhardt, Friedhelm/Lepsius, M. Rainer/Weiß, Johannes (Hrsg.): Kultur und Gesellschaft, Kölner Zeitschrift für Soziologie und Sozialpsychologie, Sonderheft 27, Opladen 1986

Offe; Claus: Das Dilemma der Gleichzeitigkeit. Demokratisierung und Marktwirtschaft in Osteuropa, in: Merkur. Deutsche Zeitschrift für europäisches Denken, 45. Jg., Stuttgart 1991 (S. 279-292)

Papier, Hans-Jürgen: Die Warnung. Wie der Rechtsstaat ausgehöhlt wird, München [2]2019

Parsons, Talcott: Evolutionäre Universalien, in: Zapf, Wolfgang (Hrsg.): Theorien des sozialen Wandels, Köln-Berlin [3]1971 (S. 55-74)

Parsons, Talcott: Gesellschaften. Evolutionäre und komparative Perspektiven, Frankfurt a. M. 1975

Pleşu, Andrei: Der G'spritzte und die Geopolitik, in: Südosteuropa Mitteilungen, Sonderausgabe, Europa 2030. Eine futuristische Spurensuche in 14 Ländern Südosteuropas, 42. Jg., Heft 1, München 2002 (S. 96-101)

Popper, Karl R./Lorenz, Konrad: Die Zukunft ist offen. Das Altenberger Gespräch. München-Zürich ³1988

Puttkamer, Joachim von: Ostmitteleuropa im 19. und 20. Jahrhundert, München 2010

Rieser, Hans-Heinrich: Das rumänische Banat – eine multikulturelle Region im Umbruch, Stuttgart 2001

Schieder, Theodor: Typologie und Erscheinungsformen des Nationalstaates in Europa, in: Winkler, Heinrich August (Hrsg.): Nationalismus, Königstein/Ts. ²1985 (S. 119-137)

Schieder, Theodor: Nationalismus und Nationalstaat, Göttingen 1991

Schödl, Günter (Hrsg.): Deutsche Geschichte im Osten Europas. Land an der Donau, Berlin 2002

Schönfelder, Andreas: Europa im Kampf der Kulturen, in: Silesia Nova. Vierteljahresschrift für Kultur und Geschichte, 11. Jg., Heft 1, Dresden-Breslau 2014 (S. 23-40)

Sebaux, Gwénola: Ces Allemands entre Allemagne et Roumanie, Paris 2015

Seewann, Gerhard: Banat, in: Hösch, Edgar/Nehring, Karl/Sundhaussen, Holm (Hrsg.): Lexikon zur Geschichte Südosteuropas, Wien-Köln-Weimar 2004 (S. 89-90)

Stagl, Justin: Volkskultur, Hochkultur, Nationalkultur, in: Balla, Bálint/Sterbling, Anton (Hrsg.): Zusammenbruch des Sowjetsystems – Herausforderung für die Soziologie, Hamburg 1996 (S. 213-227)

Sterbling, Anton: Strukturfragen und Modernisierungsprobleme südosteuropäischer Gesellschaften, Hamburg 1993

Sterbling, Anton: Gegen die Macht der Illusionen. Zu einem Europa im Wandel, Hamburg 1994

Sterbling, Anton: A qui appartient la terre transylvaine?, in: Paysans au-delá du mur. Etudes rurales, Nr. 138-140, Paris 1995 (S. 87-101)

Sterbling, Anton: On the Development of Ethnic Relations and Conflicts in Romania, in: Giordano, Christian/Greverus, Ina-Maria (Hrsg.): Ethnicity, Nationalism and Geopolitics in the Balkans (II), Sonderheft des Anthropological Journal on European Cultures, Band 4, Heft 2, Fribourg-Frankfurt a. M. 1995 (S. 37-52)

Sterbling, Anton: Historische Aspekte der Staaten- und Nationenbildung in Südosteuropa, in: Sterbling, Anton: Kontinuität und Wandel in Rumänien und Südosteuropa. Historisch-soziologische Analysen, München 1997 (S. 99-114)

Sterbling, Anton: Kontinuität und Wandel in Rumänien und Südosteuropa. Historisch-soziologische Analysen, München 1997

Sterbling, Anton: Institutionenanalyse und Institutionenwandel in Südosteuropa, in: Sterbling, Anton: Intellektuelle, Eliten und Institutionenwandel. Untersuchungen zu Rumänien und Südosteuropa, Hamburg 2001 (S. 13-35)

Sterbling, Anton: Stalinismus in den Köpfen, in: Orbis Linguarum, Band 27, Wroclaw/Breslau 2004 (S. 23-38)

Sterbling, Anton: Aktuelle Identitätsprobleme in Südosteuropa, in: Südosteuropa-Mitteilungen, 45. Jg., Heft 2, München 2005 (S. 6-15)

Sterbling, Anton: Räume, Grenzen, Grenzräume. Ein Ansatzpunkt zur kritischen Reflexion sozialphilosophischer, kulturwissenschaftlicher und sozialwissenschaftlicher Grundbegriffe, in: Sterbling, Anton: Zumutungen der Moderne. Kultursoziologische Analysen, Hamburg 2007 (S. 47-63)

Sterbling, Anton: Entstehung sozialer Ungleichheit in ost- und südosteuropäischen Gesellschaften, in: Bach, Maurizio/Sterbling, Anton (Hrsg.): Soziale Ungleichheit in der erweiterten Europäischen Union, Beiträge zur Osteuropaforschung 14, Hamburg 2008 (S. 39-62)

Sterbling, Anton (Hrsg.): Zivilgesellschaftliche Entwicklungen in Südosteuropa. Südosteuropa-Jahrbuch, Band 36, München 2009

Sterbling, Anton: Entgrenzung von Sicherheitsräumen und Entstehung von „Gewaltmärkten", in: Behr, Rafael/Ohlemacher, Thomas (Hrsg.): Offene Grenzen – Polizei in der Sicherheitsarchitektur einer post-territorialen Welt. Ergebnisse der XI. Tagung des Arbeitskreises Empirische Polizeiforschung, Frankfurt a. M. 2009 (S. 113-128)

Sterbling, Anton: „Lebenswelten" im Sozialismus. Anpassung und Widerstand, in: Balla, Bálint/Sterbling, Anton (Hrsg.): Europäische Entwicklungsdynamik. Beiträge zur Osteuropaforschung 17, Hamburg 2009 (S. 53-85)

Sterbling, Anton: Partikularismus in Südosteuropa, in: Land-Berichte. Sozialwissenschaftliches Journal, XIII. Jg., Heft 1, Aachen 2010 (S. 89-104)

Sterbling, Anton: Sozialer Wandel und historisch-vergleichende Modernisierungsforschung, in: Sterbling, Anton: Verwerfungen in Modernisierungsprozessen. Soziologische Querschnitte, Hamburg 2012 (S. 129-152)

Sterbling, Anton: Kollektive Identitäten. Anwendungsmöglichkeiten einer Analysekategorie, in: Sterbling, Anton: Verwerfungen in Modernisierungsprozessen. Soziologische Querschnitte, Hamburg 2012 (S. 155-193)

Sterbling, Anton: Der Donauraum – Kooperation und Konkurrenz, in: Institut für Donauraum und Mitteleuropa / Susanne Milford und Viktoria Weber (Hrsg.): Der Donauraum. Möglichkeiten und Grenzen der EU-Strategie für den Donauraum, 53. Jg., Heft 3-4, Wien 2013 (S. 355-364)

Sterbling, Anton: Identitätsfragen, sozialer Wandel in Südosteuropa und das Dauerdilemma „zwischen Ost und West", in: Kulturkreise. Kultursoziologie, Potsdam 2014 (S. 67-81)

Sterbling, Anton: Der „innengeleitete" oder der „außengeleitete" Mensch im Horizont der Moderne, in: Sterbling, Anton: Wege der Modernisierung und Konturen der Moderne im westlichen und östlichen Europa, Wiesbaden 2015 (S. 113-138)

Sterbling, Anton: Mythos Banat?, in: Spiegelungen. Zeitschrift für deutsche Kultur und Geschichte Südosteuropas, 9(63). Jg., Heft 2/14, München 2015 (S. 123-137)

Sterbling, Anton: Kultur und Interkulturalität, in: Sterbling, Anton: Zuwanderung, Kultur und Grenzen in Europa, Aachen 2015 (S. 47-77)

Sterbling, Anton: Der Erste Weltkrieg, das Ende der Habsburgermonarchie und das Banat, in: Ulbricht, Justus H. (Hrsg.): Das Ende des Alten Europa. Der Erste Weltkrieg in Geschichte und Erinnerung mitteleuropäischer Regionen, Dresden 2016 (S. 97-107)

Sterbling, Anton: Europa zwischen Realität und Verblendung, Hamburg 2016

Sterbling, Anton: Am Rande Mitteleuropas. Über das Banat und Rumänien, Buchreihe Land-Berichte 14, Aachen 2018

Sterbling, Anton: Nationalstaaten und Europa. Problemfacetten komplizierter Wechselbeziehungen. Geistige Lieferung I, Schriften der Akademie Herrnhut, Dresden 2018

Sterbling, Anton: Collective Identities, in: Kollmorgen, Raj/Merkel, Wolfgang/Wagener, Hans-Jürgen (eds.): Handbook of Political, Social, and Economic Transformation, Oxford 2019 (S. 416-420)

Sterbling, Anton: Stadtkultur, bürgerliche Gesellschaft, Kunst, in: Sterbling, Anton: Bürgerliche Gesellschaft, ihre Leistungen und ihre Feinde, Stuttgart 2020 (S. 35-52)

Sterbling, Anton: Desintegrationstendenzen der Europäischen Union und spezifische Entwicklungen in einzelnen ostmittel- und südosteuropäischen Mitgliedstaaten, in: Sterbling, Anton: Bürgerliche Gesellschaft, ihre Leistungen und ihre Feinde, Stuttgart 2020 (S. 179-199)

Sterbling, Anton: Bürgerliche Gesellschaft, ihre Leistungen und ihre Feinde, Stuttgart 2020

Sterbling, Anton: Die Gefahr hegemonialer Entwicklungen in der Europäischen Union, in: Sterbling, Anton: Die antwortlose Gesellschaft. Zeitfragen, Düren 2021 (S. 105-126)

Sterbling, Anton: Die versunkene Republik. Erzählungen, Ludwigsburg 2021 (S. 7-39)

Sterbling, Anton: Das Banat, die Deutschen aus Rumänien und die rumäniendeutsche Literatur, München 2022 (in Vorbereitung)

Streeck, Wolfgang (Hrsg.): Internationale Wirtschaft, nationale Demokratie, Frankfurt a. M.-New York 1998

Streeck, Wolfgang: Zwischen Globalisierung und Demokratie, Berlin 2021

Telbizova-Sack, Jordanka: Identitätsmuster der Pomaken Bulgariens. Ein Beitrag zur Minoritätenforschung. Scripta Slavica, Band 7, Marburg/Lahn 1999

Trützschler von Falkenstein, Eugenie: Mitteleuropa – Nationen, Staaten, Regionen, Frankfurt a. M. u.a.O. 2005

Vastag, Hans: Das Hatzfelder Kulturleben Ende des 19. und zu Beginn des 20. Jahrhunderts. Schule, Presse, Vereine, in: Engel, Walter/Tonţa, Walter (Hrsg): Deutsches Kulturleben im Banat am Vorabend des Ersten Weltkriegs. Der Beitrag von kleineren Städten und Gemeinden, Stuttgart 2013 (S. 93-127)

Wagner, Richard: Sonderweg Rumänien. Bericht aus einem Entwicklungsland, Berlin 1991

Wagner, Richard, Mythendämmerung. Einwürfe eines Mitteleuropäers, Berlin 1993

Wagner, Richard: Der Donauraum, in: Wagner, Richard: Habsburg. Bibliothek einer verlorenen Welt, Hamburg 2014 (S. 62-63)

Wagner, Richard: Habsburg. Bibliothek einer verlorenen Welt, Hamburg 2014

Weber, Max: Wirtschaft und Gesellschaft. Grundriss der verstehenden Soziologie, Tübingen ⁵1976

Weber, Max: Wissenschaft als Beruf, in: Weber, Max: Gesammelte Aufsätze zur Wissenschaftslehre, Tübingen ⁷1988 (S. 582-613)

Weiß, Johannes: Max Webers Grundlegung der Soziologie. Eine Einführung, München 1975

Wimmer, Andreas: Kultur. Zur Reformulierung eines sozialanthropologischen Grundbegriffs, in: Kölner Zeitschrift für Soziologie und Sozialpsychologie, 48. Jg., Opladen 1996 (S. 401-425)

Wolf, Josef: Die Bevölkerung des Banats vor dem Ersten Weltkrieg. Eine historisch-demographische Zustandsbeschreibung, in: Tonţa, Walter/Engel, Walter (Hrsg.): Deutsches Kulturleben im Banat am Vorabend des Ersten Weltkriegs. Der Beitrag von kleineren Städten und Gemeinden, Stuttgart 2013 (S. 37-82)

Wolz, Franz/Leber, Peter-Dietmar (Hrsg.): Heimatbuch Großsanktnikolaus im Banat. Beiträge zur Geschichte der Deutschen im Ort, Rohrbach/Ilm 2005

Zur Problematik der sozialen Sicherung im europäischen Sozialraum aus institutionentheoretischer Sicht

In diesem Kapitel soll die Gesamtproblematik unterschiedlicher sozialer Sicherungssysteme wie auch des großen Gefälles der sozialen Sicherheit in der Europäischen Union aufgegriffen und insbesondere unter institutionenbezogenen Gesichtspunkten näher analysiert werden.[1] Dabei sind vor allem interinstitutionelle Inkompatibilitäten und Konflikte wie auch grundsätzliche Anschlussprobleme nationaler und supranationaler Institutionen eingehender in den Blick zu nehmen. Der maßgebliche Ausgangspunkt ist hierbei, dass Institutionen – in modernen Gesellschaften vielfach mit Organisationsstrukturen verschränkt[2] – stets spezifische Konkretisierungs- und Realisierungsformen bestimmter kulturgebundener Wertideen und damit in Kulturen verankert und rückgebunden sind.[3]

Ein Teilaspekt der Problematik, der insbesondere nach 1990 immer deutlicher in den Vordergrund rückte,[4] betrifft die Ost-West-Migration und die damit verbundenen sozialpolitischen Fragen. Diese lassen sich – gleichsam wie in einem Brennglas – an der Sonderlage deutscher Aussiedler aus Ländern des östlichen Europa ablesen; und zwar insbesondere soweit diese Migranten – oft Mitten aus dem Erwerbsleben oder auch gegen Ende ihrer Berufstätigkeit – in die Bundesrepublik Deutschland kamen und mithin die rechtliche und institutionelle Anschlussproblematik unterschiedlicher Al-

---

[1] Siehe: Sterbling, Anton: Nationalstaaten und Europa. Problemfacetten komplizierter Wechselbeziehungen. Geistige Lieferung I, Akademie Herrnhut, Dresden 2018.

[2] Siehe dazu auch: Sterbling, Anton: Einführung in die Grundlagen der Soziologie, Stuttgart 2020, Vierter Teil: Einführung in die Organisationssoziologie (S. 357-415), insb. 364 ff.

[3] Siehe: Rehberg, Karl-Siegbert: Institutionenwandel und die Funktionsveränderung des Symbolischen, in: Göhler, Gerhard (Hrsg.): Institutionenwandel, Leviathan, Sonderheft 16, Opladen 1996 (S. 94-118); Lepsius, M. Rainer: Interessen, Ideen und Institutionen, Wiesbaden ²2009.

[4] Siehe insbesondere in Bezug auf Südosteuropa: Gabanyi, Anneli Ute/Sterbling, Anton (Hrsg.): Sozialstruktureller Wandel, soziale Probleme und soziale Sicherung in Südosteuropa. Südosteuropa-Studien, Band 65, München 2000.

terssicherungssysteme und Übertragungsregelungen von Leistungsansprüchen im europäischen Sozialraum besonders greifbar werden lassen. Dies bildet sich individuell in den erwerbsbiographischen Mustern der gegebenen Alterssicherungsansprüche wie auch in den (im Laufe der Zeit veränderten) Anerkennungsbedingungen und Anrechnungsregelungen für deutsche Aussiedler in spezifischer Weise ab, wobei sich nicht selten auffällige Probleme und Risiken der Armutsgefährdung oder der erwartbaren Altersarmut zu erkennen geben. Das Beispiel der Spätaussiedler kann übrigens, trotz der bestehenden und zu berücksichtigenden Besonderheiten, als durchaus aussagekräftig für die Arbeitsmigration und ihre Folgen im europäischen Sozialraum insgesamt gelten.

Institutionelle Funktionsprobleme der Europäischen Union

Die Leitperspektive, unter der die weiteren Überlegungen zu institutionellen Fragen der EU stehen, nimmt zum Ausgangspunkt, dass gerade die interinstitutionellen Probleme in der Entwicklung der Europäischen Union viel zu wenig bedacht und berücksichtigt wurden, zumal selbst die diesbezüglichen wissenschaftlichen Analysen, sieht man von wenigen Ausnahmen ab, noch kaum mit jener Intensität und Konsequenz betrieben worden sind, wie dies erforderlich wäre. Dazu heißt es bei M. Rainer Lepsius, insbesondere fragwürdige Konsequenzen für die demokratische Legitimität der EU in den Blick nehmend, ganz zutreffend: „Die Kompetenzvermischung führt zu einer diffusen Zurechnung von Verantwortlichkeiten und Zuständigkeiten, der Finanzverbund zu einer Veränderung der Präferenzbildung über die Allokation von Mitteln. Die Problemlösungsfähigkeit auf der Ebene der Mitgliedstaaten wird durch generalisierte Vorgaben vermindert. Der politische Prozess verliert weiter an Transparenz und die Bürger verlieren an Mitwirkungspotential. Die Interdependenz der Politikfelder legt eine Kompetenzausdehnung nahe, ohne je alle Kontingenzen kontrollieren zu können."[5] Dabei wären – so könnte man ergänzen – neue institu-

---

[5] Siehe: Lepsius, M. Rainer: Die Europäische Union als rechtlich konstituierte Verhaltensstrukturierung, in: Lepsius, M. Rainer. Institutionalisierung politischen Handelns. Analysen zur DDR, Wiedervereinigung und Europäischen Union, Wiesbaden 2013 (S. 204-221), vgl. S. 218. Wenn die „Veränderung der Präferenzbildung über

tionelle Innovationen und interinstitutionelle Konfliktregelungen zur Absorption solcher „Kontingenzen" und Folgeprobleme wie auch entsprechender Konflikte erforderlich.[6] Im Folgenden soll lediglich ein exemplarischer Bereich des komplexen und mehrstufigen europäischen „Institutionengefüges" angesprochen werden.[7] Daran schließen sich sodann einige allgemeine Feststellungen an.

Soziale Sicherung und Migration im europäischen Sozialraum

Ein Problemfeld institutioneller Gegebenheiten und Spannungen im Rahmen der Europäischen Union betrifft den weiten Bereich der sozial- und wohlfahrtsstaatlichen Gegebenheiten und insbesondere der in ihren Voraussetzungen, Finanzierungsformen und Leistungen sehr unterschiedlichen sozialen Sicherungssysteme, die durch die paktierten Europäischen Verträge ganz bewusst weitgehend in der einzelstaatlichen Zuständigkeit belassen wurden. Dies führt im Falle vieler Arbeitsmigranten, die vielfach mitten aus ihrem Erwerbsleben in die Bundesrepublik Deutschland oder in andere westeuropäische Staaten kamen und kommen, nicht selten zu gravierenden Problemen, zumal sie auf Grund ihrer in ihrem Herkunftsland erworbenen, zumeist relativ niedrigen Rentenerwartungen in vielen Fällen von unübersehbaren Risiken der Altersarmut bedroht erscheinen. Die in den Herkunftsländern erfolgten Beschäftigungen und rentenrelevanten Beschäftigungs-, Beitrags- und Anrechnungszeiten ergeben häufig, selbst kombiniert mit den in der späteren Erwerbstätigkeit in der Bundesrepublik Deutschland erworbenen Rentenansprüchen, nicht selten so geringe monatliche Rentenbeträge, dass diese in vielen Fällen unterhalb der Einkommensmindeststandards der Armutsgrenze liegen. Dies trifft insbesondere auf Arbeitsmigranten aus östlichen und südöstlichen Mitgliedstaaten der Europäischen Union oder Europas und mehr noch auf außereuropäische Zuwande-

---

die Allokation von Mitteln" angesprochen wird, sollte man sich vergegenwärtigen, dass einer Reihe von Mitgliedstaaten derzeit EU-Mittel zugehen, die einem erheblichen Teil ihres Bruttoinlandproduktes entsprechen.

[6] Siehe dazu auch: Vobruba, Georg: Die Dynamik Europas, Wiesbaden 2005.

[7] Weitere mögliche Problemfelder wären die Rechtssysteme und Rechtsgegebenheiten oder auch die konfliktreiche, bis heute unvereinbar erscheinende Migrations- und Asylpolitik im Rahmen der Europäischen Union.

rer mit einem niedrigen beruflichen Qualifikationsniveau zu, selbst wenn man dabei die oft ebenfalls gegebenen zusätzlichen Nachteile ganz außer Betracht lässt,[8] dass diese nicht selten längerfristig in gering entlohnten, unterbezahlten oder sogar illegalen Beschäftigungsverhältnissen standen und stehen. Bei einem erheblichen Teil von ihnen sind wohl, in einer längerfristigen Zeitperspektive betrachtet – und dies wird vor allem zukünftig zum Tragen kommen – hohe Risiken der Armut- und Altersarmut gegeben. Soweit keine Rückwanderung in die Herkunftsländer nach dem Erreichen des Rentenalters oder bereits davor erfolgt, erfordert dies und wird dies vor allem zukünftig erhebliche und sicherlich auch signifikant steigende Umverteilungsaufwendungen und Sozialleistungen zu Lasten der Aufnahmegesellschaften solcher Zuwanderer mit recht lückenhaften oder unzureichenden Erwerbs- und Sozialversicherungsbiographien erforderlich machen. Dies stellt ein wohl weitgehend nichtintendiertes und vielfach noch unzureichend bedachtes sozialstrukturelles Folgeproblem massiver Wanderungsvorgänge im europäischen Migrations- und Sozialraum,[9] bei fortbestehenden großen institutionellen Unterschieden und unzulänglichen interinstitutionellen Abstimmungen der Sozialsysteme, dar.

Exkurs zum Sonderfall deutscher Aussiedler und Spätaussiedler

Die Renten anerkannter deutsche Aussiedler oder Spätaussiedler aus dem östlichen Europa wurden viele Jahre und grundsätzlich bis heute unter Berücksichtigung des seit 1952 geltenden Fremdrentengesetzes berechnet.[10] Die Anerkennung und Anrechnung der Beschäftigungs- und Versicherungszeiten im Herkunftsland im Sinne des Fremdrentengesetzes erfolgt

---

[8] Siehe auch: Balla, Bálint/Dahmen, Wolfgang/Sterbling, Anton (Hrsg.): Korruption, soziales Vertrauen und politische Verwerfungen – unter besonderer Berücksichtigung südosteuropäischer Gesellschaften, Beiträge zur Osteuropaforschung 18, Hamburg 2012 (S. 9-23).

[9] Siehe: Sterbling, Anton (Hrsg.): Migrationsprozesse, Probleme von Abwanderungsregionen, Identitätsfragen. Beiträge zur Osteuropaforschung, Band 12, Hamburg 2006.

[10] Siehe zu Folgendem auch: Leber, Peter-Dietmar: Rentenbescheide aus Rumänien, in: Banater Post. Zeitung der Landsmannschaft der Banater Schwaben, 64. Jg., Nr. 15, vom 5. August 2020, München 2020 (S. 4).

nach bestimmten, die berufliche Qualifikation, die vormalige Tätigkeit und deren Vergleichbarkeit mit entsprechenden Beschäftigungen in der Bundesrepublik Deutschland berücksichtigenden Umrechnungstabellen. Für jene Aussiedler, deren Rentenbeginn nach dem 30. September 1996 liegt, erfolgte allerdings eine erhebliche Kürzung dieser Tabellenwerte um 40 Prozent. Darüber hinaus wurden auch bereits davor Beitrags- und Beschäftigungszeiten, die zwar glaubhaft gemacht, aber nicht durch schriftliche Dokumente (z.B. Arbeitsbücher) oder amtliche Bescheinigungen nachgewiesen werden konnten, nur zu fünf Sechstel anerkannt. Die nach dem Fremdrentengesetz anrechenbaren Entgeltpunktwerte wurden zudem auf einen bestimmten Höchstanteil „gedeckelt". Zu gewissen Abschlägen führen auch andere spezifische Gegebenheiten und Besonderheiten der vormaligen Beschäftigungen im Herkunftsland.[11]

Die Renten der einzelnen Aussiedler berechneten sich oft aus der Kombination ihrer aus der Erwerbstätigkeit in der Bundesrepublik Deutschland erworbenen Rentenansprüche nach der hier geltenden Rentenformel und ihrer (stark gekürzten) Fremdrentenansprüche aus den anrechenbaren Beschäftigungs- und Versicherungszeiten aus den Herkunftsländern. Mit dem Beitritt einzelner Herkunftsstaaten der Aussiedler zur Europäischen Union (z.B. Ungarns und Polens 2004 und Rumäniens 2007) ist zugleich eine neue Lage eingetreten. Für die Zahlung der aus den Versicherungszeiten in anderen EU-Mitgliedstaaten resultierenden Renten sind bekanntlich grundsätzlich diese Länder – unabhängig vom Wohnsitz des betreffenden EU-Bürgers – zuständig. Für anerkannte deutsche Aussiedler gibt es allerdings weiterhin die Option des Verzichts auf diese Renten und mithin der Rentenkombination aus in der Bundesrepublik Deutschland erworbenen Rentenansprüchen und der Rente nach dem Fremdrentengesetz für die anderen Beschäftigungszeiten. Soweit Renten im EU-Herkunftsland beantragt wer-

---

[11] So sind beispielsweise Fälle bekannt, bei denen mehrfache Umbenennungen von Unternehmen von den deutschen Rentenversicherungen fälschlicherweise als Betriebswechsel betrachtet wurden und zu weiteren Abschlägen bei den anerkannten Beschäftigungszeiten führten. Große Nachweis- und Anerkennungsprobleme ihrer Erwerbstätigkeit hatten bzw. haben auch als Tagelöhner beschäftigte Personen oder Beschäftigte in der Landwirtschaft usw. Siehe auch: Sterbling, Anton: Am Rande Mitteleuropas. Über das Banat und Rumänien, Buchreihe Land-Berichte 14, Aachen 2018.

den – was sich nur in seltenen individuellen Fällen als günstiger erweist – erfolgt ein Abzug dieses Rentenbetrages von der in der Bundesrepublik Deutschland erhaltenen Rente nach dem Fremdrentengesetz. Zudem muss für den Bezug dieser Rente aus dem Herkunftsland dort regelmäßig ein Lebensnachweis vorgelegt werden.

Diese Sonderbehandlung deutscher Aussiedler gegenüber anderen Arbeitsmigranten[12] durch die für sie gegebene Wahlmöglichkeit belastet – wie übrigens bereits seit vielen Jahrzehnten – natürlich das deutsche Rentenversicherungssystem zu Gunsten der Herkunftsländer dieser Aussiedler. Dennoch sind bei bestimmten Aussiedlergruppen, auf Grund der starken Kürzungen der im Ausland erbrachten Beschäftigungs- und Versicherungszeiten nach dem Fremdrentengesetz, oft große Versicherungslücken und Abschläge bei den tatsächlichen Renten gegeben, so dass bei diesen Personenkreisen nicht selten ein erhebliches Risiko der Altersarmut besteht, zumal es auch zu bedenken gilt, dass durch die Bedingungen und Modalitäten der Aussiedlung oft nur geringe Möglichkeiten des Vermögenstransfers, der Vermögensbildung und der privaten Altersvorsorge gegeben waren. So war es denn auch ein großes Anliegen des Bundes der Vertriebenen (BdV) und der Landsmannschaften, dass betroffene Aussiedler und Spätaussiedler, die mehr als 33 Jahre „Grundrentenzeiten" vorweisen können, in das seit 1. Januar 2021 in Kraft getretene „Gesetz der Einführung der Grundrente" einbezogen wurden.[13]

Eine ähnliche Problemgruppe wie die deutschen Aussiedler bilden übrigens die jüdischen Einwanderer aus der ehemaligen Sowjetunion bzw. den GUS-Staaten. Bei ihnen ist an eine Härtefondsregelung gedacht, die allerdings noch nicht beschlossen ist.

---

[12] Wenn man die bisherige Rechtsprechung des Europäischen Gerichtshofs (EuGH) berücksichtigt, dürfte es nur eine Frage der Zeit sein, bis diese Sonderbehandlung deutscher Aussiedler als Verstoß gegen das Antidiskriminierungsprinzip behandelt und in Frage gestellt wird. Dann käme natürlich in der Folge eines solchen EuGH-Urteils eine deutliche Schlechterstellung der Aussiedler oder aber eine gewaltige Kostenlawine auf die Bundesrepublik Deutschland zu, wenn ähnliche Regelungen wie für die Aussiedler für alle Arbeitsmigranten aus EU-Staaten oder darüber hinaus eingefordert werden könnten und eingefordert werden würden.

[13] Siehe: Wichtiger Teilerfolg für Aussiedler und Spätaussiedler, in: Banater Post. Zeitung der Landsmannschaft der Banater Schwaben, 65. Jg., Nr. 1, vom 5. Januar 2021, München 2021 (S. 4).

Armutswanderungen, Ost-West Arbeitsmigration und ihre Folgeprobleme

Ein eigenes problematisches Phänomen bilden die Armutswanderungen und Zuwanderungen in die Sozialsysteme wohlhabender EU-Staaten, die wohl auch als einer der Hauptgründe des Austritts Großbritanniens aus der Europäischen Union betrachtet werden können. Die sozialen Sicherungsvorkehrungen und die Sozial- und Wohlfahrtssysteme im Rahmen der Europäischen Union sind nicht nur heterogen und uneinheitlich in ihren institutionellen Ausgestaltungen, Leistungsvoraussetzungen und Leistungen, sondern an wichtigen Stellen auch kaum anschlussfähig oder kompatibel. Dies schafft zum Beispiel in der Bundesrepublik Deutschland, trotz Armutsrisiken, doch zugleich auch Anreize der Zuwanderung in die vergleichsweise attraktiveren Sicherungs- und Versorgungssysteme, natürlich nicht nur für Bürger der Europäischen Union, sondern auch für andere, außereuropäische Migrantengruppen. Es führt mithin die paradoxe Situation teilweise überbeanspruchter und damit erodierender nationalstaatlicher Solidaritätsgrundlagen ohne nennenswerte, einsichtige und zurechenbare Kompensationen durch europäische „funktionale Äquivalente" herbei, denn die recht umfangreichen europäischen Transferströme bleiben in diesem Zusammenhang intransparent und in gewisser Weise „abstrakt".[14]

Der europäische Sozial- und Migrationsraum insgesamt ist in seinen sozialstrukturellen Wirkungen und Folgeproblemen recht ambivalent einzuschätzen: Die massiven binneneuropäischen Wanderungen bilden einerseits, insbesondere in den Mitgliedschaftsstaaten mit einem relativ niedrigen Wirtschafts- und Wohlstandsniveau, ein nützliches und wirksames Ventil des Abbaus sozialer Unzufriedenheiten und Spannungen und der Absorption sozialer Konflikte. Andererseits bedeuten die sozialdemographisch selektiven, kontinuierlichen und verhältnismäßig umfangreichen Abwanderungen von qualifiziertem und hochqualifiziertem „Humankapital" aus den peripheren europäischen Gesellschaften auch erhebliche wirtschaftliche Entwicklungshindernisse für diese Länder und führen mittelbar zur weiteren Fortschreibung oder sogar zur Vertiefung des mehrstufigen re-

---

[14] Siehe dazu in den Kontext der Globalisierung gestellt auch: Streeck, Wolfgang: Zwischen Globalisierung und Demokratie, Berlin 2021.

gionalen Wohlstandsgefälles im gesamteuropäischen Sozial- und Migrationsraum.[15] Verbunden mit den internationalen Migrationsvorgängen und insbesondere den Ost-West-Wanderungen in Europa treten damit einhergehende oder davon ausgelöste vielfältige interregionale Binnenwanderungsprozesse und Land-Stadt-Wanderungen in Erscheinung und tragen zum weiteren beschleunigten Niedergang strukturschwacher Peripherien, insbesondere in den neuer Mitgliedstaaten der Europäischen Union, aber durchaus auch in bestimmten grenznahen Randgebieten Kerneuropas[16] bei. Wir haben es dabei gleichsam mit einem dynamischen und „eigendynamischen" Gesamtvorgang zu tun, der – übrigens zumindest teilweise entgegen anderslautender Ziele und Maßnahmen der europäischen Struktur- und Kohäsionspolitik – die fortwährende Verschlechterung der strukturellen Wirtschafts- und Lebensbedingungen in den benachteiligten nationalen und europäischen Randgebieten herbeiführt und damit die Migrationsmotive und Wanderungsneigungen verschiedener Bevölkerungskreise nicht nur auf Dauer stellen, sondern gleichsam auch nahezu fortlaufend verstärkt.[17]

Interinstitutionelle Spannungen und Verwerfungen

Unter institutionenbezogenen Gesichtspunkten lässt sich befinden, dass sich das Mehrebenengefüge interinstitutioneller Beziehungen, Interdependenzen und Konflikte durch das Hinzukommen und die wachsende Bedeu-

---

[15] Siehe auch: Heidenreich Martin (Hrsg.): Horizontal Europeanisation: The Transnationalisation of Daily Life and Social Fields in Europe. Routledge Advances in Sociology, London-New York 2020.

[16] Siehe dazu auch: Sparschuh, Vera/Sterbling, Anton (Hrsg.): Abwanderung aus ländlichen Gebieten, Magdeburg 2013.

[17] Siehe: Vobruba, Georg: Die Dynamik Europas, Wiesbaden 2005; Bach, Maurizio/Sterbling, Anton (Hrsg.): Soziale Ungleichheit in der erweiterten Europäischen Union, Beiträge zur Osteuropaforschung 14, Hamburg 2008; Berger, Peter A./Weiß, Anja (Hrsg.): Transnationalisierung sozialer Ungleichheit. Wiesbaden 2008; Bach, Maurizio: Europa ohne Gesellschaft. Politische Soziologie der europäischen Integration, Wiesbaden ²2014; Bach, Maurizio: Die institutionelle Dynamik Europas, in: Bach, Maurizio/Hönig, Barbara (Hrsg.): Europasoziologie. Handbuch für Wissenschaft und Studium, Baden-Baden 2018 (S. 57-68); Immerfall, Stefan: Europa – politisches Einigungswerk und gesellschaftliche Entwicklung, Wiesbaden ²1918.

tung einer neuen supranationalen Institutionenebene in seiner Komplexität stark erhöhte, wobei die Regelung der Beziehungen und Konflikte sowie die Kontrolle der Kontingenzen an vielen interinstitutionellen Anschlussstellen zwischen nationalen und europäischen Institutionen unzulänglich oder höchst problematisch erscheint und zu immer neuen ad hoc Korrekturen, nicht selten über die Rechtsprechung, zwingt.[18]

Im Zusammenhang mit den angeführten Beispielen einer durch das zweistufige oder mehrstufige Institutionengefüge gesteigerten Komplexität der interinstitutionellen Beziehungen, die neue Kontingenzen wie auch Schwierigkeiten interinstitutioneller Abstimmungen und Konfliktregelungen schaffen, werden – und dies ist ein gravierender zweiter Problemkomplex – eigene Konstruktions- und Funktionsprobleme europäischer Institutionen erkennbar. Vielen europäischen Institutionen mangelt es gleichermaßen – und dies hängt wohl systematisch zusammen – an institutionenspezifischer Legitimität wie an sanktionsgestützter Durchsetzungsfähigkeit. Es fehlt ihnen nicht nur die unmittelbare Rückbindung an die Selbstverständlichkeiten einer Kultur, sondern auch die eines direkten demokratischen Legitimationsverfahrens. Daher weisen die europäischen Institutionen eine starke Orientierung an technokratischen „Rationalitätskriterien" und oft eine ausgeprägte Konsensorientierung ihrer Entscheidungsprozesse auf. Dies funktioniert in relativ konfliktfreien Handlungsfeldern, etwa wenn Wirtschafts- und Wohlstandszuwächse zu verteilen oder Freiheitsräume zu erweitern sind, recht gut; nicht aber, wenn es um die Verteilung oder Umverteilung von Lasten und Kosten geht und entsprechende nationale Interessenkonflikte in die Entscheidungsprozesse hineinwirken. Da sperren sich die nationalen Akteure und Institutionensysteme – so gut es geht – gegen eine europäische Kosten- oder Folgekostenexternalisierung oder Lastenverteilung, wie sich in der letzten Zeit mehrfach deutlich, etwa bei der außereuropäischen Migrations- und der damit verbundenen Asylproblematik, zeigte. Dann kumulieren sich die Kosten und Risiken bei ganz bestimmten Staaten, so nicht selten und gehäuft bei der Bundesrepublik

---

[18] Die Rechtsprechung, insbesondere des Europäischen Gerichtshofes (EuGH), nimmt damit zunehmend eine problematisch gegen das Prinzip der Gewaltenteilung verstoßende, politikgestaltende Funktion wahr. Siehe zu Folgendem auch: Sterbling, Anton: Europa zwischen Realität und Verblendung, Hamburg 2016, insb. S. 181 ff.

Deutschland, die auf Grund des an der Wirtschaftskraft der einzelnen Mitgliedstaaten ausgerichteten Verteilungsschlüssels ohnehin schon die Hauptlasten der Finanzierung der Europäischen Union tragen

Im Gegensatz zu den bisher angesprochenen interinstitutionellen Problemfeldern, bei denen es um eine tendenzielle Angleichung und Anpassung des mehrstufigen Institutionengefüges in Europa geht, ist bei der Konstruktion einer gesamteuropäischen Institutionenordnung – und damit ist gleichzeitig ein dritter Problemkomplex verbunden – ausdrücklich auch ein gegenläufiges Prinzip wirksam. Eine erklärte europäische Leitvorstellung beinhaltet nämlich, dass die Vielfalt und Eigenständigkeit der Kulturen in Europa keineswegs aufgehoben, sondern – ganz im Gegenteil – ausdrücklich gestärkt werden sollte. Dieses Prinzip wird daher auch konsequent auf den Schutz und die Förderung der Kulturen und Sprachen von Minderheiten angewandt.[19] Eine offene Frage ist dabei, wie sich diese gegenläufige Tendenz zur angestrebten institutionellen Homogenisierung im EU-Raum auf das europäische Institutionengefüge insgesamt auswirkt. Eine weitere Frage wäre, ob eine vollständige Gleichbehandlung der Zuwanderungsminderheiten mit autochthonen Minderheiten in den Staaten der EU angestrebt werden soll oder unter Gesichtspunkten der sozialen Integration kontraproduktiv und daher überhaupt nicht wünschenswert erscheint.[20]

Das bisher zum europäischen Institutionengefüge dargelegte lässt sich viertens in der Feststellung zusammenführen, dass dieses – anders als die gleichsam flächendeckend wirkenden und weitgehend kulturell homogenisierten Institutionensysteme moderner Nationalstaaten – ein kompliziertes und im Hinblick auf die interinstitutionellen Beziehungen komplexes Gebilde institutioneller „Teilordnungen" unterschiedlicher Reichweite und Verbindlichkeit darstellt. Ein erheblicher Teil der heutigen Probleme und

---

[19] Zur Lage ethnischer Minderheiten und zur Minderheitenpolitik in Europa wie auch zum Statusunterschied autochthoner Minderheiten und Zuwanderungsminderheiten siehe auch: Pan, Christoph: Die Bedeutung von Minderheiten- und Sprachschutz für die kulturelle Vielfalt Europas, in: Europäisches Journal für Minderheitenfragen, Heft 1, Wien 2008 (S. 11-33); Vogt, Matthias Theodor/Sokol, Jan/Bingen, Dieter/Neyer, Jürgen/Löhr, Albert (Hrsg.): Minderheiten als Mehrwert, Frankfurt a. M. 2010.

[20] Siehe dazu auch: Koopmans, Ruud: Assimilation oder Multikulturalismus? Bedingungen gelungener Integration, Berlin 2017.

Konflikte in der Europäischen Union lässt sich nicht zuletzt aus den Besonderheiten und Widersprüchen dieses Institutionengefüges verstehen, so sollte in meinen Ausführungen gezeigt werden. Hinzugefügt werden kann, dass diese europäischen Entwicklungsprozesse zudem kompliziert in globale Vorgänge eingelagert sind, wobei dies zu weiteren Problemen und Spannungen beiträgt.

Die Dynamik europäischer Entwicklungen und eine unabweisliche Entscheidungsfrage

Welches sind die Antriebs- und Bewegungskräfte einer forcierten europäischen Integration? Ein struktureller Ausgangspunkt sind die durch immer weitreichendere Verteilungs- und Umverteilungserwartungen großer Bevölkerungsgruppen in „Konkurrenzdemokratien" überforderten westeuropäischen Sozial- und Wohlfahrtsstaaten,[21] deren maßgeblichen politischen Akteure und Parteien durch Umadressierung solcher Erwartungen an die supranationale Entscheidungsarena die damit gegebenen Probleme teils umzudefinieren, teils in anderer Weise zu befriedigen und damit den entsprechenden Erwartungs- und Legitimitätsdruck abzuschwächen suchen. Auf diese Weise werden Probleme aber selten tatsächlich gelöst, sondern – wie sehr häufig in der EU-Politik – nur in die Zukunft verschoben, wobei ihre Lösungen dann oft noch komplizierter und schwieriger werden.

---

[21] Siehe: Rieger, Elmar: Politik supranationaler Integration. Die Europäische Gemeinschaft in institutionentheoretischer Perspektive, in: Nedelmann, Birgitta (Hrsg.): Politische Institutionen im Wandel, Kölner Zeitschrift für Soziologie und Sozialpsychologie, Sonderheft 35, Opladen 1995 (S. 349-367). Die Parteienkonkurrenz in Sozial- und Wohlfahrtsstaaten konzentrieren sich häufig auf immer weiterreichende Sozial- und Wohlfahrtsversprechen, die nicht nur zu einem „abnehmenden Grenznutzen" solcher Leistungen und einer entsprechend angetriebenen Erwartungsinflation führen, sondern auch zu immer deutlicher werdenden Grenzen der Finanzierbarkeit. Die weitere Belastung oder gar Enteignung „der Reichen" ist dabei nur eine Scheinlösung im Hinblick auf diese Finanzierungsprobleme weiterer Umverteilungen, denn damit würde die Gesamtleistung des volkswirtschaftlichen Systems durch Abwanderung oder Leistungsverweigerung der Leistungsträger sicherlich nur noch weiter untergraben. Siehe dazu auch: Sterbling, Anton: Gesellschaftliche Ordnungen und Krisenursachen des modernen Sozial- und Wohlfahrtsstaates, in: Sterbling, Anton: Bürgerliche Gesellschaft, ihre Leistungen und ihre Feinde, Stuttgart 2020 (S. 103-123).

Eine zweite Antriebskraft der mit Nachdruck und Zielstrebigkeit auch jenseits der Grundlagen und Grenzen der paktierten Europäischen Verträge betriebenen europäischen Integration sind die Eigeninteressen und die Findigkeit der technokratischen Eliten und Funktionsträger in den europäischen Behörden und Institutionen, die mit einigem Geschick und Erfolg Institutionen wie die Europäische Zentralbank (EZB) oder den Europäischen Gerichtshof (EuGH) zu ihren Zwecken, also vornehmlich zu ihrer Einfluss- und Machterweiterung, instrumentalisieren und zu nutzen wissen.[22] Und drittens sind dies bestimmte, utopiegeleitete Intellektuelle und politische Eliten, die sich zwar sehr lautstark und den öffentlichen Diskurs mitunter dominierend artikulieren, aber die in den meisten Mitgliedstaaten der Europäischen Union wohl keineswegs die Mehrheit in den nationalen Intellektuellenkreisen oder unter den maßgeblichen politischen Akteuren bilden.

Wenn man allerdings – so ist diesen Politiker- und Intellektuellenkreisen kritisch Entgegenzuhalten – in der Konstruktion und institutionellen Weiterentwicklung der Europäischen Union mit Ideologien und bürokratisch-zentralistischen Methoden, gleichsam als missratene Kopie des untergegangenen hegemonialen kommunistischen Systems, keine anderen Prioritäten setzt, als die historisch überkommenen Nationalstaaten und ihre mehr oder weniger gut funktionierenden institutionelle Ordnungen und Selbstverständnisse zu diskreditieren und zu zerstören, aufzuheben und zu überwinden, so sollte man sich nicht wundern, wenn das damit gleichsam programmierte partielle Versagen zu einem von legitimen Interessen oder auch nur von überkommenen Ressentiments angetriebenen „reaktiven Nationalismus" und zum Erstarken national-populistischer Tendenzen führt. Der Idee und den Zielsetzungen eines freiheitlich geeinten und in realistischen Grenzen auch solidarischen Europa kann man damit wohl kaum einen schlechteren Dienst erweisen, wie entsprechende fehlgeleitete Entwicklungen vielfach erkennen lassen.

Auch hier zeigt sich erneut: Gegen die evidenten Interessen und den offenkundigen Willen der Menschen in den einzelnen Mitgliedstaaten der Europäischen Union kann man nun einmal deren weitere integrative Ent-

---

[22] Siehe: Sterbling, Anton: Die Gefahr hegemonialer Entwicklungen der Europäischen Union, in: Sterbling, Anton: Die antwortlose Gesellschaft. Zeitfragen, Düren 2021 (S. 105-126).

wicklung zu einem supranationalen politischen Gebilde nicht forcieren, nicht erzwingen, es sei denn, man nimmt letztlich die Entstehung eines bürokratisch-hegemonialen, demokratie- und menschenfeindlichen Monstrums bewusst in Kauf. Die von ihrer historischen Mission, ein „neues Europa" zu schaffen, so selbstüberzeugten Eliten sollten aber nicht zuletzt durch das leidvolle Scheitern des kommunistischen Experiments historisch belehrt sein, dass Menschen nicht gegen ihre Interessen und ihren Willen zu ihrem Glück gezwungen werden können, insbesondere nicht, wenn ein solches Vorhaben auf einem unrealistischen und ideologisch verzerrten Menschenbild beruht.

Diese Grundproblematik wurde bereits früh als ein offenes Dilemma oder als die zentrale Entscheidungsfrage der Europäischen Union in der Ausgestaltung als „Herrschaftsverband" zwischen einem „Staatenbund" oder „Bundesstaat" erkannt und auf den Begriff gebracht.[23] Die zwischenzeitlich verwendete Begrifflichkeit „Staatenverbund", gleichsam als Kompromissformel, hilft dabei kaum weiter. Es geht tatsächlich um die grundsätzliche und zugleich folgenreiche Frage, ob die Europäische Union weiterhin als eine Werte-, Interessen- und Vertragsgemeinschaft demokratischer Nationalstaaten fortbestehen oder ob ein verfassungsrechtlich eigenständiges und institutionell zugleich voll ausgestaltetes supranationales staatliches Herrschaftsgebilde als vollwertiger Ersatz der nationalen Einzelstaaten angestrebt oder sogar bereits in substanziellen Zügen realisiert werden soll. Diese Frage kann nur in uneingeschränkt offenen Diskussionen und transparenten demokratischen Verfahren durch die Bevölkerungen der EU-Staaten geklärt werden und nicht gleichsam hinterrücks durch bestimmte, von ihren Eigeninteressen angetriebenen, technokratisch orientierten oder utopiegeleiteten Eliten. Gegen deren irrtumsanfälliges, vielfach

---

[23] Siehe vor allem: Lepsius, M. Rainer: Demokratie in Deutschland. Soziologisch-historische Konstellationsanalysen, Göttingen, 1993, insb. Teil III: Deutschland und die Europäische Gemeinschaft (S. 249-285); Lepsius, M. Rainer: Institutionalisierung politischen Handelns. Analysen zur DDR, Wiedervereinigung und Europäischen Union, Wiesbaden 2013, insb. Teil IV: Institutionenbildung in der Europäischen Union (S. 185-252); Bach, Maurizio: Die Europäisierung nationaler Gesellschaften, Kölner Zeitschrift für Soziologie und Sozialpsychologie, Sonderheft 40, Opladen 2000; Bach, Maurizio: Europa ohne Gesellschaft. Politische Soziologie der europäischen Integration, Wiesbaden ²2014.

vorwiegend eigeninteressenbestimmtes oder opportunistisches und nicht selten auch politisch kurzsichtiges und fehlentscheidungsgeleitetes Tun sollte eine der Wahrheitssuche verpflichtete, empirisch fundierte und ideologiekritisch geschulte Sozialwissenschaft mit all ihren verfügbaren Mitteln der kritischen Aufklärung vorgehen und ihre stichhaltigen Erkenntnisse dezidiert einwenden, wo dies erforderlich und angebracht erscheint. Europaforschung darf sich jedenfalls nicht als werturteilsgeleitete Europaideologie oder gar Europaapologie verstehen oder missbrauchen lassen.[24] Dies sollte in „offenen Gesellschaften", die ihre Zukunft selbst, nach rationalen und wohl bedachten Erwägungen, mit den besten Argumenten und auf demokratischen Verfahrenswegen bestimmen wollen, unter keinen Umständen vergessen werden. Die Zukunft Europas ist „offen"[25] und sollte am besten in den Händen der europäischen Völker, nicht ihrer selbsternannten „Heilsbringer" liegen.

Literatur

Bach, Maurizio: Die Europäisierung nationaler Gesellschaften, Kölner Zeitschrift für Soziologie und Sozialpsychologie, Sonderheft 40, Opladen 2000

Bach, Maurizio: Europa ohne Gesellschaft. Politische Soziologie der europäischen Integration, Wiesbaden ²2014

Bach, Maurizio: Die institutionelle Dynamik Europas, in: Bach, Maurizio/Hönig, Barbara (Hrsg.): Europasoziologie. Handbuch für Wissenschaft und Studium, Baden-Baden 2018 (S. 57-68)

Bach, Maurizio/Sterbling, Anton (Hrsg.): Soziale Ungleichheit in der erweiterten Europäischen Union, Beiträge zur Osteuropaforschung 14, Hamburg 2008

Balla, Bálint/Dahmen, Wolfgang/Sterbling, Anton (Hrsg.): Korruption, soziales Vertrauen und politische Verwerfungen – unter besonderer Berücksichtigung südosteuropäischer Gesellschaften, Beiträge zur Osteuropaforschung 18, Hamburg 2012 (S. 9-23)

---

[24] Zu Werturteilsfragen siehe: Sterbling, Anton: Einführung in die Grundlagen der Soziologie, Stuttgart 2020, Exkurs 1: Das Postulat der Werturteilsfreiheit Max Webers (S. 47-68).

[25] Siehe auch: Popper, Karl R./Lorenz, Konrad: Die Zukunft ist offen. Das Altenberger Gespräch. München-Zürich ³1988.

Gabanyi, Anneli Ute/Sterbling, Anton (Hrsg.): Sozialstruktureller Wandel, soziale Probleme und soziale Sicherung in Südosteuropa. Südosteuropa-Studien, Band 65, München 2000

Heidenreich Martin (Hrsg.): Horizontal Europeanisation: The Transnationalisation of Daily Life and Social Fields in Europe. Routledge Advances in Sociology, London-New York 2020

Immerfall, Stefan: Europa – politisches Einigungswerk und gesellschaftliche Entwicklung, Wiesbaden ²1918

Koopmans, Ruud: Assimilation oder Multikulturalismus? Bedingungen gelungener Integration, Berlin 2017

Leber, Peter-Dietmar: Rentenbescheide aus Rumänien, in: Banater Post. Zeitung der Landsmannschaft der Banater Schwaben, 64. Jg., Nr. 15, vom 5. August 2020, München 2020 (S. 4)

Lepsius, M. Rainer: Demokratie in Deutschland. Soziologisch-historische Konstellationsanalysen, Göttingen, 1993

Lepsius, M. Rainer: Interessen, Ideen und Institutionen, Wiesbaden ²2009

Lepsius, M. Rainer: Die Europäische Union als rechtlich konstituierte Verhaltensstrukturierung, in: Lepsius, M. Rainer. Institutionalisierung politischen Handelns. Analysen zur DDR, Wiedervereinigung und Europäischen Union, Wiesbaden 2013 (S. 204-221)

Lepsius, M. Rainer: Institutionalisierung politischen Handelns. Analysen zur DDR, Wiedervereinigung und Europäischen Union, Wiesbaden 2013

Popper, Karl R./Lorenz, Konrad: Die Zukunft ist offen. Das Altenberger Gespräch. München-Zürich ³1988

Rehberg, Karl-Siegbert: Institutionenwandel und die Funktionsveränderung des Symbolischen, in: Göhler, Gerhard (Hrsg.): Institutionenwandel, Leviathan, Sonderheft 16, Opladen 1996 (S. 94-118)

Rieger, Elmar: Politik supranationaler Integration. Die Europäische Gemeinschaft in institutionentheoretischer Perspektive, in: Nedelmann, Birgitta (Hrsg.): Politische Institutionen im Wandel, Kölner Zeitschrift für Soziologie und Sozialpsychologie, Sonderheft 35, Opladen 1995 (S. 349-367)

Sparschuh, Vera/Sterbling, Anton (Hrsg.): Abwanderung aus ländlichen Gebieten, Magdeburg 2013

Sterbling, Anton (Hrsg.): Migrationsprozesse, Probleme von Abwanderungsregionen, Identitätsfragen. Beiträge zur Osteuropaforschung, Band 12, Hamburg 2006

Sterbling, Anton: Europa zwischen Realität und Verblendung, Hamburg 2016

Sterbling, Anton: Nationalstaaten und Europa. Problemfacetten komplizierter Wechselbeziehungen. Geistige Lieferung I, Akademie Herrnhut, Dresden 2018

Sterbling, Anton: Am Rande Mitteleuropas. Über das Banat und Rumänien, Buchreihe Land-Berichte 14, Aachen 2018

Sterbling, Anton: Einführung in die Grundlagen der Soziologie, Stuttgart 2020

Sterbling, Anton: Gesellschaftliche Ordnungen und Krisenursachen des modernen Sozial- und Wohlfahrtsstaates, in: Sterbling, Anton: Bürgerliche Gesellschaft, ihre Leistungen und ihre Feinde, Stuttgart 2020 (S. 103-123)

Sterbling, Anton: Desintegrationstendenzen der Europäischen Union und spezifische Entwicklungen in einzelnen ostmittel- und südosteuropäischen Mitgliedstaaten, in: Sterbling, Anton: Bürgerliche Gesellschaft, ihre Leistungen und ihre Feinde, Stuttgart 2020 (S. 179-199)

Sterbling, Anton: Die Gefahr hegemonialer Entwicklungen der Europäischen Union, in: Sterbling, Anton: Die antwortlose Gesellschaft. Zeitfragen, Düren 2021 (S. 105-126)

Streeck, Wolfgang: Zwischen Globalisierung und Demokratie, Berlin 2021

Vobruba, Georg: Die Dynamik Europas, Wiesbaden 2005

Wichtiger Teilerfolg für Aussiedler und Spätaussiedler, in: Banater Post. Zeitung der Landsmannschaft der Banater Schwaben, 65. Jg., Nr. 1, vom 5. Januar 2021, München 2021 (S. 4)

II. Sprache und Ideologie – ideologiekritische und wissenssoziologische Zugänge

Die Unvernünftigen sterben nicht aus
Sprache, Rassismus und Vernunftlosigkeit

> Weltverbesserer, die die Gesellschaft mit Hilfe der Kontrolle und Regulierung der Sprache ändern wollen, handeln ganz ähnlich naiv wie Menschen, die den Schatten eines Verbrechers prügeln und dabei überzeugt sind, diesen verdientermaßen und wirksam bestraft zu haben.

Immer wieder ergeben sich Anlässe oder Notwendigkeiten über den ideologischen Zugriff oder Missbrauch der Sprache nachzudenken und darüber kritisch dezidiert zu urteilen. Dies geschah bereits, als angeblich im nationalsprachlichen Übereifer der „Eindeutschungen" die „Nase" zum „Gesichtserker" erklärt wurde und dies eine viel zitierte Fußnote kurioser und zugleich kläglich gescheiterter Sprachreinigungsversuche in Erinnerung blieb; oder gar als ein solches Beispiel in pädagogischer Absicht ironisch konstruiert wurde, wie manche meinen. Bei solchen, zumeist gescheiterten Versuchen trifft man nicht selten auf erhebliche und zugleich bedauerliche Missverständnisse dessen, was die Sprache ist und leistet, wie auch, in welcher Weise sie dem Anliegen der Verständigung zwischen Menschen, der Gestaltung und Befriedung ihrer Beziehungen sowie der Reflexion und Aufklärung über ihre Daseinsgegebenheiten dient und nicht zuletzt wie sie zur menschlichen Erkenntnis beiträgt.[1] Mitunter ist es unerfindlich und zutiefst deprimierend, dass sich gerade in diesen, den Menschen und seine Geschichte bereits so lange begleitenden symbolischen Erscheinungen und Belangen, in diesen Sinnfragen, immer wieder so gravierend verstörende

---

[1] Siehe dazu: Furth, Hans G.: Intelligenz und Erkennen. Die Grundlagen der genetischen Erkenntnistheorie Piagets, Frankfurt a. M. 1972, insb. S. 127 ff; Wiggershaus, Rolf (Hrsg.): Sprachanalyse und Soziologie. Die sozialwissenschaftliche Relevanz von Wittgensteins Sprachphilosophie, Frankfurt a. M. 1975; Hymes, Dell: Soziolinguistik. Zur Ethnographie der Kommunikation, Frankfurt a. M. 1979; Jaspers, Karl: Die Sprache, in: Jaspers, Karl: Was ist Philosophie? Ein Lesebuch, München [6]1991 (S. 284-339).

und rational unverständliche Dinge zu erkennen geben und daher stets aufs Neue geklärt und argumentativ zurück gewiesen werden müssen.

Ein neuer Anlass, eine alte Problematik aufzugreifen

Dass es wirklich ernsthafte Auseinandersetzungen um das „N****"-Wort, vornehmlich in der Partei der „Grünen" gibt – schon allein diese Schreibweise des Wortes mit Sternchen zeigt eine starke Devianz vom vernünftigen Denken und Handeln an – lässt ein ausgeprägtes ideologisches Verständnis des Verhältnisses von Denken, Sprache und Verhalten erkennen. Ganz in der Tradition totalitärer Ideologien, die über die Regulation der Sprache ihre Herrschaft sichern und den „neuen Menschen" zu erziehen suchten.[2] Darin lag und liegt indes eine gewaltige Unterschätzung der menschlichen Vernunft und der eigengesetzlichen Natur der Sprache in deren Diensten, also in der Verfügung des freien und unabhängig denkenden Menschen.[3]

Man könnte die Argumentation abkürzen und sagen, wer diesen Weg der Manipulation und Verformung der natürlichen Sprache geht, hat aus den Erfahrungen totalitärer Herrschaft und deren Bemühungen, diese Herrschaft über die Kontrolle und Beeinflussung der Sprache zu sichern, nichts gelernt. Wie wenig die Menschen diesbezüglich tatsächlich gelernt haben, zeigt der furchtbare Angriffskrieg Russlands, dessen wirklichkeitsfremden und ideologietrunkenen Führungskreise meinen oder zumindest glauben zu machen versuchen, man müsse die kriegerische Aggression nur „spezielle Militäroperation" nennen und schon hätte man die eigene Bevölkerung

---

[2] Zu den Theorien und Wesenszügen des Totalitarismus siehe: Arendt, Hannah: Elemente und Ursprünge totaler Herrschaft. Antisemitismus. Imperialismus, Totalitarismus, München [4]1995; Wippermann, Wolfgang. Totalitarismustheorien. Die Entwicklung der Diskussion von den Anfängen bis heute, Darmstadt 1997; Jesse, Eckhard (Hrsg.): Totalitarismus im 20. Jahrhundert. Eine Bilanz der internationalen Forschung, Bonn [2]1999.

[3] Siehe zu dieser Problematik auch: Sterbling, Anton: Rückkehr in ein ideologisches Zeitalter des entmündigten Menschen?, in: Sterbling, Anton: Europa zwischen Realität und Verblendung, Hamburg 2016 (S. 133-141); Sterbling, Anton: Anzeichen und Gefahren ideologischer Bevormundung, in: Sterbling, Anton: Bürgerliche Gesellschaft, ihre Leistungen und ihre Feinde, Stuttgart 2020 (S. 125-146).

oder gar die gesamte Weltöffentlichkeit über den verbrecherischen Charakter dieses Überfalls eines souveränen Staates erfolgreich getäuscht.

Wir möchten es uns nicht so einfach machen, solche plumpen Sprachmanipulationen für sich sprechen zu lassen, obwohl jedem einigermaßen nachdenkenden Menschen schon allein der Hinweis darauf genügen sollte, um zu erkennen, in welcher Sackgasse Ideologien sich befinden, die die totale Beherrschung oder auch nur die Besserung der Menschen über die gezielte Verwendung ihrer eigenen, gesinnungseingefärbten Sprache anstreben. Ich will meine Argumentation indes zunächst mit recht trivialen Fallbeispielen beginnen und sodann als Sozialwissenschafter und Sprachsoziologe – und übrigens auch als Schriftsteller[4] – etwas eingehender und breiter abgestützt entfalten, ohne mich allerdings allzu weit vom konkreten Anschauungsmaterial zu entfernen. Die Leitperspektive ist dabei vornehmlich eine ideologiekritische, wobei wir von einem Ideologiebegriff ausgehen, der Ideologien nicht lediglich als „sozial standortgebundene" Weltanschauungen schlechthin auffasst, sondern als geschlossene, holistische weltanschauliche Systeme, die gegen jede erfahrungsgestützte Kritik und bessere Argumente dogmatisch immunisiert erscheinen.[5]

Einige lebensweltliche und alltagssprachliche Fallbeispiele

Was würde es bringen, das heute das Gefühl eines zivilisierten oder kultivierten Menschen ständig etwas unangenehm berührende Wort „Scheiße" im öffentlichen Gebrauch verbieten zu wollen? Oder die Formulierung: „Verpisse Dich", die ich als Großvater mit meinem dreijährigen Enkel von einem jüngeren Mann mit einem unangeleinten, bedrohlich wirkenden Hund zu hören bekam, als ich ihn auf die erkennbare Angst meines Enkels

---

[4] Siehe: Sterbling, Anton: Klimadelirium und andere furchtbare Erzählungen, Schriftenreihe Epik, Ludwigsburg 2020; Sterbling, Anton: Die versunkene Republik. Erzählungen, Schriftenreihe Epik, Ludwigsburg 2021; Sterbling, Anton: Ende einer Pandemie und weitere Erzählungen, Schriftenreihe Epik, Ludwigsburg 2022, sowie meinen Gedichtband: Sterbling, Anton: Entrückung in den Kopfstand. Gedichte und Texte 1968 bis 2019, Schriftenreihe Lyrik, Ludwigsburg 2019.

[5] Siehe: Topitsch, Ernst: Die Sozialphilosophie Hegels als Heilslehre und Herrschaftsideologie, München ²1981; Topitsch, Ernst: Erkenntnis und Illusion, Tübingen ²1988.

vor seinem Hund aufmerksam machte. Ich fühlte mich zwar beleidigt und gedemütigt, mir wäre aber nie eingefallen, dass man eine Sprach- oder Gesinnungspolizei hätte aktivieren müssen, um die Formulierung „Verpisse Dich" zu verbieten. Selbst eine Anzeige wegen Beleidigung zu erstatten, die in dem gegebenen Falle möglich, aber in Ermangelung von Zeugen ziemlich wenig erfolgversprechend gewesen wäre, kam nicht ernsthaft in Betracht. Dabei ist in einem Rechtsstaat natürlich dies der Weg, verbale Beleidigungen[6] zu behandeln und zu klären. Generelle Sprachverbote sind nicht nur weitgehend sinnlos, sondern sie verlassen auch schnell den Pfad des Rechtsstaates und der Freiheit, der Freiheit der Sprache und des Denkens.

Ein anderes Beispiel: Die Deutschen in Rumänien wurden oft und überwiegend von den anderen „Nemții", in der Einzahl „Neamț", genannt. Die gebildeteren oder höflicheren Rumänen nannten diese „Gemani" bzw. „German", wie auch die amtliche Bezeichnung lautete. Ich konnte – bis zu meinem 22. Lebensjahr in Rumänien lebend – daran zwar gebildetere und ungebildetere, bewusst höflichere und unhöflichere Menschen unterscheiden. Das spielte in meinem alltäglichen Verhältnis ihnen gegenüber und im sozialen Verkehr mit ihnen allerdings eine höchst nebensächliche Rolle, wie ich mich erinnere. In diesem alltäglichen Umgang war mir beispielsweise viel wichtiger, in welchem Verhältnis die Personen, mit denen ich es zu tun hatte, zum kommunistischen Herrschaftssystem standen, etwa ob sie Parteifunktionäre, Privilegierte oder Securitatespitzel oder aber, wenngleich ungebildet, Unterdrückte und Verfolgte des kommunistischen Herrschaftssystems oder ihm distanziert gegenüberstehende Menschen waren, und wie sie sich eben im alltäglichen Verkehr als Mitmenschen verhielten. Ob sie mich persönlich dabei „Neamț" oder „German" nannten, war mir

---

[6] Unsere, zwischen 1998 und 2014 wiederholt durchgeführten repräsentativen Bevölkerungsbefragungen in Hoyerswerda und Görlitz und im Landkreis Görlitz ergaben, dass Anpöbelung und Beleidigung zu den häufigsten Opfererfahrungen der Bürger zählten. Zwischen 18 und 28 Prozent der befragten Bürger berichteten jeweils, dass sie im Zeitraum des zurückliegenden Jahres mindestens ein Mal davon betroffen waren. Siehe dazu: Sterbling, Anton: Sicherheit und Lebensqualität im Landkreis Görlitz. Ergebnisse einer Bürgerbefragung, Rothenburger Beiträge. Polizeiwissenschaftliche Schriftenreihe (Band 78), Rothenburg/Oberlausitz 2015, insb. S. 143 ff, vgl. S. 145.

gewöhnlich weitgehend – wie übrigens den meisten Deutschen in Rumänien – gleichgültig, obgleich ich den feinsinnigen Unterschied und dessen Valenzen sehr wohl kannte und verstand.

Ähnlich verhält es sich mit der Bezeichnung „Zigeuner", zumindest soweit es sich um Angehörige dieser Minderheit in Südosteuropa handelt.[7] Wenn man ihnen dort begegnet, bekommt man nicht nur häufig zu hören, dass sie sich selbst ganz selbstverständlich „Zigeuner" nennen, sondern auch, wenn man einzelne zufällige Mitglieder ihrer verschiedenen Gruppen fragt – und ich habe dies als Südosteuropaforscher vielfach getan –, bekommt man ebenfalls überwiegend die Antwort, dass sie nicht als „Roma" oder gar als „Rroma" angesprochen sein wollten. Dabei wurde die Bezeichnung „Rroma" und „Rromi" in Rumänien nicht ohne einen leicht erkennbaren Hintergedanken auf parlamentarischem Wege sprachpolitisch einzuführen versucht, nämlich dass damit einer tatsächlich nicht selten gegebenen Verwechslungsgefahr zwischen „Roma" und „Români" – vor allem im westlichen Ausland – durch eine sprachlich sehr auffällige Bezeichnung der Zigeuner möglichst deutlich vorgebeugt werden sollte. (Dieser politische Versuch ist übrigens, soweit zu erfahren war, letztlich wie viele willkürliche sprachpolitische Eingriffe gescheitert.) Selbst wenn diese nicht nur ungewöhnliche, sondern geradezu bizarre Schreibweise[8] auch von manchen Romafunktionären und Organisationen teilweise akzeptiert oder sogar selbst vertreten wurde, findet diese bei weiten Kreisen der südosteuropäischen Zigeuner, soweit diese davon überhaupt gehört haben,[9] mehr oder

---

[7] Siehe auch: Mappes-Niediek, Norbert: Arme Roma, böse Zigeuner. Was an den Vorurteilen über die Zuwanderer stimmt, Berlin 2012; Müller, Jens-Peter: Könige, Menschenrechtsaktivisten, Politiker – Die Roma und ihre Eliten. Ein ungarisch-rumänischer Vergleich, Berlin 2017.

[8] Zwei Rr am Anfang eines Wortes ist wahrscheinlich in nahezu jeder Sprache der Welt ziemlich ungewöhnlich, und dies noch mehr, wenn gleich beide Buchstaben dabei in der Schreibweise RR erscheinen, also großgeschrieben sind, wie das mitunter im vorliegenden Fall erfolgte. Siehe dazu und zur Gesamtproblematik auch: Vogt, Matthias Theodor: Und wenn „die Zigeuner" selbst …? Minderheitenfragen und die Kraft literarischer Bildfindung am Beispiel des Rroma-Romans „Andere Akkorde" von Simone Schönett (Klagenfurt 2018), in: Europäisches Journal für Minderheitenfragen, Ausgabe 3-4/18, Berlin 2018 (S. 1-20), insb. Fußnote 2, S. 2.

[9] Die Angehörigen der verschiedenen Gruppen dieser Minderheit identifizieren sich in Südosteuropa viel stärker mit ihren Sippen oder Clans (z.B. Căldăraşi, Gábor,

weniger entschiedene Ablehnung. Sie wollen überwiegend ganz einfach bei ihren traditionellen Bezeichnungen und Selbstbezeichnungen bleiben.[10]

Ein wissend entgegenkommender und höflicher Umgang Angehörigen dieser Minderheit gegenüber – oder besser gesagt: dieser Minderheiten, denn sie leben nicht nur in verschiedenen Ländern, sondern betrachten sich subjektiv vielfach auch keineswegs als eine ethnische Einheit – würde zunächst heißen, Rücksicht auf ihre favorisierten Selbstbezeichnungen zu nehmen, wobei eine wichtige Rolle, die man kennen und erkennen sollte, in diesem Zusammenhang spielt, um Mitglieder welcher Gruppe es sich im gegebenen Fall handelt. Angehörige traditionaler Gruppen werden sich vorwiegend, wenn nicht ausschließlich, mit ihrer Sippen- oder Clanzugehörigkeit (Căldăraşi, Gábor, Olách usw.) identifizieren und demnach auch so angesprochen sehen wollen. Die Bezeichnung „Roma" lehnen sie häufig ab und die Bezeichnung „Zigeuner" akzeptieren sie als herkömmliche oft auch nur widerwillig. Die assimilierten Angehörigen dieser Minderheiten, die eine recht große Teilgruppe bilden, wollen zum Teil gar nicht als solche erkannt oder angesprochen werden, sondern rechnen sich zumeist konsequent der Titularnation zu, oder bevorzugen ansonsten die Bezeichnung „Roma" wie auch „Zigeuner", z.B. wenn sie als „Zigeunermusikanten" auftreten. Bei den entwurzelten Angehörigen dieser Minderheiten, aber auch den mehr oder weniger weitgehend assimilierten, gibt es eine starke Neigung, sich der dominanten ethnischen Gruppe in dem betreffenden Land oder einer anderen Minderheit[11] zuzurechnen. Den entwurzelten Zigeunern feh-

---

Olách, Aschkali, usw.) als mit einer übergreifenden Bezugseinheit, ob man diese nun Roma oder Zigeuner nennt. Sehr wichtig erscheint uns auch die typologische Unterscheidung zwischen traditionalen, assimilierten und entwurzelten Roma. Siehe dazu auch: Schüler, Sonja: Die ethnische Dimension der Armut. Roma im postsozialistischen Rumänien, Stuttgart 2007; Sallanz, Josef: Bedeutungswandel von Ethnizität unter dem Einfluss der Globalisierung. Die rumänische Dobrudscha als Beispiel, Potsdam 2007; Müller, Jens-Peter: Könige, Menschenrechtsaktivisten, Politiker – Die Roma und ihre Eliten. Ein ungarisch-rumänischer Vergleich, Berlin 2017; Gold, Johannes: Multiethnizität in Alltag und Konflikt. Schein und Realität von Identitätskonstruktionen in der Balkanstadt Prizren, Wiesbaden ²2019.

[10] Siehe auch: Remmel, Franz: Wohin führt der Weg? Die rumänischen Roma zwischen New Delhi und New York, Reschitza 2019.

[11] In der rumänischen Dobrudscha zum Beispiel gibt es orthodoxe, muslimische und neoprotestantische Zigeuner, die Romanes, Rumänisch oder Türkisch als ihre Mut-

len zumeist die starken sozialen Einbindungen der traditionalen Gruppen wie auch ein entsprechendes subjektives Identitätsbewusstsein. Sie sind daher im Hinblick auf ihre Selbst- und Fremdzurechnungen weitgehend offen oder indifferent und bilden in sozialer Hinsicht oft die am stärksten durch problematische und marginalisierte Lebenslagen betroffenen Teilgruppen.[12]

Um noch einige merkwürdige Kollateraleffekte in den Blick zu nehmen: Eine grundsätzliche und dogmatisch strikt eingeforderte Eliminierung des Wortes „Zigeuner" hätte zum Beispiel auch die Folge, dass Nikolaus Lenaus sehr bekanntes und nicht weniger einfühlsames Gedicht „Die drei Zigeuner"[13] in „Die drei Roma" umbenannt werden müsste, was ohne das Einverständnis des toten Dichters eigentlich gar nicht gehen und auch die Bildhaftigkeit und Metrik des Gedicht empfindlich stören würde; oder dass dieses Gedicht, eines der einprägsamsten Gedichte der deutschen und südosteuropäischen Spätromantik, willkürlich aus dem Literaturschatz der deutschen und europäischen Kultur entfernt werden müsste, was ohne Zweifel eine barbarische Kulturzerstörung wäre, die zudem – wenn man einmal damit beginnen würde – eigentlich keine Grenzen und keinen Einhalt finden dürfte, wenn man meinte, die gesamte kulturelle Vergangenheit und Geschichte nach den sprachlichen und moralischen Wertmaßstäben der Gegenwart – oder besser gesagt: einer partikularistischen, aber zeitweilig vielleicht mächtigen Weltanschauung der Gegenwart – säubern und umdeuten zu müssen.[14] Das wäre nichts weniger als die Vernichtung wesentli-

---

tersprache angeben, wobei sich die muslimischen Zigeuner selbst häufig als „Türken" bezeichnen. Diese Selbstbezeichnung wird von den Türken allerdings als unzutreffend bzw. unerwünscht betrachtet. Siehe dazu: Sallanz, Josef: Bedeutungswandel von Ethnizität unter dem Einfluss der Globalisierung. Die rumänische Dobrudscha als Beispiel, Potsdam 2007, insb. S. 72 ff.

[12] Siehe auch: Mappes-Niediek, Norbert: Arme Roma, böse Zigeuner. Was an den Vorurteilen über die Zuwanderer stimmt, Berlin 2012; Müller, Jens-Peter: Könige, Menschenrechtsaktivisten, Politiker – Die Roma und ihre Eliten. Ein ungarisch-rumänischer Vergleich, Berlin 2017.

[13] Siehe zu diesem Gedicht: Lenau, Nikolaus: Ausgewählte Gedichte, Bukarest 1965, vgl. S. 131 f, sowie das Vorwort von Dr. Eva Marschang zu diesem Band.

[14] Siehe dazu auch: Schlesinger, Arthur M.: Die Spaltung Amerikas. Überlegungen zu einer multikulturellen Gesellschaft, Stuttgart 2020; Sterbling, Anton: Gesellschaftliche Spaltungsgefahren und die Bedeutung einer Leitkultur. Arthur M. Schlesingers Einsichten zur modernen Nationenbildung und zum Fortbestand von Nationen am

cher kultureller Wissensgrundlagen unserer abendländischen Zivilisation,[15] keineswegs nur die symbolische Zerstörung einzelner Statuen und Denkmäler.[16] Eine andere, geradezu paradoxe kollaterale Folgewirkung wäre übrigens auch, die Begriffe „Antiziganismus"[17] oder „Tsiganologie" konsequenter Weise aus dem Gebrauch nehmen oder ersetzen zu müssen. Welches wären die Alternativen und welchen sozialen Nutzen hätte dies?

Das Banausentum unkluger Sprachreiniger und selbsternannter „Weltverbesserer" durch Manipulationsversuche der Sprache

Die verwendete und gebräuliche, ihren historischen Überlieferungen und Eigengesetzlichkeiten folgende normale Sprache der Menschen ist nun einmal eines, der individuelle und – was nicht ganz unwichtig erscheint – der schichtspezifische Sprachgebrauch[18] etwas anderes und die mit der situativen menschlichen Rede mehr oder weniger stark korrelierenden sozialen Einstellungen und Verhaltensweisen sowie die Sinnmuster und sinngeleiteten Motive und Orientierungen des menschlichen und sozialen Handelns

---

Beispiel des Sonderfalls USA, in: Kostner, Sandra (Hrsg.): Debattierband zu Arthur M. Schlesingers: Die Spaltung Amerikas, Stuttgart 2022 (in Vorbereitung).

[15] Siehe auch: Sterbling, Anton: ‚Wissensgesellschaft' und ‚Informationszeitalter'. Zum Wandel der Wissensgrundlagen der Moderne, in: Sterbling, Anton: Wege der Modernisierung und Konturen der Moderne im westlichen und östlichen Europa, Wiesbaden 2015 (S. 39-66).

[16] Zu den Ambivalenzen solcher symbolischen Denkmalzerstörungen siehe näher: Brunnbauer, Ulf/Troebst, Stefan (Hrsg.): Zwischen Amnesie und Nostalgie. Die Erinnerung an den Kommunismus in Südosteuropa, Köln-Weimar-Wien 2007.

[17] Siehe auch: Vogt, Matthias Theodor: Und wenn „die Zigeuner" selbst …? Minderheitenfragen und die Kraft literarischer Bildfindung am Beispiel des Rroma-Romans „Andere Akkorde" von Simone Schönett (Klagenfurt 2018), in: Europäisches Journal für Minderheitenfragen, Ausgabe 3-4/18, Berlin 2018 (S. 1-20), insb. Fußnote 3, S. 3.

[18] Hier sei nur an die auf Basil Bernstein zurückgehende Unterscheidung zwischen einem „restringierten" und „elaborierten Sprachcode" erinnert, die von ihm und anderen in seiner Gefolgschaft als ein wichtiger ursächlicher Faktor der schulischen Benachteiligung von Kindern der Unterschicht betrachtet wurde. Siehe Bernstein, Basil: Studien zur sprachlichen Sozialisation, Düsseldorf 1972. Oevermann, Ulrich: Sprache und soziale Herkunft. Ein Beitrag zur Analyse schichtspezifischer Sozialisationsprozesse und ihrer Bedeutung für den Schulerfolg, Frankfurt a. M. ^{4}1977.

wiederum etwas anderes. Wer nicht – bei allen sinnhaften Vermittlungsbeziehungen – die signifikanten und mitunter auch entscheidenden Unterschiede zwischen menschlicher Rede, Denken, Sprache, Anschauungen, Einstellungen sowie situativem Verhalten und intentionalem Handeln vorzunehmen vermag, versteht weder etwas von Sprache im Sinne der grundlegenden Sprachtheorie Ferdinand de Saussures,[19] noch etwas von „performativen Äußerungen" im Sinne der Theorie des „kommunikativem Handeln" von Jürgen Habermas,[20] noch wohl etwas von Ideologien im Sinne Karl Mannheims[21] oder fundamentaler Ideologiekritik im Sinne Herbert

---

[19] Für Ferdinand de Saussure ist die Sprache als System sprachlicher Elemente und ihrer regelbestimmten Relationen der Hauptgegenstand der Sprachwissenschaft. Hierbei ist nach ihm ein deutlicher Unterschied zwischen Sprache („langue"), menschlicher Rede („langage") und Sprechen/Reden („parole") vorzunehmen. Die Sprache wandelt sich nach ihm zwar im Laufe der Zeit, sie ist als Kollektivgut aber nicht durch einzelne Menschen intentional oder willkürlich veränderbar. Siehe: Saussure, Ferdinand de: Die Grundfragen der allgemeinen Sprachwissenschaft, Berlin ²1967. Siehe dazu auch: Sterbling, Anton: Zur Grundlegung einer systematischen Sprachwissenschaft durch Ferdinand de Saussure. Ein Rekonstruktionsversuch des strukturalistischen Ansatzes in wissenschaftstheoretischer und wissenschaftshistorischer Absicht, in: Sterbling, Anton: Polizeiwissenschaft, Sprachwissenschaft und Sozialwissenschaften. Fragen der disziplinären Identität und Interdisziplinarität, Rothenburger Beiträge. Polizeiwissenschaftliche Schriftenreihe (Band 72), Rothenburg/Oberlausitz 2014 (S. 39-71). Dies macht das weite Gebiet der Sprachpolitik natürlich zu einem sehr spannenden soziolinguistischen Forschungsgegenstand, wobei man feststellen sollte, dass sich die moderne Sprachpolitik vorwiegend auf die geschriebene bzw. gedruckte Sprache, bezieht. Gute Beispiele dafür wären die politisch durchgesetzte Einführung des lateinischen Alphabets im Rumänischen in den frühen 1860er Jahren und im Türkischen nach dem Ersten Weltkrieg wie auch einer einheitlichen Schrift im Albanischen im Prozess der modernen Nationalstaatenbildung. Siehe dazu auch: Hösch, Edgar: Geschichte der Balkanländer. Von der Frühzeit bis zur Gegenwart, München ²1993; Dahmen, Wolfgang: Rumänisch, in: Janich, Nina/Greule, Albrecht (Hrsg.): Sprachkulturen in Europa. Ein internationales Handbuch, Tübingen 2002 (S. 220-231).

[20] Siehe die Rekonstruktionen der verschiedenen „Sprechakttheorien" durch Jürgen Habermas und seine eigenen Auffassungen zum „kommunikativen", „instrumentellen" und „strategischen" Handeln: Habermas, Jürgen: Theorie des kommunikativen Handelns, Frankfurt a. M. 1981 (2 Bde); Habermas, Jürgen: Nachmetaphysisches Denken. Philosophische Aufsätze, Frankfurt a. M. 1992. Siehe dazu auch: Sterbling, Anton: Einführung in die Grundlagen der Soziologie, Stuttgart 2020, insb. S. 126 ff.

[21] Siehe vor allem: Mannheim, Karl: Ideologie und Utopie, Frankfurt a. M. ⁵1969.

Marcuses.²² Wie diejenigen sich dann auch noch zu Lehrmeistern über die angemessene oder nicht angemessene oder sogar über die erlaubte und nicht erlaubte Verwendung der Sprache aufschwingen, bleibt mir ein buchstäbliches Rätsel. Vom menschlichen Dasein und sozialen Zusammenleben verstehen sie vermutlich noch weniger, maßen sich aber trotzdem an, gesellschaftliche Entwicklungen politisch gestalten und die Menschen zu ihrem Glück führen oder – bei erwartbarem Widerstand – auch zwingen zu wollen.

Um die Unterschiede, um die es beim menschlichen Sprachgebrauch in verschiedenen Situations- und Handlungszusammenhängen und den dabei maßgeblichen „Sinnmustern" und „Relevanzstrukturen" geht, nur an einigen anschaulichen und sinnfälligen Beispielen zu illustrieren und die Absurdität der politisch betriebenen Versuche der Sprachregulierungen dadurch herauszustellen, zunächst zurück zu dem Wort „Neger".

Wenn ein Historiker eine Urkunde oder eine historische Darstellung als Quelle verwendet und dabei den entscheidenden Satz zitiert: „Der portugiesische Kapitän nahm 431 Neger von arabischen Sklavenhändlern entgegen und brachte sie gewaltsam auf sein Schiff", wird wohl niemand erwarten, dass er das Wort „Neger" im Zitat durch das Wort „Schwarze" ersetzt oder „N****" schreibt. Damit würde er schlicht elementare Regeln des sachgerechten Zitierens von Quellen und des ordentlichen wissenschaftlichen Arbeitens verletzen, von denen eine grüne Spitzenpolitikerin ohnehin, wie sie zeigte,²³ zwar nicht viel versteht und hält, die damit in der Wissenschaft aber keineswegs außer Kraft gesetzt sind. Man könnte so natürlich viele historische Begriffe in ihrer aktuellen wissenschaftlichen Verwendung zitierter oder rekonstruierter Sachveralte nennen, um die Absurdität des

---

[22] Siehe: Marcuse, Herbert: Der eindimensionale Mensch. Studien zur Ideologie der fortgeschrittenen Industriegesellschaft, Neuwied-Berlin 1970.

[23] Die grüne Spitzenpolitikerin und gegenwärtige deutsche Außenministerin Annalena Baerbock hat in ihrem reichlich umstrittenen Buch munter von anderen Autoren abgeschrieben oder diese paraphrasiert, ohne ordentliche Quellennachweise oder die Beachtung elementarer Regeln des „guten wissenschaftlichen Arbeitens". Man sollte also meinen, wer so wenig Respekt vor den Grundregeln des wissenschaftlichen Arbeitens hat, sollte nicht keck auf eigene akademische Abschlüsse hinweisen und sich bei der Berufung auf die Autorität der Wissenschaften lieber zurückhalten. Siehe: Baerbock, Annalena: Jetzt. Wie wir unser Land erneuern, Berlin 2021.

grundsätzlichen Verbots einzelner Wörter oder Begriffe evident werden zu lassen. Ganz abgesehen von der Frage, ob wir nun auch nicht mehr von den Ländern „Niger" und „Nigeria" sprechen dürfen, wie sich diese Staaten ja selbst weiterhin nennen, oder dafür von uns aus neue Ländernamen erfinden sollten?

Oder nehmen wir die überlieferte Aussage: „Der Pascha gab den Befehl, ‚tötet alle *Giaurs*', und alle Gefangenen wurden geköpft." Würde ein Historiker strenger christlicher Observanz das arabische Wort „Giaurs" (Ungläubige) anstößig finden und durch „Christen" ersetzen, da es sich bei den Gefangenen den historischen Gegebenheiten nach offenbar um Christen handelte und diese aus der Sicht eines Christen natürlich keine Ungläubigen sind, wäre dies im wissenschaftlichen Sinne, bei der Wiedergabe eines Zitats oder auch einer paraphrasierten Tatsachenaussage, natürlich irreführend, falsch und unzulässig. Dem besagten Historiker blieb natürlich die Möglichkeit, dass Zitat näher zu erläutern und darauf hinzuweisen, dass es sich bei den als „Giaurs" bezeichneten, grausam ermordeten Gefangenen um Christen und demnach aus christlicher Sicht keineswegs um Ungläubige handelte.

Völlig in den Wirkungskreis von Ideologien würde man indes geraten, wenn man darauf bestehen würde, dass an diese Aussage und das damit gemeinte historische Ereignis überhaupt nicht erinnert oder dieses nicht erörtert werden dürfe, da damit die ohnehin verbreitet gegebene „Islamophobie" möglicherweise verstärkt werden könnte.[24] Damit würden nicht nur Wörter und historische Aussagen, sondern auch historische Ereignisse und Tatsachen in die willkürliche Verbotsverfügung einer Ideologie gestellt und durch diese verdrängt oder umgedeutet – und die Menschheit damit eines verbürgten historischen Wissens beraubt. Dass menschliche Wissensbestände, auch wertvolles kulturelles und historisches Wissen, zeitweilig oder gänzlich in Vergessenheit geraten können, ist uns zwar bekannt und muss, selbst bei intensiven Dokumentations- und Archivierungsbemühungen, hingenommen werden, dass die Zerstörung oder Eliminierung solchen Wissens aber mit Absicht und sogar im Sinne bestimmter ideologischer oder

---

[24] Mit ähnlichen Bedenken wird auch gefordert, nicht von religiös motivierten „Ehrenmorden" zu sprechen, sondern diese unter normale innerfamiliale Affektdelikte zu subsumieren.

moralischer Vorgaben geschieht, ist etwas völlig anderes und aus meiner Sicht keineswegs hinnehmbar.

Noch ganz kurz zwei sicherlich etwas konstruiert wirkende, aber keineswegs undenkbare elementare Beispiele, um einerseits die situative Bedingtheit des Sinns und des Sinnverständnisses solcher sprachlichen Aussagen und andererseits deren ambivalente Handlungsrelevanz erkennbar zu machen. In diesem Zusammenhang ist es auch klug, die Orientierung des menschlichen Handelns und die Typen des Handelns auf Sinnmuster und nicht auf Sprachmuster zu beziehen. Dieser Unterschied erscheint mir aus grundlagentheoretischer Sicht, im Hinblick auf die Fundierung einer soziologischen Handlungstheorie,[25] sehr wichtig, dies kann an dieser Stelle aber leider nicht weiter vertieft werden.

Wenn beispielsweise ein Liebender zu seiner ihm zugeneigten Geliebten mehr oder weniger glaubwürdig sagt – und wie oft wird dieser Satz nicht in wahrscheinlich allen Sprachen der Welt geäußert – „Ich liebe Dich", ist dies natürlich dem Sinn und der Relevanz nach etwas ganz anderes als wenn ein Vergewaltiger einer in seiner Gewalt befindlichen Frau in zynischer Weise mit den gleichen Worten: „Ich liebe Dich" droht. Der Vergewaltiger meint nicht nur, sondern tut auch etwas völlig anderes, mit ganz anderen Folgen bei der gleichen verbalen Aussage. Sollte man daher, weil auch Vergewaltiger ihr abscheuliches Verbrechen mit diesen gleichen Worten ausdrücken können, den Satz „Ich liebe Dich" weltweit verbieten? Keinem vernünftigen Menschen würde dies in den Sinn kommen. Ebenso wenig übrigens wie bei dem Satz: „Ich töte Dich." Gebraucht ein Mörder bei seiner vorsätzlichen Tat diesen Satz, um sein Opfer noch weiter zu demütigen und noch kurz vor dem Tod besonders zu quälen, ist die Motivation und der gesamte Handlungszusammenhang und dessen Folgen etwas ganz anderes, als wenn sich ein todkranker Mensch an einen engen Vertrauten mit dem Wunsch, ihn in von seinem Leid zu erlösen, wendet, und dieser – vielleicht schweren Gewissens, auch gegen das Gesetz verstoßend und doch aus großem Mitgefühl – äußert: „Ich töte Dich."

Beide, zugebenermaßen des demonstrativen Charakters wegen ziemlich zugespitzte und zugleich trivialisierte Beispiele zeigen gleichwohl, wie un-

---

[25] Siehe auch: Sterbling, Anton: Einführung in die Grundlagen der Soziologie, Stuttgart 2020, insb. S. 105 ff.

sinnig es häufig ist, menschliche Handlungen und ihre moralischen Bewertungen an spezifischen, sie begleitenden oder auch von ihnen losgelösten sprachlichen Äußerungen festmachen zu wollen, und nicht am „subjektiv gemeinten Sinn",[26] der dieses Handeln jeweils leitet. Es erscheint gleichsam so, wie wenn man seinen Schatten statt den Täter schlägt und dabei guten Gewissens und zugleich irrtümlich meint, ihn für seine böse Tat bestraft zu haben.

Dieses elementaren Beispiele, denen noch unzählige andere hinzuzufügen wären, wie die anderen angeführten zeigen, wie absurd und kurzsichtig es wäre, die oft vielschichtigen, ambivalenten und vielfältig vermittelten Zusammenhänge zwischen Sprache, Wörtern, sprachlichen Äußerungen, menschlicher Rede, Denken, Anschauungen, Wertvorstellungen, situativem Verhalten und intentionalem, sinngeleitetem Handeln zu verkürzen und zugleich willkürlich durch Sprachverbote oder Sprachgebote kurz schließen zu wollen. Die Sprache selbst ist allemal „unschuldig" und eben nur ein Mittel, ein Denk- und Ausdruckswerkzeug, um gute oder böse Gedanken gleichermaßen auszudrücken oder gute oder böse Intentionen und Handlungen sinnleitend zu begleiten oder auch kommunikativ („performativ") auszuführen. Wer diesen ubiquitären, instrumentellen und grundsätzlich wertneutralen Charakter der Sprache verkennt, verwirrt sich selbst oder führt sich selbst nur hinters Licht.

Noch komplizierter wird es, wenn es um sprachlich ausgedrückte Rekonstruktionen sprachlich vermittelter, begleiteter oder dokumentierter Kommunikationsvorgänge und Handlungsgeschehnisse der näheren oder ferneren Vergangenheit geht, wie wir ebenfalls gesehen haben. Oder wenn es um die Sprache in ihrer metaphorischen und fiktionalen Verwendung in der Literatur,[27] in der Lyrik oder Prosa, geht, in der diese viel mehr als in

---

[26] Zur soziologischen Begründung einer so verstandenen Handlungstheorie siehe: Weber, Max: Wirtschaft und Gesellschaft. Grundriss der verstehenden Soziologie, Tübingen [5]1976, insb. S. 1 ff.

[27] Siehe: Jaspers, Karl: Die Sprache, in: Jaspers, Karl: Was ist Philosophie? Ein Lesebuch, München [6]1991 (S. 284-339); Sterbling, Anton: „Am Anfang war das Gespräch". Reflexionen und Beiträge zur „Aktionsgruppe Banat" und andere literatur- und kunstbezogene Arbeiten, Hamburg 2008; Sterbling, Anton: Auf die Sprache kommt es an. Einige Gedanken anlässlich der Verleihung des »Rolf Bossert« Ge-

ihrem alltäglichen Gebrauch zu leisten und auszudrücken vermag und mithin auch ganz andere Maßstäbe ihrer Ausdrucks- und Leistungsbewertung fordert. Gerade die Geschichte der Literatur in totalitären Gesellschaften zeigt, wie unfähig solche Herrschaftssysteme im Umgang mit der Subtilität der Kunst und der raffiniert codierten Sprachverwendung waren und wie tölpelhaft blöd die Sprach- und Gedankenpolizei hierbei aussah.[28] Dabei ist nicht nur ein deutlicher Unterscheid zwischen der Alltagssprache und der Sprache in ihren literarischen Ausdrucksformen und Verwendungen zu beachten, sondern sind natürlich auch die sprachreflexiv-kritischen Aufklärungsintentionen und -wirkungen letzterer im Hinblick auf die alltagssprachlichen Verkrustungen in Rechnung zu stellen.[29]

Ideologiekritische Anmerkungen zu den Fallstricken ideologischer Sprachpolitik

In dem „Glossar der Neuen deutschen Medienmacher. Formulierungshilfen für die Berichterstattung im Einwanderungsland"[30] geht es um massive Versuche einer ideologisch regulierten Begrifflichkeit und Sprache, um die Zuwanderungsproblematik in Deutschland in einem ganz bestimmten weltanschaulichen Licht erscheinen zu lassen. Dabei ist das Glossar für Journalisten und Medienmacher gedacht,[31] die einen entsprechend gewichtigen

---

dächtnispreises, in: Bawülon. Süddeutsche Matrix für Literatur und Kunst, Heft 2/2021 (42), Ludwigsburg 2021 (S. 45-58).

[28] Siehe auch: Hehn, Ilse: Irrlichter. Kopfpolizei Securitate, Collagen, Gedichte, Notate / Lumini înşelătoare. Poliția minții Securitatea. Poezii, însemnâri, colaje, pictură, Ulm 2013; Sterbling, Anton: Über deutsche Dichter, Schriftsteller und Intellektuelle aus Rumänien. Autorenportraits, Essays und Rezensionen, Schriftenreihe Universitas, Ludwigsburg 2019.

[29] Siehe: Sterbling, Anton: „aktionsgruppe banat oder ähnlich so". Ein Manifest des ästhetischen Widerstands, in: Bosch, Aida/Pfütze, Hermann (Hrsg.): Ästhetischer Widerstand gegen Zerstörung und Selbstzerstörung, Wiesbaden 2017 (S. 209-220).

[30] Siehe: Glossar der Neuen deutschen Medienmacher. Formulierungshilfen für die Berichterstattung im Einwanderungsland, vgl. S. 6 f, online: http://www.neuemedienmacher.de/download/NdM_Glossar_www.pdf (Abgerufen: 20.2.2016).

[31] Dabei stellt sich bereits hier die Frage, ob nicht allein schon ein solcher Versuch, auf die Meinung von Journalisten, die sich ja nicht selten als eigenständig denkende Intellektuelle verstehen, Einfluss nehmen zu wollen, verwerflich oder zumindest

Einfluss auf die öffentliche Meinungsbildung haben. Es geht mithin um die ganz bewusste und gezielte Beeinflussung der öffentlichen Meinung in einem ganz bestimmten ideologischen Sinn und mit ganz deutlich erkennbaren politischen und gesellschaftlichen Intentionen.

Hier seien lediglich drei Begriffe und ihre ideologisch vorgegebenen Deutungsrichtungen, gleichsam zufällig vom Anfang, aus der Mitte und vom Ende des Alphabets ausgewählt, zitiert und ideologiekritisch beleuchtet. Zum einen ist zu lesen: „|| *Aufnahmegesellschaft* _ ist mit Vorsicht zu genießen: Der Begriff klingt nach einem fest definierten, homogenen Rahmen, in den Menschen einwandern. Zudem ist er als Synonym für || *Deutsche ohne Migrationshintergrund* ausgrenzend, da *Eingewanderte und ihre Nachkommen* auch zu den Aufnehmenden gehören. Wenn er verwendet wird, wäre der klärende Zusatz *multikulturelle Aufnahmegesellschaft* sinnvoll, damit deutlich wird: es sind die knapp 82 Millionen Bürgerinnen und Bürger in Deutschland gemeint."[32] Hier wird zunächst der Versuch unternommen, die Existenz von bestehenden, kulturell und normativ mehr oder weniger homogenen Gesellschaften von vornherein zu negieren, also eine historisch gewordene soziale Realität weg zu definieren,[33] die wir nicht nur als zentralen Gegenstand der Soziologie betrachten, sondern auch als jene makrosoziale Einheit, die im gelungenen Modernisierungsprozess das soziale Ergebnis moderner Staaten- und Nationenbildung darstellt.

Sodann wird willkürlich ein mit dem Begriff „Aufnahmegesellschaft" keineswegs nahegelegter Unterschied zwischen „Deutsche(n) ohne Migrationshintergrund" und „Eingewanderte" in den Begriff hinein projiziert, um ihn deshalb zu verwerfen, als ob in der Migrationssoziologie nicht schon

---

fragwürdig erscheint, wird als deren Aufgabe doch gerade die freie und eben auch unabhängige Wahrnehmung des Zeitgeschehens oder die „öffentliche Auslegung des Seins" gesehen. Siehe zu folgenden Ausführungen auch: Sterbling, Anton: Anzeichen und Gefahren ideologischer Bevormundung, in: Sterbling, Anton: Bürgerliche Gesellschaft, ihre Leistungen und ihre Feinde, Stuttgart 2020 (S. 125-146), insb. S. 133 ff.

[32] Siehe: Glossar der Neuen deutschen Medienmacher. Formulierungshilfen für die Berichterstattung im Einwanderungsland, vgl. S. 6 f, online: http://www.neuemedienmacher.de/download/NdM_Glossar_www.pdf (Abgerufen: 20.2.2016).

[33] Siehe auch: Sterbling, Anton: Europa zwischen Realität und Verblendung, Hamburg 2016; Sterbling, Anton: Nationalstaaten und Europa. Problemfacetten komplizierter Wechselbeziehungen, Dresden 2018.

immer von „Aufnahmegesellschaften" als fester Fachterminus gesprochen werden würde. Außerdem wird die Wohnbevölkerung von 82 Millionen ganz selbstverständlich mit dem deutschen Staatsvolk, dem unbestreitbaren verfassungsmäßigen Souverän der Bundesrepublik Deutschland,[34] gleichgesetzt, als ob es da keinen Unterschied mehr zu machen, also auch kein Grundgesetz mehr gäbe.

Aber warum diese Begriffsaufladung und Begriffskritik? Weil man die „multikulturelle Aufnahmegesellschaft" im gleichen Gedankengang als ideologisch favorisierte Selbstverständlichkeit postulieren will. Dabei lässt jedes gründlichere sozialwissenschaftliche Nachdenken wie auch die gesellschaftliche Praxis selbst erkennen, dass es eine bestandsfähige „multikulturelle" Gesellschaft nur als ideologische Fiktion oder als völlig desintegriertes soziales Gebilde (als heterogenes Gebilde parallelgesellschaftlicher Teilstrukturen oder Segmente) oder als traditionales Staatsgefüge, nicht aber als stabile makrosoziale Einheit geben kann, da die Konkurrenz verschiedener, als gleich relevant und gleichrangig geltender Kulturen in einer Gesellschaft die Grundlage der „Wertintegration"[35] und damit der normativen und der institutionellen Gesamtordnung aufhebt und daher notwendig zur Auflösung der staatlich organisierten Gesellschaft als solcher führt. Mit guten Gründen kann man nämlich darauf hinweisen, dass eine „multikulturelle" Gesellschaft, also eine Gesellschaft, in der eine völlige Gleichrangigkeit mehrerer kulturellen Wertordnungen gefordert und zu verwirklichen angestrebt wird, notwendig auch eine Gesellschaft mit mehreren, auf jeweils unterschiedlichen kulturellen „Grundwerten" beruhenden Verfassungen sein müsste. Insofern kann man auch feststellen, dass nur traditionale, weitgehend „segmentär" differenzierte gesellschaftliche Gebilde, nicht aber

---

[34] Dabei heißt es in der „Präambel" des Grundgesetzes eindeutig und unwiderruflich: „Im Bewußtsein seiner Verantwortung vor Gott und den Menschen (...) hat sich das Deutsche Volk kraft seiner verfassungsgebenden Gewalt dieses Grundgesetz gegeben." Siehe dazu: Grundgesetz für die Bundesrepublik Deutschland, Baden-Baden [10]2003, vgl. S. 2.

[35] Zur gesellschaftskonstituierenden Bedeutung und sozialen Tragweite der Wertintegration siehe auch: Parsons, Talcott: The Social System, Glencoe 1951; Sterbling, Anton: Was ist „soziale Integration"? Sozialwissenschaftliche Anmerkungen, in: Dalberg, Dirk (Hrsg.): Migration und Asyl. Moralischer Anspruch und praktische Bewältigung. Rothenburger Beiträge. Polizeiwissenschaftliche Schriftenreihe (Band 85), Rothenburg/Oberlausitz 2016 (S. 199-217).

moderne, „funktional differenzierte", staatlich geordnete Gesellschaften als „multikulturell" verfasste längerfristig bestehen können. Dies schließt indes teilkulturellen oder subkulturellen Pluralismus natürlich nicht aus.

Die Verwerfung des Begriffs „Aufnahmegesellschaft" und die gleichzeitige ideologische Setzung des Konzepts „multikulturelle Aufnahmegesellschaft" folgen ideologisch der gleichen Begriffslogik der Negation der bestehenden, im Falle Europas zumeist nationalstaatlich konstituierten sozialen Realität zu Gunsten einer neuen, als Ergebnis der Massenzuwanderungen noch herbeizuführenden Projektion, die man im Denken der Menschen allerdings begrifflich bereits als alternativlos verankern möchte.

Als zweites Beispiel, dass zwar nicht ausgeprägt ideologisch bestimmt erscheint, aber doch einen bestimmten Wertungshintergrund aufweist und eher als eine sachlich nicht hinreichend reflektierte und daher mithin verunglückte Sprachneuerung anzusehen ist, sei der Vorschlag erwähnt, den Begriff der „Opfer" mit dem der „Betroffenen" zu ersetzen. So heißt es: „‖ *Opfer _* ist in der Kriminaliätsberichterstattung gängig als Bezeichnung für Betroffene von Diskriminierung oder Gewalt. Mit dem Begriff werden allerdings Eigenschaften wie Hilflosigkeit oder Versagen assoziiert. Eine sinnvolle Alternative ist: *Betroffene*."[36] Nun ist eine Ersetzung des engeren und spezifischeren Begriffs des „Opfers" durch den allgemeineren und bedeutungsoffeneren Begriff des „Betroffenen" im doppelten Sinne fragwürdig, ganz unabhängig davon, dass die Definition der Opfer als „Betroffene von Diskriminierung und Gewalt" willkürlich erscheint und zu kurz greift, denn bei Opfererfahrungen[37] steht keineswegs der Diskriminierungsaspekt im Vordergrund und sind diese auch keineswegs auf Gewalterfahrungen reduziert, sondern ähnlich relevant sind beispielsweise auch Opfererfahrungen des Diebstahls, des Betrugs usw. wie übrigens auch Opfererfahrungen bei Naturkatastrophen (Überschwemmungen, Bränden usw.) oder – zumindest in historischer Sicht – Erfahrungen der Vertreibung, Deportation usw.

---

[36] Siehe: Glossar der Neuen deutschen Medienmacher. Formulierungshilfen für die Berichterstattung im Einwanderungsland, vgl. S. 24, online: http://www.neuemedienmacher.de/download/NdM_Glossar_www.pdf (Abgerufen: 20.2.2016).

[37] Siehe: Sterbling, Anton: Sicherheit und Lebensqualität im Landkreis Görlitz. Ergebnisse einer Bürgerbefragung, Rothenburger Beiträge. Polizeiwissenschaftliche Schriftenreihe (Band 78), Rothenburg/Oberlausitz 2015, insb. S. 143 ff.

Erstens würde mit der Begriffswechsel wohl unterschlagen, dass Opfer tatsächlich – zumindest in der Opfersituation – typischerweise hilflos und weitgehend ohnmächtig und in den Folgen schmerzhaft betroffen, geschädigt und leidend sind; dem Begriff werden also die typischerweise gegebenen semantischen Dimensionen des Geschädigtseins, der Leiderfahrung, des Schmerzes und natürlich auch der situativen Hilflosigkeit genommen, wobei die Assoziation von „Opfer" und „Versagen" eigentlich nicht typisch, sondern eher willkürlich konstruiert erscheint und daher auch keinen echten Meidungsgrund des Opferbegriffs rechtfertigen sollte. Zweitens ist der Ersatzbegriff des „Betroffenen" semantisch einfach irreführend offen und vielfach ambivalent. Man kann von einer als Gesundheitsmaßnahme vorgesehenen Impfpflicht „betroffen" sein oder von den Folgen eines neuen Steuergesetzes oder einer neuen Sozialversicherungsregelung, die sich durchaus positiv auf die eigene Lebenslage auswirken können. Solche Betroffenheiten haben natürlich keinerlei Opfercharakter. Die zur Vermeidung einer als negativ vermuteten Bewertungsassoziation vorgeschlagene Begriffsersetzung führt zu einer solchen Bedeutungserweiterung und Relevanzveränderung der gemeinten Sachverhalte, dass diese nicht nur vieldeutig, sondern mitunter auch im Rahmen von Aussagen irreführend dargestellt und bewertet erscheinen kann. Hierbei trifft wohl unbestreitbar zu, dass gut gemeint, leider nicht gut gelungen ist. Mit der Ersetzung des Opferbegriffs durch den der Betroffenheit erfolgt eine tendenzielle Neutralisierung und Verharmlosung, die sich der verbreiteten Neigung in der öffentlichen Wahrnehmung und Berichterstattung anschließt, den Tätern zu viel und den Opfern zu wenig Aufmerksamkeit zu schenken.

Ein letztes Beispiel bezieht sich auf den Begriff „Wirtschaftsflüchtling", für den ein Gebrauchsverbot oder eine Tabuisierung nahegelegt wird. Dabei demaskiert sich die übrigens auch in diesem Falle inkohärente Argumentation als gleichermaßen gesinnungs- und ideologiegeleitet suggestiv wie sachunkundig. „|| *Wirtschaftsflüchtling* _ oder auch »Scheinasylant«, »Asylbetrüger« werden als abwertende Bezeichnungen für || *Geflüchtete* verwendet, wenn suggeriert werden soll, dass das Grundrecht auf || *Asyl* ausgenutzt werde, indem Menschen vor allem aus (nicht-asylrechtsrelevanten) wirtschaftlichen Gründen fliehen. Dagegen spricht, dass die Anerkennungsquoten für *Schutzsuchende* in den letzten Jahren deutlich gestiegen sind."³⁸ Zunächst wird der Begriff „Wirtschaftsflüchtling" in eine willkürlich gebildete Assoziationskette mit den viel stärker negativ besetzten Begriffen »Scheinasylant«, »Asylbetrüger« gestellt, um den Begriff so gleich inhaltlich zu neutralisieren und seinen sachlich begründeten Sinn und Zweck zu entstellen und zu entkernen. Dabei meint der Begriff „Wirtschaftsflüchtling" doch nichts anderes, als dass bei vielen Migranten, wie wir aus der historischen, international-vergleichenden und gegenwärtigen Migrationsforschung wissen,³⁹ tatsächlich wirtschaftliche Motive eine wichtige, wenn nicht gar ausschlaggebende Rolle spielen. Diese durchaus redlichen und vielfach auch dominant gegebenen Migrationsmotive, die allerdings tatsächlich nicht asylrechtsrelevant sind, sollen durch die ideologisch geleitete Begriffsakrobatik kaschiert und umgedeutet werden, insbesondere durch die begriffliche Unterschlagung des Wirtschaftsmotivs und durch die Subsumption von Migranten mit solchen Beweggründen unter den emotional höchst suggestiven und sensitiven Begriff „Schutzsuchende", selbst wenn sich dann herausstellt, dass vielfach auch Kriminelle oder sogar Terroristen in ihren Herkunftsländern plötzlich solche „Schutzsuchende" sind.

Das darauf bezogene Argument einer gestiegenen „Anerkennungsquote" der in diesem Zusammenhang eigentlich irreführenden Kategorie „Schutzsuchende" soll wohl eine zusätzliche Legitimität dieser Subsumption vorspiegeln. Tatsächlich handelt es sich nicht nur um eine sachentstellende Scheinbegründung, wenn man genauer schaut, welche „Anerkennungsquote" (nämlich die der „Kriegsflüchtlinge", vornehmlich aus Syrien

---

[38] Siehe: Glossar der Neuen deutschen Medienmacher. Formulierungshilfen für die Berichterstattung im Einwanderungsland, vgl. S. 53, online: http://www.neuemedienmacher.de/download/NdM_Glossar_www.pdf (Abgerufen: 20.2.2016).

[39] Zur gegenwärtigen und historischen Migrationsforschung siehe beispielsweise: Sassen, Saskia: Migranten, Siedler, Flüchtlinge. Von der Massenauswanderung zur Festung Europa, Frankfurt a. M. ³2000; Angenendt, Steffen (Hrsg.): Migration und Flucht. Aufgaben und Strategien für Deutschland, Europa und die internationale Gemeinschaft, Bonn 1997; Zach, Krista/Solomon, Flavius/Zach, Cornelius R. (Hrsg.): Migration im südöstlichen Mitteleuropa. Auswanderung, Flucht, Deportation, Exil im 20. Jahrhundert, München 2005; Sterbling, Anton (Hrsg.): Migrationsprozesse, Probleme von Abwanderungsregionen, Identitätsfragen. Beiträge zur Osteuropaforschung 12, Hamburg 2006; Oltmer, Jochen: Migration. Geschichte und Zukunft der Gegenwart, Darmstadt 2017.

und Somalia, neuerdings aus der Ukraine, nicht so sehr die der „Asylsuchenden") gestiegen ist, und warum dies geschah. Das Argument schlägt sich zugleich ungewollt empirisch selbst, wenn man die Frage nachreicht, wieso dann immer noch weit mehr als die Hälfte nicht unter die „Anerkennungsquote" fallen und wer diese Migranten, die man leichtfertig zu den „Schutzsuchenden" subsumiert, dann wohl sind, die man im Hinblick auf die Glaubwürdigkeit ihrer Motive offiziell für nicht anerkennungswürdig hält? Wie bei vielen ideologischen Gedankenführungen, die der Wirklichkeit die Konstrukte des Wunschdenkens überzustülpen suchen, zeigt auch diese ungewollt und schlagend ihre Selbstwidersprüchlichkeit, demaskiert sich also so zu sagen selbst. Das Motiv der „Wirtschaftsflüchtlinge" begrifflich zu eskamotieren und diese allesamt, wo auch immer sie herkommen und warum auch immer sie migriert sind, zu „Schutzsuchenden" zu verwandeln, ist ohne Zweifel eine dreiste ideologische Wirklichkeitsumdeutung und – soweit dies als eine gebotene Sprachregelung für Journalisten und Medienmacher verstanden und anempfohlen wird – eigentlich auch ein Anschlag auf die Wahrheitspflicht journalistischer Arbeit und ebenso auf die Freiheit des gedachten und geschriebenen Wortes und mithin auf den Kernbestand unserer freiheitlich-demokratischen Wertordnung, die in der unrestringierten Freiheit der Sprache und des Sprachgebrauchs gründet, darin eine fundamentale und unverzichtbare Bedingung besitzt.[40]

Zur sprachfetischistischen Verwechslung von „Genus" und „Sexus" – oder die Dummheit, die sich selbst nicht erkennt

Im Übrigen ist auch der, der „Genus" und „Sexus" nicht zu unterscheiden vermag, wie viele Linguisten immer wieder anmerken, ein ungebildeter Dummkopf und keineswegs ein aufgeklärter oder sogar andere aufzuklären vermögender Mensch. Es reicht, ihn auf das Ungarische oder andere Sprachen zu verweisen, die keine Geschlechtswörter und sprachliche Unter-

---

[40] Siehe: Dalberg, Dirk (Hrsg.): Die Freiheit des Wortes – Wissenschaft und demokratische Gesellschaft. Festschrift anlässlich des 60. Geburtstags von Herrn Prof. Dr. Anton Sterbling, Rothenburger Beiträge. Polizeiwissenschaftliche Schriftenreihe (Band 65), Rothenburg/Oberlausitz 2013; Sterbling, Anton: Über Freiheit und Zeiten der Unfreiheit, in: Sterbling, Anton: Bürgerliche Gesellschaft, ihre Leistungen und ihre Feinde, Stuttgart 2020 (S. 53-82).

scheidungen nach dem „Genus" kennen, um die Unsinnigkeit solcher „Genderisierung" der Sprache augenfällig zu machen. Oder, dass *die* Sonne dem Geschlechtswort nach im Deutschen weiblich und *der* Mond männlich ist und im Französischen sich dies mit *la* soleil und *le* lune gerade umgekehrt verhält, ohne dass die Sonne für den Deutschen schöner als für die Französin scheinen würde oder der weibliche Mond für den Franzosen romantischer als für die Deutsche der männliche wäre. Ob Mann oder Frau jemand körperlich attraktiver oder weniger attraktiv findet, hängt nicht von deren oder dessen „Genus", sondern allenfalls von deren oder dessen „Sexus" ab, sollte man, insbesondere wenn es um die körperliche Attraktivität oder das sexuelle Begehren[41] geht, meinen und mithin gelten lassen.

Man könnte auch noch etwas drastischer und ordinärer werden und darauf hinweisen, dass selbst das männliche Geschlechtsorgan in einigen romanischen Sprachen einen weiblichen bestimmten Artikel trägt (z.B. „pula" im Rumänischen) und selbst im Deutschen „das Glied" ein sächliches Genus hat. Ob das als sehr emanzipiert oder fortschrittlich zu deuten ist, dürfte doch wohl auch beim letzten sprachfetischistischen Dogmatiker und starrsinnig Verirrten der kurzschlüssigen Gleichsetzung von „Sexus" und „Genus" erhebliche Zweifel erwecken müssen. Oder nicht? Wer das Geschlecht eines Menschen mit dem Genus bestimmter, menschlicher Merkmale oder gar anderen Dingen zugeordneten Wörtern konfundiert, stiftet eigentlich selbst die Verwirrung, unter der er zu leiden glaubt und wofür er dann auch noch den überkommenen Sprachgebrauch anderer schuldig zu machen sucht. Und wenn man eine solche Person „Wirrkopf" nennt, kann es sich wohl gleichermaßen um eine Frau wie um einen Mann handeln.

Sprache als „Kollektivgut"

Aus der Geschichte der Sprachsäuberungsversuche und der herrschaftsbegründeten Anliegen der ideologischen Manipulation der Sprache wissen wir, dass die Sprache ein „Kollektivgut" ist, das sich seines machtgestützten Missbrauchs zumindest auf Dauer recht erfolgreich entzieht. Wie sozia-

---

[41] Siehe dazu auch: Ariès, Philippe/Béjin, André/Foucault, Michel u.a.: Die Masken des Begehrens und die Metamorphosen der Sinnlichkeit. Zur Geschichte der Sexualität im Abendland, Frankfurt a. M. 1986.

le Normen, deren Durchsetzung sich allein auf Sanktionsandrohungen und Sanktionsanwendungen stützt, längerfristig nicht aufrechtzuerhalten sind und ihre Geltung, sobald der Sanktionsdruck schwächer wird, allmählich oder rasch verlieren, so schwindet auch schnell die Wirkung von erzwungenen Sprachregelungen und Sprachneuerungen, wenn diese nicht von großen Mehrheiten der Sprechenden gesellschaftlich akzeptiert werden,[42] also für diese einsichtig sind oder praktisch vorteilhaft erscheinen. Wer dies nicht begreift, versteht wenig von der grundlegenden „Verständigungsorientierung", vom genuin demokratischen Charakter menschlicher Sprache. Er stellt sich damit als verblendeter Ideologe bloß, der zu seinen zweifelhaften Herrschaftszwecken selbst die Sprache zu „vermachten" versucht.

Wer so mit der Sprache umgeht, verfällt aus meiner Sicht – die natürlich leicht wissenschaftlich gründlicher belegt werden könnte – in stupide Ideologie und Vernunftlosigkeit, die man bei demokratischen Parteien in Deutschland, bei unserem Stand der Aufklärung und der politischen Kultur, eigentlich nicht mehr erwarten sollte. Wie weit soll solche Vernunftlosigkeit eigentlich noch gehen? Leider hatte Peter Handke[43] unrecht, und man muss ihm durchaus widersprechen und zum heutigen Zeitgeschehen deprimiert bemerkt: ‚Die Unvernünftigen sterben wohl doch nicht aus. Sie fordern uns vielmehr immer wieder aufs Neue zur Kritik und Polemik gegen ihre Unvernunft heraus'.

---

[42] Auf diese grundlegenden Gemeinsamkeiten bezüglich der normativen Kraft des „Kollektiven" in den Auffassungen der „Sprache" als Gegenstand der Sprachwissenschaft bei Ferdinand de Saussure und der „Gesellschaft" als Gegenstand der Soziologie, insbesondere bei Emile Durkheim, habe ich an anderen Stellen eingehender aufmerksam zu machen versucht. Siehe: Saussure, Ferdinand de: Die Grundfragen der allgemeinen Sprachwissenschaft, Berlin ²1967; Durkheim, Emile: Les règles de la méthode sociologique, Paris ²1950; Durkheim, Emile: Frühe Schriften zur Begründung der Sozialwissenschaft, Darmstadt-Neuwied 1981; Sterbling, Anton: Zur Grundlegung einer systematischen Sprachwissenschaft durch Ferdinand de Saussure. Ein Rekonstruktionsversuch des strukturalistischen Ansatzes in wissenschaftstheoretischer und wissenschaftshistorischer Absicht, in: Sterbling, Anton: Polizeiwissenschaft, Sprachwissenschaft und Sozialwissenschaften. Fragen der disziplinären Identität und Interdisziplinarität, Rothenburger Beiträge. Polizeiwissenschaftliche Schriftenreihe (Band 72), Rothenburg/Oberlausitz 2014 (S. 39-71); Sterbling, Anton: Einführung in die Grundlagen der Soziologie, Stuttgart 2020, insb. S. 69 ff.

[43] Siehe: Handke, Peter: Die Unvernünftigen sterben aus, Frankfurt a. M. 1973.

Literatur

Angenendt, Steffen (Hrsg.): Migration und Flucht. Aufgaben und Strategien für Deutschland, Europa und die internationale Gemeinschaft, Bonn 1997

Arendt, Hannah: Elemente und Ursprünge totaler Herrschaft. Antisemitismus. Imperialismus, Totalitarismus, München ⁴1995

Ariès, Philippe/Béjin, André/Foucault, Michel u.a.: Die Masken des Begehrens und die Metamorphosen der Sinnlichkeit. Zur Geschichte der Sexualität im Abendland, Frankfurt a. M. 1986

Baerbock, Annalena: Jetzt. Wie wir unser Land erneuern, Berlin 2021

Bernstein, Basil: Studien zur sprachlichen Sozialisation, Düsseldorf 1972

Brunnbauer, Ulf/Troebst, Stefan (Hrsg.): Zwischen Amnesie und Nostalgie. Die Erinnerung an den Kommunismus in Südosteuropa, Köln-Weimar-Wien 2007

Dahmen, Wolfgang: Rumänisch, in: Janich, Nina/Greule, Albrecht (Hrsg.): Sprachkulturen in Europa. Ein internationales Handbuch, Tübingen 2002 (S. 220-231)

Dalberg, Dirk (Hrsg.): Die Freiheit des Wortes – Wissenschaft und demokratische Gesellschaft. Festschrift anlässlich des 60. Geburtstags von Herrn Prof. Dr. Anton Sterbling, Rothenburger Beiträge. Polizeiwissenschaftliche Schriftenreihe (Band 65), Rothenburg/Oberlausitz 2013

Durkheim, Emile: Les règles de la méthode sociologique, Paris ²1950

Durkheim, Emile: Frühe Schriften zur Begründung der Sozialwissenschaft, Darmstadt-Neuwied 1981

Furth, Hans G.: Intelligenz und Erkennen. Die Grundlagen der genetischen Erkenntnistheorie Piagets, Frankfurt a. M. 1972

Gold, Johannes: Multiethnizität in Alltag und Konflikt. Schein und Realität von Identitätskonstruktionen in der Balkanstadt Prizren, Wiesbaden ²2019

Glossar der Neuen deutschen Medienmacher. Formulierungshilfen für die Berichterstattung im Einwanderungsland, online: http://www.neuemedienmacher.de/download/NdM_Glossar_www.pdf (Abgerufen: 20.2.2016)

Grundgesetz für die Bundesrepublik Deutschland, Baden-Baden ¹⁰2003

Habermas, Jürgen: Theorie des kommunikativen Handelns, Frankfurt a. M. 1981 (2 Bde)

Habermas, Jürgen: Nachmetaphysisches Denken. Philosophische Aufsätze, Frankfurt a. M. 1992

Handke, Peter: Die Unvernünftigen sterben aus, Frankfurt a. M. 1973

Hymes, Dell: Soziolinguistik. Zur Ethnographie der Kommunikation, Frankfurt a. M. 1979

Hehn, Ilse: Irrlichter. Kopfpolizei Securitate, Collagen, Gedichte, Notate / Lumini înşelătoare. Poliţia minţii Securitatea. Poezii, însemnâri, colaje, pictură, Ulm 2013

Hösch, Edgar: Geschichte der Balkanländer. Von der Frühzeit bis zur Gegenwart, München ²1993

Jaspers, Karl: Die Sprache, in: Jaspers, Karl: Was ist Philosophie? Ein Lesebuch, München ⁶1991 (S. 284-339)

Jesse, Eckhard (Hrsg.): Totalitarismus im 20. Jahrhundert. Eine Bilanz der internationalen Forschung, Bonn ²1999

Lenau, Nikolaus: Ausgewählte Gedichte, Bukarest 1965

Mannheim, Karl: Ideologie und Utopie, Frankfurt a. M. ⁵1969

Mappes-Niediek, Norbert: Arme Roma, böse Zigeuner. Was an den Vorurteilen über die Zuwanderer stimmt, Berlin 2012

Marcuse, Herbert: Der eindimensionale Mensch. Studien zur Ideologie der fortgeschrittenen Industriegesellschaft, Neuwied-Berlin 1970

Müller, Jens-Peter: Könige, Menschenrechtsaktivisten, Politiker – Die Roma und ihre Eliten. Ein ungarisch-rumänischer Vergleich, Berlin 2017

Oevermann, Ulrich: Sprache und soziale Herkunft. Ein Beitrag zur Analyse schichtenspezifischer Sozialisationsprozesse und ihrer Bedeutung für den Schulerfolg, Frankfurt a. M. ⁴1977

Oltmer, Jochen: Migration. Geschichte und Zukunft der Gegenwart, Darmstadt 2017

Parsons, Talcott: The Social System, Glencoe 1951

Remmel, Franz: Wohin führt der Weg? Die rumänischen Roma zwischen New Delhi und New York, Reschitza 2019

Sallanz, Josef: Bedeutungswandel von Ethnizität unter dem Einfluss der Globalisierung. Die rumänische Dobrudscha als Beispiel, Potsdam 2007

Sassen, Saskia: Migranten, Siedler, Flüchtlinge. Von der Massenauswanderung zur Festung Europa, Frankfurt a. M. ³2000

Saussure, Ferdinand de: Die Grundfragen der allgemeinen Sprachwissenschaft, Berlin ²1967

Schlesinger, Arthur M.: Die Spaltung Amerikas. Überlegungen zu einer multikulturellen Gesellschaft, Stuttgart 2020

Schüler, Sonja: Die ethnische Dimension der Armut. Roma im postsozialistischen Rumänien, Stuttgart 2007

Sterbling, Anton (Hrsg.): Migrationsprozesse, Probleme von Abwanderungsregionen, Identitätsfragen. Beiträge zur Osteuropaforschung 12, Hamburg 2006

Sterbling, Anton: „Am Anfang war das Gespräch". Reflexionen und Beiträge zur „Aktionsgruppe Banat" und andere literatur- und kunstbezogene Arbeiten, Hamburg 2008

Sterbling, Anton: Zur Grundlegung einer systematischen Sprachwissenschaft durch Ferdinand de Saussure. Ein Rekonstruktionsversuch des strukturalistischen Ansatzes in wissenschaftstheoretischer und wissenschaftshistorischer Absicht, in: Sterbling, Anton: Polizeiwissenschaft, Sprachwissenschaft und Sozialwissenschaften. Fragen der disziplinären Identität und Interdisziplinarität, Rothenburger Beiträge. Polizeiwissenschaftliche Schriftenreihe (Band 72), Rothenburg/Oberlausitz 2014 (S. 39-71)

Sterbling, Anton: Sicherheit und Lebensqualität im Landkreis Görlitz. Ergebnisse einer Bürgerbefragung, Rothenburger Beiträge. Polizeiwissenschaftliche Schriftenreihe (Band 78), Rothenburg/Oberlausitz 2015

Sterbling, Anton: ‚Wissensgesellschaft' und ‚Informationszeitalter'. Zum Wandel der Wissensgrundlagen der Moderne, in: Sterbling, Anton: Wege der Modernisierung und Konturen der Moderne im westlichen und östlichen Europa, Wiesbaden 2015 (S. 39-66)

Sterbling, Anton: Was ist „soziale Integration"? Sozialwissenschaftliche Anmerkungen, in: Dalberg, Dirk (Hrsg.): Migration und Asyl. Moralischer Anspruch und praktische Bewältigung. Rothenburger Beiträge. Polizeiwissenschaftliche Schriftenreihe (Band 85), Rothenburg/Oberlausitz 2016 (S. 199-217)

Sterbling, Anton: Rückkehr in ein ideologisches Zeitalter des entmündigten Menschen?, in: Sterbling, Anton: Europa zwischen Realität und Verblendung, Hamburg 2016 (S. 133-141)

Sterbling, Anton: Europa zwischen Realität und Verblendung, Hamburg 2016

Sterbling, Anton: „aktionsgruppe banat oder ähnlich so". Ein Manifest des ästhetischen Widerstands, in: Bosch, Aida/Pfütze, Hermann (Hrsg.): Ästhetischer Widerstand gegen Zerstörung und Selbstzerstörung, Wiesbaden 2017 (S. 209-220)

Sterbling, Anton: Nationalstaaten und Europa. Problemfacetten komplizierter Wechselbeziehungen, Dresden 2018

Sterbling, Anton: Über deutsche Dichter, Schriftsteller und Intellektuelle aus Rumänien. Autorenportraits, Essays und Rezensionen, Schriftenreihe Universitas, Ludwigsburg 2019

Sterbling, Anton: Entrückung in den Kopfstand. Gedichte und Texte 1968 bis 2019, Schriftenreihe Lyrik, Ludwigsburg 2019

Sterbling, Anton: Einführung in die Grundlagen der Soziologie, Stuttgart 2020

Sterbling, Anton: Über Freiheit und Zeiten der Unfreiheit, in: Sterbling, Anton: Bürgerliche Gesellschaft, ihre Leistungen und ihre Feinde, Stuttgart 2020 (S. 53-82)

Sterbling, Anton: Anzeichen und Gefahren ideologischer Bevormundung, in: Sterbling, Anton: Bürgerliche Gesellschaft, ihre Leistungen und ihre Feinde, Stuttgart 2020 (S. 125-146)

Sterbling, Anton: Klimadelirium und andere furchtbare Erzählungen, Schriftenreihe Epik, Ludwigsburg 2020

Sterbling, Anton: Die versunkene Republik. Erzählungen, Schriftenreihe Epik, Ludwigsburg 2021

Sterbling, Anton: Auf die Sprache kommt es an. Einige Gedanken anlässlich der Verleihung des »Rolf Bossert« Gedächtnispreises, in: Bawülon. Süddeutsche Matrix für Literatur und Kunst, Heft 2/2021 (42), Ludwigsburg 2021 (S. 45-58)

Sterbling, Anton: Ende einer Pandemie und weitere Erzählungen, Schriftenreihe Epik, Ludwigsburg 2022

Sterbling, Anton: Gesellschaftliche Spaltungsgefahren und die Bedeutung einer Leitkultur. Arthur M. Schlesingers Einsichten zur modernen Nationenbildung und zum Fortbestand von Nationen am Beispiel des Sonderfalls USA, in: Kostner, Sandra

(Hrsg.): Debattierband zu Arthur M. Schlesingers: Die Spaltung Amerikas, Stuttgart 2022 (in Vorbereitung)

Topitsch, Ernst: Die Sozialphilosophie Hegels als Heilslehre und Herrschaftsideologie, München ²1981

Topitsch, Ernst: Erkenntnis und Illusion, Tübingen ²1988

Vogt, Matthias Theodor: Und wenn „die Zigeuner" selbst…? Minderheitenfragen und die Kraft literarischer Bildfindung am Beispiel des Rroma-Romans „Andere Akkorde" von Simone Schönett (Klagenfurt 2018), in: Europäisches Journal für Minderheitenfragen, Ausgabe 3-4/18, Berlin 2018 (S. 1-20)

Weber, Max: Wirtschaft und Gesellschaft. Grundriss der verstehenden Soziologie, Tübingen ⁵1976

Wiggershaus, Rolf (Hrsg.): Sprachanalyse und Soziologie. Die sozialwissenschaftliche Relevanz von Wittgensteins Sprachphilosophie, Frankfurt a. M. 1975

Wippermann, Wolfgang. Totalitarismustheorien. Die Entwicklung der Diskussion von den Anfängen bis heute, Darmstadt 1997

Zach, Krista/Solomon, Flavius/Zach, Cornelius R. (Hrsg.): Migration im südöstlichen Mitteleuropa. Auswanderung, Flucht, Deportation, Exil im 20. Jahrhundert, München 2005

Zur Rat- und Antwortlosigkeit der Gesellschaft. Eine wissenssoziologische Annäherung

Die Coronapandemie, die wir seit Anfang des Jahres 2020 auch in Deutschland massiv erleben,[1] stellte eine neuartige und umfassende Herausforderung und tiefgreifende Krise[2] der Gegenwartsgesellschaften dar. Die „rat- und antwortlose Gesellschaft" entspricht einer Situationswahrnehmung und gleichsam auch einer tentativen Zustandsbeschreibung, die sich – sicherlich nicht nur mir – immer hartnäckiger aufdrängt. Dies meint, dass es den maßgeblichen Instanzen und Verantwortungstragenden in der Gesellschaft immer schwerer fällt, jene Reaktionen und Antworten zu finden oder überzeugend zu vermitteln, die von ihnen als Lösungen im Sinne eines normalen Fortgangs des gesellschaftlichen Lebens erwartet werden. Ebenso bedeutet es aber auch, dass viele Menschen immer weniger in der Lage oder willens sind, die von ihnen normalerweise erwarteten Antworten zu geben und Haltungen einzunehmen. Dabei dürften die individuellen Motive dieses Verhaltens sicherlich unterschiedlich angelegt und gebündelt erscheinen, darin drücken sich aber doch gleichermaßen ähnliche Überforderungen und Ratlosigkeiten aus. Was indes noch gravierender und bedenklicher erscheint: hinter diesen vordergründigen Kommunikations-, Verständigungs- und Vertrauensstörungen verbergen sich offenbar tiefer gelagerte strukturelle Krisen der menschlichen Wissens- und Überzeugungssysteme, des geistigen Befindens in den gegenwärtigen, verunsichert und gefährdet erscheinenden Daseinslagen der in die heutige Zeit gestellten Menschen in ihrem existenziellen Verhältnis zur diesseitigen und transzendenten Welt.[3]

---

[1] Dieser Text wurde in einer ersten Niederschrift bereits Ende 2020/Anfang 2021 entworfen und in der damaligen Fassung in meinen Band „Die antwortlose Gesellschaft" aufgenommen. Siehe: Sterbling, Anton: Die antwortlose Gesellschaft. Zeitfragen, Buchreihe Land-Berichte (Band 17), Düren 2021.

[2] Zum Phänomen sozialer Krisen siehe auch: Sterbling, Anton: Krisen und Wandel, Hamburg 2009.

[3] Siehe dazu ausführlicher: Sterbling, Anton: Wege der Modernisierung und Konturen der Moderne im westlichen und östlichen Europa, Wiesbaden 2015. Als einen

Vornehmlich auf die Auswirkungen der gegenwärtigen Krisen auf drei der wichtigsten menschlichen Wissenssysteme, auf deren sichtliche Störungen und Überforderungsanzeichen im Verarbeitungsversuch dieser Herausforderungen, soll der Schwerpunkt der folgenden Reflexionen liegen. Damit steht also eher ein Neben- oder Hintergrundaspekt im Mittelpunkt und nicht etwa die unmittelbaren Reaktionen oder die tendenzielle Überforderung der politischen Systeme oder die massiv auftretenden und teilweise recht diffus wirkenden sozialen Protestbewegungen gegen die politischen Maßnahmen und Restriktionen, die natürlich ebenfalls von großem sozialwissenschaftlichem Interesse erscheinen. Diese berühren unsere Fragestellung allerdings eher indirekt, und zwar im Hinblick auf die Gesichtspunkte, welche politisch entscheidungsrelevanten und sozial mobilisierungswirksamen Situationsdefinitionen[4] sich im Umlauf befinden und wie weit, mit welchen Mitteln und bis zu welchen Grenzen diese durchsetzbar sind.

Trat die Rat- und Antwortlosigkeit, die irritierende Lähmung des vertrauens- und sicherheitsgebenden Kommunikationsgeschehens, mit der Coronapandemie wie neuerdings mit dem Überfall der Ukraine durch Russland auch merkwürdig bedrückend und massiv in Erscheinung, so deuteten sich Störungen und Verwerfungen der öffentlichen Kommunikationsvorgänge und damit verbundene Krisen der Realitätsdeutungen und des Weltverständnisses schon früher an. Sie hingen wohl eng mit den tiefgreifenden Veränderungen der Öffentlichkeit in freien demokratischen Gesellschaften,[5] der öffentlichen Kommunikationsweisen und zugleich mit den medialen Eigenheiten und Wirkungen neuer Kommunikationstechnologien und der ungeahnt folgenreichen Ausbreitung neuartiger digitaler Medien zu-

---

weit ausholenden philosophischen Entwurf zu diesen Grundfragen siehe: Habermas, Jürgen: Auch eine Geschichte der Philosophie, Berlin ³2019 (2 Bde).

[4] Die Politik moderner Staaten verfügt, genauer betrachtet, über vier maßgebliche operative Mittel: Rechtssetzungen, Ressourcenlenkung (Steuerpolitik, Staatsausgaben usw.), legitime Gewaltanwendung (Einsatz von Polizei und Militär) und Definitionen der gesellschaftlichen Situation (Politische Programme, Agendapolitik usw.). Dabei hängt die Legitimität der politischen Herrschaft von der erfolgreichen Handhabung aller vier operativen Mittel, also auch und insbesondere von der politischen Situationsdefinition, ab. Siehe dazu: Sterbling, Anton: Einführung in die Grundlagen der Soziologie, Stuttgart 2020, insb. S. 320 ff.

[5] Siehe: Crouch, Colin: Postdemokratie, Frankfurt a. M. 2008.

sammen.⁶ Man könnte auch sagen, in paradoxer Weise mit der fortschreitenden Demokratisierung der öffentlichen Diskurse, denen damit ihre Fokussierungen und Tiefenschärfen, ihre deutlich nachvollziehbaren Konturen und selbstkorrektiven Instanzen und damit eigentlich auch ihr Charakter als kritische Diskurse merklich abhandenkamen. Die Diskussion um die Postmoderne⁷ brachte dies, sowohl konstatierend wie auch programmatisch gewendet, bereits in ihrer Art auf den Punkt.

In einer etwas anderen Weise erfasste Karl Mannheim bereits viel früher die Entwicklungen und die „Konkurrenz" auf dem Gebiet der „öffentliche Auslegung des Seins", die für ihn nicht einfach gegeben erschienen, sondern um die stets geistige Auseinandersetzungen stattfinden: „Nicht kontemplative Wißbegier leitet hierbei das Interesse; die Weltauslegung ist zumeist Korrelat der Machtkämpfe einzelner Gruppen.", stellt er dazu fest. Folgt man Mannheim, so sind es vier Typen sozialer Prozesse, die, im Einzelnen betrachtet, die öffentliche Auslegung des Seins zustande bringen. Diese können zunächst als „reine Typen" charakterisiert werden, wobei allerdings davon auszugehen ist: „Jedes nur einigermaßen komplizierte Zeitalter, jede nur einigermaßen komplizierte Gesellschaft weist die Koexistenz und gegenseitige Durchdringung mehrerer solcher Typen auf, – zumeist aber dominiert ein Typus".⁸

Solche Typen ergeben sich: „I. auf Grund eines Konsensus, auf Grund einer spontanen Kooperation der Einzelnen und der Gruppen, II. auf Grund der Monopolsituation einer auslegenden Gruppe, III. auf Grund der Konkurrenz vieler Gruppen, die ihre besondere Seinsauslegung durchsetzen wollen. (Wir wollen diesen Fall den der atomisierten Konkurrenz nennen, wenn auch hinzuzufügen ist, daß es niemals zu einer absoluten Atomisie-

---

⁶ Siehe dazu auch: Nassehi, Armin: Muster. Theorie der digitalen Gesellschaft, München ²2019.

⁷ Besonders prägnant finden sich die Vorstellungen der „Postmoderne" bei Lyotard auf den Begriff gebracht. Siehe: Lyotard, Jean-Francois: La condition postmoderne, Paris 1979. Kritisch dazu: Sterbling, Anton: Zumutungen der Moderne. Kultursoziologische Analysen, Hamburg 2007.

⁸ Siehe: Mannheim, Karl: Die Bedeutung der Konkurrenz im Gebiet des Geistigen, in: Meja, Volker/Stehr, Nico (Hrsg.): Der Streit um die Wissenssoziologie. Erster Band: Die Entwicklung der deutschen Wissenssoziologie, Frankfurt a. M. 1982 (S. 325-370), vgl. S. 335 f.

rung kommt, in der Individuen mit Individuen oder zusammenhanglose Gruppen mit entsprechend isoliert gedachten Gruppen zu konkurrieren hätten), IV. auf Grund der Konzentration mehrerer vorher atomisiert auftretender Konkurrenten zu einem Standorte, wodurch sich die Konkurrenz in der Gesamtheit auf wenige immer mehr herrschend werdende Pole reduziert."[9] Die gegenwärtige Situation würde im Sinne dieser Typologie am ehesten der der „atomisierten Konkurrenz" entsprechen.

Die damit konstatierte Zerfaserung und Fragmentierung ging einher mit einem ständig wachsenden Überschuss an Informationen, an kursierendem Wissen „jeder Art und Güte",[10] an divergierenden Meinungsbildern, Situationsdefinitionen und Anschauungen, an milieuspezifischen oder auch exzentrischen, an idiosynkratischen, egozentrischen oder partikularistisch-soziozentrischen Auslegungsangeboten der Seinslage, und dies führte vielfach, gleichsam im umgekehrten dialektischen Umschlag von Qualität in Quantität, in paradoxer Weise einen Zustand der partiellen Wissensvernebelung, Wissenseinebnung und „Wissensblindheit" herbei. Und es öffnete zugleich breite Einfallstore bedenklicher weltanschaulicher Beeinflussungsversuche und Bewusstseinsmanipulationen, alter und neuer Ideologisierungsbestrebungen, der massiven Verbreitung irrationaler und apokalyptischer Katastrophen- und Untergangsvisionen wie auch höchst fragwürdiger Heilsverheißungen, ebenso der Dispersion willkürlicher subjektiver Verzerrungen und grenzenloser Beliebigkeiten der Wirklichkeitsdeutungen und Situationsdefinitionen. Dabei lösten sich die Grenzen und Abstände zwischen wissenschaftlichen Experten und breitem Publikum, zwischen Intellektuellen und Pseudointellektuellen fortschreitend auf. Und gleichermaßen zwischen geprüften Informationen einerseits und weltanschaulich durchtränkten Meinungen und Gesinnungen andererseits, zwischen Tatsachenfeststellungen und Wertaussagen, zwischen rationalen und irrationalen Situationsbeschreibungen. In der Folge führte dies einen beträchtlichen Ra-

---

[9] Siehe: Mannheim, Karl: Die Bedeutung der Konkurrenz im Gebiet des Geistigen, in: Meja, Volker/Stehr, Nico (Hrsg.): Der Streit um die Wissenssoziologie. Erster Band: Die Entwicklung der deutschen Wissenssoziologie, Frankfurt a. M. 1982 (S. 325-370), vgl. S. 336.

[10] Zu den „Wissensarten" und zur „Wissensordnung" siehe auch: Spinner, Helmut F.: Die Wissensordnung. Ein Leitkonzept für die dritte Grundordnung des Informationszeitalters, Opladen 1994.

tionalitätsverlust des öffentlichen wie auch des alltäglichen Weltverständnisses der Menschen herbei und löst entsprechende Orientierungsmöglichkeiten in den Daseinsvergewisserungen auf.

Der Ausbruch der Coronapandemie und der Krieg in der Ukraine sind Geschehenshintergründe und zugleich Katalysatoren dieser „Realitätskrise", die ich mit der Metapher der „antwortlosen Gesellschaft" auf den Begriff zu bringen versuche. Die Gründe der damit gemeinten Kommunikationsstörungen, der vielfach verzerrten Realitätsdeutungen und der belasteten und eingeschränkten Daseinsvergewisserungsmöglichkeiten lassen sich gleichzeitig – und dies ist ein Kernpunkt des Problems – näher in den „lebensweltlichen", „wissenschaftlichen" und „religiösen" Wissens- und Überzeugungssystemen und in deren problematischen wechselseitigen Anschlussbeziehungen ausmachen, wie zu erörtern sein wird. Dabei soll jedes dieser kommunikationsgestützten und zugleich kommunikationsstützenden Weltdeutungs- und Wissenssysteme und deren Krisenerscheinungen für sich genommen wie auch in ihrem komplizierten und schwierigen Zusammentreffen und an ihren problematischen Anschlussstellen betrachtet werden, um die merkwürdigen Syndrome und Verwerfungen der gegenwärtigen „geistigen Situation der Zeit"[11] besser zu verstehen. Thesenartig lassen sich die Hauptprobleme, die sich zunächst und vornehmlich als unmittelbare Reaktionen auf die Coronaherausforderungen erkennen lassen, aber gleichwohl tiefere Ursachen haben, wie folgt erfassen.

(a) Die frappierenden und widersprüchlichen Coronaerfahrungen führten zu einer Reihe von Erschütterungen der „lebensweltlichen" Selbstverständlichkeiten und Kommunikationsvorgänge, der verbindlichen Erwartungsstrukturen und Verpflichtungsvorstellungen, die sich nicht zuletzt in einer „Antwortlosigkeit" oder „Sprachlosigkeit" mit entsprechenden psychischen

---

[11] Dies greift eine Formulierung und Überlegung Karl Jaspers auf, der befand: „Der Mensch ist das Wesen, das nicht nur ist, sondern weiß, daß es ist. Selbstbewußt erforscht er seine Welt und verwandelt sie planend. Er ist hindurchgebrochen durch das Naturgeschehen, das nur die ungewußte Wiederholung des unwandelbar gleichen bleibt; er ist das Wesen, das nicht schon als Dasein restlos erkennbar ist, sondern frei noch entscheidet, was es ist: der Mensch ist Geist, die Situation der eigentlichen Menschen seine geistige Situation." Siehe: Jaspers, Karl: Die geistige Situation der Zeit, Berlin-Leipzig 1931, vgl. S. 6. Siehe dazu auch: Habermas, Jürgen (Hrsg): Stichworte zur ›Geistigen Situation der Zeit‹, Frankfurt a. M. 1979 (2 Bde).

Begleiterscheinungen der Ratlosigkeit und sozialen Auffälligkeiten äußern. Durch den Ukrainekrieg wurde dies überlagert und um mehrere Dimensionen erweitert.

(b) Zugleich zeigt das wissenschaftliche Erkenntnis- und Wissenssystem, im Brennglas seiner kritischen Selbstreflexion, zwar auch seine spezifischen Leistungsmöglichkeiten und deren Grundlagen, aber mehr noch seine Grenzen, sowohl im Hinblick auf die relevanten grundlagenwissenschaftlichen Erkenntnisse wie auch deren technologische Anwendung und Nutzbarkeit.

(c) An den Anschlussstellen zwischen „lebensweltlichen" und „wissenschaftlichen" Wissenszusammenhängen lassen sich sowohl problematische Tendenzen der Überschätzung wie auch der Unterschätzung der Reichweite der wissenschaftlichen Erkenntnismöglichkeiten und ihrer technologischen Anwendungen ausmachen, die als solche auf beide Wissensbereiche merkwürdig zurückwirken.

(d) Die religiösen Glaubens- und Überzeugungssysteme weisen angesichts der aktuellen Coronaherausforderungen, aber auch ansonsten in der westlichen Welt schon seit längerem, vielfältige Ambivalenzen, Orientierungsverluste und Ratlosigkeiten auf. Auch sie bleiben, als allgemeine, dogmatisch geschlossene Systeme, nicht selten im konkreten Sinne „antwortlos". Zugleich zeigen und aktualisieren sich darin typische Anschlussprobleme an die „lebensweltliche" und an die „wissenschaftliche" Wissenssphäre, die für die Religionen in der Moderne zwar charakteristisch erscheinen,[12] aber in Krisensituationen besonders prägnant und auffällig hervortreten.

(e) Aus den vielfältigen aktuellen Irritationen und Ratlosigkeiten und dem aufgeladenen Spannungsverhältnis maßgeblicher Wirklichkeitsdeutungen und Weltverständnisarten resultieren jene derzeit um sich greifenden außeralltäglichen Wissens-, Orientierungs- und Sinnkrisen, die in der „Antwortlosigkeit" der Gesellschaft und ihrer Mitglieder ihren bezeichnenden Aus-

---

[12] Siehe: Sterbling, Anton: Zur Kulturbedeutung der Religion in der deutschen Gegenwartsgesellschaft, in: Sterbling, Anton: Zumutungen der Moderne. Kultursoziologische Analysen, Hamburg 2007 (S. 75-90); Sterbling, Anton: Zum Verhältnis von Kultur, Religion und Wissenschaft, in: Sterbling, Anton: Krisen und Wandel, Hamburg 2009 (S. 161-173).

druck finden. Zugleich hat das allgemeine Krisengefühl einen eher diffusen oder opaken und mithin auch schwer artikulierbaren Charakter.

(f) Damit ging und geht es bei der Coronakrise keineswegs nur um die bekannten medizinischen und gesundheitlichen Herausforderungen einer besonderen und besonders tückischen Pandemie und um ihre allgemeinen ökonomischen und sozialen Auswirkungen, sondern auch um einschneidende und schwerwiegende sozialkommunikative, sozialintegrative, „massenpsychologische" und psychische Folgeprobleme, die gleichsam als tiefgreifende Störungen der gesellschaftlichen Wissens- und Verständigungsprozesse und der kollektiven Daseinsvergewisserungen diagnostizierbar erscheinen. Sie ähneln in gewisser Weise kollektiven Erschütterungen, Betroffenheiten, Amnesien und Traumatisierungen, wie sie als Begleiterscheinungen und Folgen von Kriegserfahrungen, Deportationen[13] oder Naturkatastrophen bekannt sind, weisen diesen gegenüber aber doch zugleich auch gewisse Besonderheiten auf, die es herauszufinden gilt.

(g) Die Überlagerung der noch keineswegs hinreichend abgeklungenen Coronapandemie und ihrer Folgen durch die vom Überfall der Ukraine durch Russland bewirkten Schockerfahrung verstärkt, multipliziert und verlängert zugleich die Krisenwahrnehmungen in der westlichen Welt, wobei ein massives Gefühl der kollektiven Täuschung und Selbsttäuschung sowie der Ohnmacht, Ratlosigkeit und vielfacher schwerwiegender Dilemmata um sich greift.

Zur „Lebenswelt" und ihren krisenbedingten Störungen

Mit seiner Unterscheidung von „System" und „Lebenswelt" macht uns Jürgen Habermas darauf aufmerksam, dass die „lebensweltlichen" Sozialbeziehungen zwar nur eine Seite moderner Gesellschaften darstellen, aber er lässt doch zugleich deren daseinsbestimmenden Besonderheiten erkennen.[14]

---

[13] Siehe: Sterbling, Anton: Deportation, „Kollektivschuld", Erinnerung. Zur Verschleppung der Banater Schwaben in die Sowjetunion 1945, in: Land-Berichte. Beiträge zu ländlichen und regionalen Lebenswelten, XXIII. Jg., Heft 2, Düren 2020 (S. 62-73).

[14] Siehe: Habermas, Jürgen: Theorie des kommunikativen Handelns. Band 2: Zur Kritik der funktionalistischen Vernunft, Frankfurt a. M. 1981, insb. S. 171 ff.

Nur am Rande sei an dieser Stelle angemerkt, dass das analytische Begriffspaar „Lebenswelt" und „System", wenngleich theoretisch anders fundiert, in vielen wichtigen Hinsichten Ähnliches wie die typologische Unterscheidung Ferdinand Tönnies' von „Gemeinschaft" und „Gesellschaft" erfasst und trifft.[15] Ohne an dieser Stelle eine grundlagentheoretisch vertiefte Diskussion des Konzeptes „Lebenswelt" anzustreben, sollen dazu doch zumindest einige unverzichtbare Erläuterungen erfolgen.

Der auch auf Max Weber zurückverweisende Begriff der „Lebenswelt" hatte bereits im theoretischen Denken Edmund Husserls ebenso wie bei Alfred Schütz und in ihrer Gefolgschaft auch bei Soziologen wie Peter L. Berger und Thomas Luckmann und vielen anderen einen hervorragenden Stellenwert eingenommen.[16] Zugleich ist er folgenreich in anderen Kulturwissenschaften, etwa der Ethnologie oder Kulturanthropologie,[17] aufgegriffen und angewandt worden.

Das Kernelement der „Lebenswelt" bildet das alltägliche soziale Geschehen, die „Wirklichkeit der Alltagswelt", die sich aus dem praktischen Handeln sowie den alltäglichen Interaktionsvorgängen und den darin involvierten Sinnmustern und Relevanzstrukturen sowie dem darauf bezogenen

---

[15] Es wäre natürlich interessant und aufschlussreich, dies näher zu vergleichen. Wichtig erscheint dabei die Erkenntnis F. Tönnies', dass selbst die fortgeschrittenen Gesellschaften nicht ohne gemeinschaftliche Elemente auskommen würden. Dies kann hier aber leider nicht weiter vertieft werden. Siehe: Tönnies, Ferdinand: Gemeinschaft und Gesellschaft. Grundbegriffe der reinen Soziologie, Darmstadt ³1991.

[16] Siehe vor allem: Husserl, Edmund: Die Krisis der europäischen Wissenschaften und die transzendentale Phänomenologie. Eine Einleitung in die phänomenologische Philosophie, Den Haag 1962 (zuerst 1936); Schütz, Alfred: Der sinnhafte Aufbau der sozialen Welt. Eine Einleitung in die verstehende Soziologie, Frankfurt a. M. 1981 (zuerst 1932); Schütz, Alfred/Luckmann, Thomas: Strukturen der Lebenswelt, Frankfurt a. M. 1979 (2 Bde); Berger, Peter L./Luckmann, Thomas: Die gesellschaftliche Konstruktion der Wirklichkeit, Frankfurt a. M. 1969; Srubar, Ilja: Phänomenologie und soziologische Theorie. Aufsätze zur pragmatischen Lebenswelttheorie, Wiesbaden 2007.

[17] Siehe beispielsweise: Kaser, Karl/Gruber, Siegfried/Pichler, Robert (Hrsg.): Historische Anthropologie im südöstlichen Europa. Eine Einführung, Wien-Köln-Weimar 2003; Roth, Klaus (Hrsg.): Sozialismus: Realität und Illusionen. Ethnologische Aspekte der sozialistischen Alltagskultur, Wien 2005; Roth, Klaus (Hrsg.): Arbeitswelt – Lebenswelt. Facetten einer spannungsreichen Beziehung im östlichen Europa, Berlin 2006.

Alltagswissen ergibt. Auf Max Weber zurückgreifend, könnte man auch sagen, dass die „Lebenswelt" durch den „subjektiv gemeinten Sinn", der das alltägliche Handeln von Menschen orientiert und leitet, konstituiert wird.[18] Dabei werden Sinnmuster, Relevanzstrukturen und Wissenszusammenhänge durch sich vielfach wiederholende und routinisierende Handlungsabläufe in der gesellschaftlichen Alltagspraxis erzeugt, reproduziert und sozial validiert, wobei entsprechende intersubjektiv angelegte Austausch-, Verständigungs- und Bestätigungsprozesse maßgeblich erscheinen.

Unter einem etwas anderen soziologischen Gesichtspunkt betrachtet, bildet die Weitergabe, Vermittlung und subjektive Aneignung solcher Sinnmuster und Relevanzstrukturen sowie entsprechender Werte- und Wissensbestände zugleich einen zentralen Aspekt des die verschiedenen Generationen übergreifenden und miteinander verbindenden Sozialisationsgeschehens. Das maßgebliche Alltagswissen wird dabei stets als in einer spezifischen Weise strukturiert, typisiert und sinnhaft geordnet begriffen, wobei dem Grundaufbau, der Grundordnung dieses Alltagswissens insbesondere räumliche, zeitliche, sachliche und soziale Bezüge und Differenzierungen eigen sind. Dieses Alltagswissen, das für den einzelnen Menschen in seinem gewöhnlichen Lebenshorizont einen weitgehend unhinterfragten, selbstverständlichen Charakter besitzt,[19] ist ihm gesellschaftlich gleichsam mit- und vorgegeben und wird – wie bereits angedeutet – durch Sozialisations- und Lernprozesse in alltäglichen sozialen Handlungs-, Interaktions- und Erfahrungskontexten vermittelt sowie subjektiv, also vom einzelnen Individuum in seiner eigenen Art, aufgenommen und angeeignet.

Geht man von einem solchen Verständnis der hauptsächlich auf intersubjektiven Austausch- und Verständigungsprozessen beruhenden „Lebenswelten" aus, deren kognitiver Kern aus nahezu selbstevident erscheinenden, sozial geteilten Sinnmustern und Relevanzstrukturen und mithin

---

[18] Siehe: Weber, Max: Wirtschaft und Gesellschaft. Grundriß der verstehenden Soziologie, Tübingen ⁵1976, insb. S. 1 ff.

[19] Auch in der Wissenssoziologie Karl Mannheims wird dies ähnlich gesehen. Siehe: Mannheim, Karl: Wissenssoziologie. Auswahl aus dem Werk, Neuwied-Berlin 1970; Mannheim, Karl: Die Bedeutung der Konkurrenz im Gebiet des Geistigen, in: Meja, Volker/Stehr, Nico (Hrsg.): Der Streit um die Wissenssoziologie. Erster Band: Die Entwicklung der deutschen Wissenssoziologie, Frankfurt a. M. 1982 (S. 325-370), insb. S. 337 f.

auch aus bestimmten tradierten Wissens- und Wertbeständen besteht, und stellt man ihre zentrale Stellung in den alltäglichen Koordinations- und Orientierungsprozessen des menschlichen Handelns, der gesellschaftlichen Praxis, in Rechnung, so wird ermessbar, welche soziale Tragweite tiefgreifende Störungen der lebensweltlichen intersubjektiven Kommunikations- und Selbstverständigungsprozesse haben können. Damit werden nämlich alltägliche Handlungsroutinen und eingespielte Handlungsabläufe unterbunden, festgefügte Erwartungsstrukturen wie auch entsprechende Reaktions- und Sanktionsmechanismen weitgehend oder gänzlich außer Kraft gesetzt, verlieren gängige Situationsdefinitionen und Realitätsdeutungen ihre Selbstverständlichkeit, ihre kollektive Verbindlichkeit und ihre eingefahrene und bewährte Handlungsanschlussfähigkeit. Es geht – bildhaft gesprochen – eine tiefe Erschütterung durch das alltägliche Gefüge des sozialen Lebens, dessen Gebälk die Sinnstrukturen intersubjektiver Austauschvorgänge bilden. Die dabei auftretenden Kommunikationsstörungen sind sowohl Symptome wie zugleich Verstärkungsmechanismen des sozialen Krisenzustandes, der stets auch die Handlungsunsicherheit und Orientierungslosigkeit der einzelnen Menschen bis hin zur vollständigen Ratlosigkeit, Apathie, Verstörung, Ohnmacht und Verzweiflung zur Kehrseite hat. Insofern ist die „lebensweltliche Antwortlosigkeit" einer Gesellschaft ein starkes und folgenreiches Krisenanzeichen und zugleich ein untrügliches, ernst zu nehmendes Alarmsignal.

Natürlich wollen wir nicht vergessen, dass die moderne Gesellschaft gleichzeitig „systemisch" integriert,[20] also durch systemische und damit zugleich weitgehend zweckrational begründete und ausgerichtete Beziehungsmuster gekennzeichnet und koordiniert wird, die auf anderen Anreiz- und Sanktionsmechanismen der menschlichen Verhaltenssteuerung als die „lebensweltlichen" intersubjektiven Verständigungs- und Konsensbildungsprozesse beruhen. Die systemische Seite einer Gesellschaft wird vor allem in ihren Organisationen und Herrschaftsstrukturen manifest. Soweit diese bürokratisch-rationalen Beziehungsmuster und Koordinationsprinzipien des Handelns – die gewiss die hohe wirtschaftliche Leistungsfähigkeit und politische Selbststeuerungskapazität und damit auch den Wohlstand

---

[20] Siehe: Habermas, Jürgen: Theorie des kommunikativen Handelns. Band 2: Zur Kritik der funktionalistischen Vernunft, Frankfurt a. M. 1981.

und die Wohlfahrt moderner Gesellschaften begründen – übergewichtig werden und keine Ausbalancierung durch lebensweltliche Kommunikations- und Koordinationsprozesse des Handelns erfahren, tritt indes ein problematischer Verdinglichungs- und Entfremdungsprozess der Menschen ein,[21] also ebenfalls ein gesellschaftlicher Krisenzustand mit einer etwas anderen Ausprägung und Schlagseite.[22] Die systemischen Strukturen der Gesellschaft sind das Ergebnis langfristiger Rationalisierungsprozesse,[23] zu denen die Fortschritte des wissenschaftlichen Denkens sicherlich einen erheblichen Beitrag leisteten. Trotzdem sind – wissenssoziologisch betrachtet – „System" und „Lebenswelt" einerseits und „lebensweltliche" und „wissenschaftliche" Wissensformen andererseits auf verschiedenen Ebenen gelagerte Begriffspaare und Relationsmuster ähnlicher sozialer Sachverhalte.

Das wissenschaftliche Denk- und Wissenssystem und seine Grenzen

Die Sozial- und Kulturgeschichte der Menschheit ist nicht zuletzt eine Geschichte der Wissensanhäufung und der Wissensvermehrung, ebenso wie des Vergessens und Verwerfens von Wissen und gleichzeitig eine Geschichte der Wissenslücken und der Wissensirrtümer. Wie Wissen die Menschen in der Bewältigung ihrer lebenspraktischen Aufgaben und Herausforderungen unbestreitbar weitergebracht hat, so haben bestimmte Irrtümer[24] Menschen aber auch in den zivilisatorischen Entwicklungen zu-

---

[21] Habermas spricht von der Gefahr der „Kolonialisierung der Lebenswelt", während andere Vertreter der Kritischen Theorie wie Herbert Marcuse in einem ähnlichen Sinne von der „Verdinglichung" sozialer Beziehungen durch die Vorherrschaft der „instrumentellen Rationalität" sprechen. Siehe: Habermas, Jürgen: Theorie des kommunikativen Handelns. Band 2: Zur Kritik der funktionalistischen Vernunft, Frankfurt a. M. 1981; Marcuse, Herbert: Der eindimensionale Mensch. Studien zur Ideologie der fortgeschrittenen Industriegesellschaft, Neuwied-Berlin 1970.

[22] Siehe auch: Sterbling, Anton: „System" und „Lebenswelten" im Sozialismus. Das Beispiel des multiethnischen Banats, in: Land-Berichte. Sozialwissenschaftliches Journal, XIII. Jg., Heft 3, Aachen 2010 (S. 10-33).

[23] Siehe dazu: Schluchter, Wolfgang: Die Entwicklung des okzidentalen Rationalismus. Eine Analyse von Max Webers Gesellschaftsgeschichte, Tübingen 1979.

[24] Siehe: Sterbling, Anton: Wissenschaft und Irrtum, in: Sterbling, Anton: Bürgerliche Gesellschaft, ihre Leistungen und ihre Feinde, Stuttgart 2020 (S. 15-34).

rückgeworfen und nicht selten sogar ins Verderben gestürzt. Daher sind das Erkennen und das tunliche Vermeiden von Irrtümern auch so wichtig, manchmal überlebenswichtig.

Neben dem Irrtum als nachweislich „falschem" Wissen im Hinblick auf die Tatsachenwelt, dessen Nichtzutreffen früher oder später empirisch und kritisch erkannt werden kann, gibt es noch das gleichsam unermessliche individuelle und kollektive „Nichtwissen", das Menschen im praktischen Leben mitunter vor ähnliche Schwierigkeiten wie die besagten Irrtümer stellt. Jeder Irrtum ist natürlich auch eine spezifische Form des Nichtwissens, das Umgekehrte gilt allerdings nur bedingt, wenngleich Nichtwissen durchaus auch als eine wichtige Quelle des Irrtums angesehen werden kann. Mit dem partiellen oder weitgehenden Zusammenbruch der Selbstverständlichkeiten „lebensweltlicher" Wissensgrundlagen und Wissensbezüge ergibt sich übrigens eine besondere und zugleich besonders problematische Form des Nichtwissens, der Orientierungslosigkeit und Verhaltensunsicherheit, die sich (psychologisch) wechselseitig verstärken können, wie bereits umrissen wurde.

In der Tradition des kritischen und skeptischen Denkens hat Karl R. Popper ganz zutreffend auf das paradoxe Verhältnis von „Wissen" und „Nichtwissen" aufmerksam gemacht. In seinem berühmten Vortrag „Die Logik der Sozialwissenschaften" stellte er folgende merkwürdigen und für den wissenschaftlichen Erkenntnisprozess folgenreichen Thesen einander gegenüber: „Erste These: Wir wissen eine ganze Menge – und nicht nur Einzelheiten von zweifelhaftem intellektuellen Interesse, sondern vor allem auch Dinge, die nicht nur von größter praktischer Bedeutung sind, sondern die uns auch tiefe theoretische Einsicht und ein erstaunliches Verständnis der Welt vermitteln können. Zweite These: Unsere Unwissenheit ist grenzenlos und ernüchternd. Ja, es ist gerade der überwältigende Fortschritt der Naturwissenschaften (auf den meine erste These anspielt), der uns immer von Neuem die Augen für unsere Unwissenheit öffnet, gerade auch auf dem Gebiet der Naturwissenschaften selbst. Damit hat aber die sokratische Idee des Nichtwissens eine völlig neue Wendung genommen. Mit jedem Schritt, den wir vorwärts machen, mit jedem Problem, das wir lösen, entdecken wir nicht nur neue und ungelöste Probleme, sondern wir entdecken auch, dass dort, wo wir auf festem und sicherem Boden zu stehen glaubten, in Wahrheit alles unsicher und im Schwanken begriffen ist."²⁵ Dies ist gewiss eine ebenso ernüchternde wie realistische Einschätzung menschlicher Wissensgrenzen.

Nun ist nicht alles bekannte und bewährte Wissen, das uns in der gesellschaftlichen Praxis nützlich erscheint, wissenschaftlich gewonnenes und solcherart gesichertes Wissen. Lediglich ein Teil – vielleicht sogar ein recht geringer Teil – der in den verschiedenen Kulturen und Gesellschaften vorhandenen und in den Vorgängen der Sozialisation und Bildung von Generation zu Generation weitervermittelten Wissensbestände und Kulturtechniken bildet wissenschaftliches Wissen. Und doch sind die großen Fortschritte der Menschheit, die Rationalitäts- und Wohlstandsentwicklungen, insbesondere der „industriellen Zivilisation" wie auch der „postindustriellen Gesellschaft",²⁶ wohl maßgeblich und unbezweifelbar aus der gesellschaftlichen Anwendung und technologischen Nutzung wissenschaftlicher und vor allem naturwissenschaftlicher Erkenntnisse hervorgegangen.

Gegenüber den aus menschlichen Erfahrungen und durch sie immer wieder gewonnenen und erneuerten Wissensbeständen, die Menschen zu mehr oder weniger klugen und erfolgreichen praktischen Problemlösungen befähigen, hebt sich das wissenschaftliche Wissen durch mehrere Besonderheiten ab, ohne dabei allerdings den Anschluss oder die Einbettung in das „lebensweltliche" Wissen schlechthin zu verlieren. Die Besonderheiten des wissenschaftlichen Wissens – dem Ziel der „Suche nach Wahrheit"²⁷ oder der „objektiven Erkenntnis" verpflichtet – liegen darin, dass dieses in sehr konsequenter Weise auf die Prüfung der Irrtumsmöglichkeiten und die Eliminierung des Irrtums angelegt ist. Damit hängen gleichsam auch drei entscheidende graduelle Differenzen des allgemeinen, alltäglichen und des wissenschaftlichen Denkens und Wissens zusammen.

---

[25] Siehe: Popper, Karl R.: Logik der Sozialwissenschaften, in: Adorno, Theodor W. u.a.: Der Positivismusstreit in der deutschen Soziologie, Darmstadt-Neuwied ³1974 (S. 103-123), vgl. S. 103.

[26] Zur „axialen" Bedeutung des wissenschaftlichen Wissens siehe auch: Bell, Daniel Die nachindustrielle Gesellschaft, Frankfurt a. M.-New York ²1976; Toffler, Alvin: Machtbeben. Powershift. Wissen, Wohlstand und Macht im 21. Jahrhundert, Düsseldorf-Wien-New York ²1991.

[27] Siehe auch: Luhmann, Niklas: Die Wissenschaft der Gesellschaft, Darmstadt 2002.

Erstens: dient das allgemeine, erfahrungsgestützte Wissen der Lösung aller möglichen praktischen Probleme des menschlichen Daseins, so ist das wissenschaftliche Denken und Wissen auf die Lösung ganz spezifischer Probleme, nämlich von Erkenntnisproblemen, ausgerichtet; man kann auch sagen, auf die systematische Reduzierung des Irrtums in bestimmten Wissenszusammenhängen, die sich als entsprechende wissenschaftliche Erkenntnisfragen aufgeworfen finden. Zweitens: nutzt die wissenschaftliche Erkenntnistätigkeit dabei eine bestimmte, in einem besonders ökonomischen Aggregatzustand gegebene Art des Wissens, nämlich das theoretische Wissen, wobei wir unter Theorien allgemeine, vielfach bewährte, im Hinblick auf ihre Irrtumsmöglichkeiten streng geprüfte Hypothesensysteme verstehen. Drittens: ist das wissenschaftliche Denken und Wissen in besonderer Weise methodengeleitet, also auf bestimmte empirische Verfahren der systematischen Informationsgewinnung und Datenerhebung und deren kritischer Prüfung gestützt, die als Gütekriterien vor allem auf den Ausschluss von Fehlern und Irrtümern ausgerichtet sind.

In einem wissenschaftlichen Verständnis, das vom Hauptmotiv der systematischen Suche nach Irrtümern in unserem bewährten Wissen, also von den Ideen eines konsequenten Fallibilismus und der Falsifikation[28] geleitet ist, sehen die Ergebnisse und Möglichkeiten der wissenschaftlichen Erkenntnistätigkeit viel bescheidener und wohl auch realistischer aus,[29] als dies gemeinhin angenommen wird. Eine solche Auffassung beinhaltet zu-

---

[28] Das Falsifikationsprinzip anzuwenden, heißt dabei nicht die endgültige Bestätigung von Theorien anzustreben, da dies ohnehin nicht möglich ist, wie Feyerabend in seiner kritischen Auseinandersetzung mit dem „Induktionsprinzip" überzeugend zeigte, sondern allgemeine wissenschaftliche Hypothesen möglichst harten empirischen Widerlegungsversuchen, also Überprüfungen von Irrtumsmöglichkeiten, auszusetzen, und sie dann so lange als bewährte theoretische Denkwerkzeuge zu akzeptieren und beizubehalten, solange sie noch nicht entscheidend oder drastisch widerlegt worden sind. Siehe dazu: Feyerabend, Paul: Wider den Methodenzwang. Skizze einer anarchistischen Erkenntnistheorie, Frankfurt a. M. 1976, insb. S. 69 ff.

[29] Zumindest soweit man den wissenschaftstheoretischen Grundvorstellungen des Kritischen Rationalismus folgt, denen ich mich weitgehend anschließe: Siehe dazu: Popper, Karl R.: Logik der Forschung, Tübingen ^{6}1976; Albert, Hans (Hrsg.): Theorie und Realität. Ausgewählte Aufsätze zur Wissenschaftslehre der Sozialwissenschaften, Tübingen ^{2}1972; Sterbling, Anton: Einführung in die Grundlagen der Soziologie, Stuttgart 2020, insb. S. 13 ff.

gleich eine radikale Abkehr von der jahrhundertelang vorherrschenden Vorstellung, wie sie religiösen Glaubenssystemen oder auch Ideologien eigen ist, aber ebenso lange Zeit erheblichen Einfluss auf das wissenschaftliche Denken hatte, und die von dem Anliegen bestimmt erscheint, zur offenbarten oder auf anderen Wegen erreichbaren „totalen" und „absoluten Wahrheit" über das Diesseits und Jenseits zu gelangen. Einem solchen totalen und absoluten Wahrheitsanspruch gegenüber muss die kritisch reflektierte Wissenschaft heute die weitgehende Begrenztheit und bleibende Irrtumsmöglichkeit des wissenschaftlichen Wissens einsehen, anerkennen und stets hinreichend in Rechnung stellen.[30]

Bildhaft gesprochen, ist es nicht nur disziplinspezifisch begrenztes Wissen, um das es geht, sondern in den einzelnen Wissenschaften kann man allenfalls von „kleinen Inseln des Wissens", im Sinne empirisch einigermaßen gesicherter wahrheitsfähiger Theorien und Erkenntnisse, in einem „Meer des Nichtwissens" ausgehen. Dabei bleiben die Ufer, die Konturen und die Grenzen dieser Inseln des auf bewährten Theorien gestützten Wissens stets unscharf, irrtumsgefährdet und unsicher. Daher ist es so ungemein schwierig und mühsam, in kleinen Schritten am wissenschaftlichen Fortschritt zu arbeiten, und scheinbar so viel einfacher, sich den Wahrheitsgewissheiten eines religiösen Glaubens oder einer Ideologie anzuvertrauen. Wären diese vielen kleinen Schritte aber nicht beharrlich und oft gegen großen Widerstand der menschlichen Denkträgheit oder bestimmter Herrschaftsinteressen der Mächtigen unternommen worden, wäre die Menschheit vermutlich weiterhin in einem Dämmerzustand „selbstverschuldeter Unmündigkeit"[31] verblieben. Diesen Zustand dauerhaft zu überwinden, ist indes nichts Selbstverständliches, sondern erfordert, selbst in aufgeklärten und fortgeschrittenen Gesellschaften, fortgesetzte und konsequente Anstrengungen jeder neuen Generation.

Die Einsicht der kritischen wissenschaftlichen Selbstreflexion in die Grenzen ihres Wissens bezieht sich natürlich auch auf die technologische

---

[30] Siehe: Hayek, Friedrich August von: Die verhängnisvolle Anmaßung. Die Irrtümer des Sozialismus, Tübingen 1996, insb. S. 4.

[31] Siehe: Kant, Immanuel: Beantwortung der Frage: Was ist Aufklärung?, in: Kant, Immanuel: Schriften zur Anthropologie, Geschichtsphilosophie, Politik und Pädagogik. Werke in sechs Bände. Band VI, Darmstadt 1998 (S. 53-61).

oder instrumentelle Anwendbarkeit und Nützlichkeit dieses Wissens. Dabei kommt als praktische oder auch als ethische Problematik noch hinzu, dass nicht alles, das man auf wissenschaftlichen Wissensgrundlagen technologisch umsetzen könnte, im Lichte kritischer Wertungen auch realisiert werden sollte. Die technologische Umsetzung wissenschaftlichen Wissens hat in diesem Sinne noch weitere, normativ gesetzte Grenzen oder sollte diese zumindest haben.[32]

Natürlich sind in beiden Tätigkeitsbereichen, der wissenschaftlichen Erkenntnisproduktion und der technologischen oder sozialtechnologischen Anwendung dieser Wissensgrundlagen, in der Regel akademisch ausgebildete und wissenschaftlich sozialisierte Personen, also mit anderen Worten Wissenschaftler, beschäftigt. Dennoch erscheint es wichtig, zumindest unter bestimmten Betrachtungsgesichtspunkten, eine deutliche Unterscheidung zwischen beiden Tätigkeiten,[33] sowohl im Hinblick auf die jeweiligen Funktionen im arbeitsteiligen Gesamtprozess wie auch hinsichtlich der relevanten normativen Handlungsbedingungen und Verantwortlichkeiten, vorzunehmen. Ist die wissenschaftliche Erkenntnistätigkeit allein an wissenschaftsimmanente methodologische Normen und Regeln als Gütekriterien gebunden und damit weitgehend frei von Bindungen an praktische Interessen und Werturteile und auch grundsätzlich entlastet von der Verantwortung für praktische Folgen der Umsetzung wissenschaftlicher Erkenntnisse, so verhält es sich bei den Wissenschaftlern, die hauptsächlich für die technologische und sozialtechnologische Anwendung und Nutzung zuständig sind, durchaus anders. Sie müssen stets die gesellschaftlichen Erwartungen, Interessen und Nutzenabwägungen im Blick haben und tragen natürlich auch die Verantwortung oder zumindest Mitverantwortung für die praktischen Folgen ihres Tuns.[34] Dennoch bleibt es – selbst wenn sich Me-

---

[32] Siehe auch: Sterbling, Anton: Informationszeitalter, Ethik und das Prinzip der Kritik, in: Löhr, Albert/Altholz, Vitali/Burkatzki, Eckhard (Hrsg.): Unternehmensethik im digitalen Informationszeitalter, München-Mering 2011 (S. 97-116).

[33] Siehe: Sterbling, Anton: Einführung in die Grundlagen der Soziologie, Stuttgart 2020, insb. S. 47 ff.

[34] Siehe: Sterbling, Sterbling, Anton: Umgang mit Wissen – Begabung, Kunst oder Lernergebnis?, in: Kühne, Eberhard (Hrsg.): Information und Wissen in der Polizei erfolgreich managen, Rothenburger Beiträge. Polizeiwissenschaftliche Schriftenreihe (Band 49), Rothenburg/Oberlausitz 2009 (S. 1-21).

thoden und Technologien weitgehend verselbständigen[35] – dabei, dass jede innovative technologische oder sozialtechnologische Anwendung – soweit sie nicht trivial ist – auf vorgängige relevante und bewährte wissenschaftliche Erkenntnisse gestützt und ohne diese kaum denkbar erscheint.

Wissenschaft und „lebensweltliche" Gesellschaftspraxis

Aus der Sicht und seitens der „lebensweltlichen" Gesellschaftspraxis begegnen der wissenschaftlichen Tätigkeit, dem wissenschaftlichen Wissen und seinen Anwendungsmöglichkeiten vielfach konträre und damit auch schwer zu versöhnende Grundhaltungen: Einerseits die grundsätzliche Skepsis und Geringschätzung diesem wissenschaftlichen Wissen gegenüber, die dessen Erkenntnis- und Wissensgrenzen übertreiben und dessen Leistungen notorisch bezweifeln. Und andererseits eine unrealistische Überschätzung des Vermögens, der Leistungsfähigkeit und der Unfehlbarkeit wissenschaftlicher Erkenntnis und eine blinde Wissenschaftsgläubigkeit, die von den Wissenschaften und insbesondere ihren technologischen Anwendungen weitaus mehr erwartet, als diese – zumindest im jeweiligen Zeit- und Fachhorizont – zu leisten fähig sind. Hier begegnen wir also problematischen Übergangs- und Anschlussstellen zwischen alltäglichen „lebensweltlichen" und „wissenschaftlichen" Wissenssphären, die sich beim Auftreten entsprechender Konflikte, Zuständigkeitsansprüche, Überforderungen und Enttäuschungen folgenreich in beide Richtungen auswirken können.

Ein wichtiger Aspekt ist dabei die teils sachgerechte, teils aber auch äußerst problematische Inanspruchnahme des wissenschaftlichen Expertenwissens für die Begründung und Legitimierung politischer Entscheidungen wie auch die starke Überbeanspruchung, eigenwillige Ausdeutung und Überzeichnung bestimmter wissenschaftlicher und technologischer Wissenshintergründe durch die in die Öffentlichkeit wirkenden Massenmedien[36] und durch in diesem Rahmen agierender (politischer) Akteure, wie

---

[35] Siehe dazu: Nassehi, Armin: Muster. Theorie der digitalen Gesellschaft, München ²2019.

[36] Siehe: Kaase, Max/Schulz, Winfried (Hrsg.): Massenkommunikation. Theorie, Methoden, Befunde. Kölner Zeitschrift für Soziologie und Sozialpsychologie, Sonder-

wir dies beispielsweise im Hinblick der Klimafrage oder Coronapandemie anschaulich erleben.

Die betonte Skepsis oder der naive Glaube in der Frage des sogenannten Klimawandels oder der Coronapandemie können dies sehr anschaulich werden lassen, zeigen doch beide Problemfelder die Unschärfen und Irrtumsanfälligkeiten der involvierten Wissenschaften, ihre Überlastungen durch ungeduldige praktische Erwartungen, ihre Neigungen solchen gegenüber leichtfertig oder sogar leichtsinnig nachzugeben, den sodann oft eintretenden Vertrauensverlust und die Verunsicherungen beider Wissensbereiche, die Belastungen ihrer spezifischen Kommunikations- und Selbstverständigungsprozesse, die dadurch empfindlich und folgenreich gestört werden können.

Das Alltagsdenken kann – wo es damit unmittelbar praktisch konfrontiert wird, wie etwa bei Klimafragen oder Epidemieverläufen – mit dem Theorien- und Methodenpluralismus moderner Wissenschaften nur wenig anfangen. Ebenso wenig mit dem hypothetischen und vorläufigen Charakter solchen Wissens oder mit den diffizilen Messverfahren, Methodenproblemen, probabilistischen Annahmen statistischer Analysen, mit den analytischen Modellbildungen und mit den nicht unerheblichen Interpretationsschwierigkeiten einigermaßen klar erscheinender empirischer Befunde. Hier können sich rasch irreführende Missverständnisse und folgenreiche Enttäuschungen auftürmen, wie nicht zuletzt die sehr leidenschaftlich ausgetragenen Klimadebatten erkennen lassen. Verloren gegangenes Vertrauen in die Erkenntnisleistungen und Bewirkungsmacht der Wissenschaft wie auch grundsätzliche Wissenschaftsskepsis können in den lebensweltlichen Denk- und Handlungszusammenhängen irrationale Situationswahrnehmungen erzeugen und verzerrte Realitätsdeutungen verstärken, Unsicherheiten Vorschub leisten, Kommunikationsstörungen bewirken und Selbstverständigungskrisen auslösen. „Antwortlosigkeit" und „Ratlosigkeit" sind sodann bezeichnende Ausdrücke dafür.

---

heft 30, Opladen 1989; Sterbling, Anton: Anmerkungen zur „Informationsgesellschaft", in: Sterbling, Anton: Modernisierung und soziologisches Denken. Analysen und Betrachtungen, Hamburg 1991 (S. 292-313), insb. S. 304 ff; Sterbling, Anton: ‚Wissensgesellschaft' und ‚Informationszeitalter'. Zum Wandel der Wissensgrundlagen der Moderne, in: Sterbling, Anton: Wege der Modernisierung und Konturen der Moderne im westlichen und östlichen Europa, Wiesbaden 2015 (S. 39-66).

Aber auch das „wissenschaftliche" Wissenssystem kann durch überzogene Erwartungen in einen fieberhaften Zustand der Selbstüberforderung geraten und aus den Bahnen „normalwissenschaftlicher Tätigkeit" entgleisen. Dies gilt umso mehr, wenn unmittelbare technologische Verwertungserwartungen und praktische Interessen auf die grundlagenwissenschaftliche Erkenntnistätigkeit, die stets Zeit, Geduld und Freiheit des Denkens für den Erfolg benötigt, ungeschützt durchschlagen, ganz gleich, ob Wissenschaftler sich zur unvorsichtig raschen Präsentation ungesicherter oder spektakulär dargebotener Zwischenergebnisse verleiten lassen oder selbst zu voreiligen öffentlichen Äußerungen drängen.

„Lebensweltliches" und „wissenschaftliches" Denken gehören in modernen Gesellschaften gegeneinander ausdifferenzierten Wissens- und übrigens auch Wertsphären an und können so weitgehend unproblematisch nebeneinander bestehen und wirken. Erst in bestimmten Krisensituationen tauchen an ihren vielfachen Anschlussstellen die angedeuteten Probleme und Irritationen auf und werden akut. Dies kann – wie ebenfalls bereits angesprochen – weitreichende Folgen haben und nicht zuletzt zu der von uns thematisierten „Antwortlosigkeit" und „Ratlosigkeit" verschärfend beitragen. Daher im Folgenden nochmals einige Anmerkungen zu diesem vertrackten und komplexen Verhältnis.

„Lebensweltliches" und wissenschaftliches Wissen in der geistigen „Ökonomie der Wirklichkeit"

Das alltägliche Denken, Wissen und Handeln auch der zeitgenössischen Menschen ist – genauer betrachtet – nur in einem geringen Maße auf „objektive" Erkenntnis ausgerichtet oder davon bestimmt.[37] Es beruht vielmehr ganz überwiegend – wie wir bei den Erläuterungen zum Begriff der „Lebenswelt" bereits festgestellt haben – auf vielfach überkommenen, weitgehend kulturell und gesellschaftsspezifisch vorgeprägten und vor allem auf „Soziales" bezogenen wert- und interessengeleiteten Sinnmustern und Handlungsorientierungen, die für die Angehörigen menschlicher Gemein-

---

[37] Zur eingehenden Rekonstruktion der Entwicklung des „nachmetaphysischen" Denkens siehe: Habermas, Jürgen: Auch eine Geschichte der Philosophie, Berlin 2019 (2 Bde).

schaften oder Kollektiva eine mehr oder weniger unhinterfragte Bedeutung aufweisen und die durch alltägliche intersubjektive Kommunikationsprozesse in ihrer sicherheitsgebenden Selbstverständlichkeit auch immer wieder validiert und bestätigt werden. Darin – und insbesondere in den mehr oder weniger permanent wirksamen Sozialisationsprozessen, die die ständige, weitgehend sprach- und kommunikationsgebundene Übertragung von Wert- und Wissensbeständen, von Sinnmustern, von reziproken Erwartungen wie auch von Kommunikationsgewohnheiten und Handlungsroutinen, von Einstellungen und Anschauungen von einer Generation zur anderen leisten – liegt gewissermaßen auch die „Macht" der Gesellschaft über das Individuum begründet.[38]

Natürlich gibt es in diesen Vorgängen der kollektiven geistigen „Ökonomie der Wirklichkeit", auf denen die gesellschaftliche Praxis beruht und die uns gleichsam als spezifische „Lebenswelten"[39] entgegen treten, auch geistige Innovationen, Irritationen, Brüche, Wissensveränderungen und nicht zuletzt Wertewandel. Viel stärker als solche Veränderungen sind allerdings gewöhnlich die Beharrungstendenzen, die Fortschreibungsvorgänge des sozial Gegebenen, im Sinne der individuellen Aneignung, Teilhabe und Reproduktion kulturell vorgegebener, kollektiv weitgehend geteilter, mehr oder weniger verbindlicher Sinnmuster und der ihnen innewohnenden, schwer erschütterbaren Welt- und Selbstverständnisse. Dies gilt für die vormoderne, archaische und traditionale Gesellschaft ohnehin in einem nahezu uneingeschränkten Maße. Es trifft aber auch – und dies mag uns auf den ersten Blick überraschen – in einem weitgehenden Umfang auf die moderne Gesellschaft und ihre Individuen zu, selbst wenn diese im Einzelfall grundsätzlich in der Lage erscheinen, diese sozialen Gegebenheiten und „Determinationen" kritisch zu reflektieren und sich davon eventuell auch ein Stück oder sogar weitgehend zu emanzipieren.

Erst mit dem wissenschaftlichen Denken – und zunächst und grundsätzlich einfacher in den Naturwissenschaften als in den Geistes-, Kultur- und Sozialwissenschaften – entwickelte sich allmählich die Fähigkeit zur „ob-

---

[38] Siehe: Durkheim, Emile: Die elementaren Formen des religiösen Lebens, Frankfurt a. M. 1981.

[39] Siehe: Habermas, Jürgen: Theorie des kommunikativen Handelns. Band 2: Zur Kritik der funktionalistischen Vernunft, Frankfurt a. M. 1981.

jektiven", das heißt von spezifischen Wert- und Interessenbindungen, von bestimmten sozialen Standorten und Perspektiven weitgehend losgelösten Erkenntnis, die sich als solche auf bestimmte Methoden, das heißt systematische Vorgänge der empirischen Wirklichkeitsprüfung und der Eliminierung von Irrtümern, und auf solcherart bewährte Wissensbestände (Theorien) stützt. Aber selbst in den Wissenschaften ist die geforderte „Objektivität" im Sinne des Postulats der „Werturteilsfreiheit" von Max Weber oft ein sehr schwierig einzulösendes Desidarat,[40] und nicht alle zeitgenössischen Menschen sind wissenschaftlich geschult. Selbst die zu wissenschaftlichem Denken und zur „objektiven" Erkenntnis fähigen und neigenden Menschen sind im Hinblick auf dieses Vermögen zumeist auf bestimmte Teilgebiete der Realität, auf bestimmte Wirklichkeitsausschnitte, spezialisiert. Und natürlich auch Kultur- und Sozialwissenschaftler sind in ihrer alltäglichen Lebenspraxis nicht zur kritischen „Dauerreflexion", zur ständigen Loslösung von ihren eigenen Interessenbezügen und Wertbindungen, fähig oder bereit. Auch der moderne Mensch – bei all seinen mehr oder weniger gegebenen kritischen Erkenntnisfähigkeiten – bleibt in seiner sozialen Praxis, in seiner alltäglichen „Lebenswelt", an mehr oder weniger unhinterfragte, kulturell und nicht zuletzt sprachlich vermittelte und mithin weitgehend sinnhaft vorgeprägte Selbstverständlichkeiten und Selbstverständnisse gebunden, wie stark auch dynamische Wissenszuwächse und Wertewandel, Globalisierung und Mobilität, „Verfremdung" und „Entfremdung" zu beschleunigten Veränderungen der kollektiven und individuellen Wert- und Wissensgegebenheiten, der sozial maßgeblichen Sinnmuster und Handlungsorientierungen – und gleichsam auch zu entsprechenden Irritationen und Sinnkrisen – führen mögen.

Auf der individuellen Ebene wird diese Tendenz zur Verfestigung, Stabilisierung und Fortschreibung (des praktisch Bewährten) in der geistigen Ökonomie der Wirklichkeit u.a. durch die Herausbildung von Einstellungen erkennbar. Einstellungen können als relativ stabile Bewusstseinskom-

---

[40] Siehe: Weber, Max: Die „Objektivität" sozialwissenschaftlicher und sozialpolitischer Erkenntnis, in: Weber, Max: Gesammelte Aufsätze zur Wissenschaftslehre, Tübingen [7]1988 (S. 146-214); Weber, Max: Der Sinn der „Wertfreiheit" der soziologischen und ökonomischen Wissenschaften, in: Weber, Max: Gesammelte Aufsätze zur Wissenschaftslehre, Tübingen [7]1988 (S. 489-540); Sterbling, Anton: Einführung in die Grundlagen der Soziologie, Stuttgart 2020, insb. S. 47 ff.

plexe oder Mentalitätsgegebenheiten, in denen sich spezifische Wissens-, Bewertungs- und Wahrnehmungsmuster und nicht selten auch affektuelle Komponenten fest verbinden, betrachtet werden. Einstellungen haben dabei stets einen bestimmten Objekt- oder Personenbezug. Sie beinhalten gleichsam Grundorientierungen oder „Koordinatensysteme" menschlicher Wirklichkeitsdeutungen und Verhaltensweisen und schaffen damit, neben und im Zusammenwirken mit sozialen Normen und Institutionen, Machtverteilungen und Interessenlagen spezifische Erwartbarkeiten, Vorhersehbarkeiten und Berechenbarkeiten des menschlichen Handelns. Nicht selten finden sich Einstellungen allerdings auch mit Vorurteilen oder Selbst- und Fremdstereotypen bis hin zu distinkten „Feindbildern" verknüpft, bilden axiale Elemente solcher sozialer Konstrukte, die natürlich auch zur (kollektiven) geistigen „Ökonomie der Wirklichkeit" gehören.

Die individuelle Ebene der Einstellungen wiederum ist mit der der kollektiv geteilten Anschauungen eng verbunden und darüber hinaus nicht selten auch in der religiöser Weltanschauungen und Ideologien eingelagert. Folgt man Ernest Gellner,[41] so sind menschliche „Anschauungen" jene kulturell verankerten, weitgehend gesellschaftsbestimmten und gesellschaftsbezogenen kollektiven Orientierungen und Sinnmuster, die sich dem einzelnen Menschen – allein durch seine Zugehörigkeit zu einer spezifischen Kultur oder einem bestimmten sozialen Milieu – mehr oder weniger selbstverständlich mitgegeben finden und die sich daher nur durch intentionale und zumeist individuell angestrengte kritische Denkprozesse und Erkenntnistätigkeiten hinterfragen und eventuell auch modifizieren oder – in seltenen Fällen der Konversion – ganz außer Kraft setzen lassen.

In diesen kollektiven Anschauungen sind vielfach auch dauerhafte Irrtümer eingefügt, die sich entsprechend schwierig entkräften und überwinden lassen. Natürlich bestätigen und validieren menschliche Kollektiva nicht nur durch die Alltagsroutinen ihrer gesellschaftlichen Praxis die für sie geltenden Anschauungen und verleihen ihnen damit einen mehr oder weniger unerschütterlichen, jedenfalls schwer hinterfragbaren Charakter, sondern

---

[41] Siehe: Gellner, Ernest: Pflug, Schwert und Buch. Grundlinien der Menschheitsgeschichte, München 1993. Siehe dazu auch die Rückbindung der Anschauungen an Grundkategorien bei Immanuel Kant: Kant, Immanuel: Kritik der reinen Vernunft. Werke in sechs Bänden. Band II, Darmstadt ^{3}1983.

sie bekräftigen und stabilisieren besonders relevante Anschauungen auch durch darauf ausgerichtete Rituale, Sozialisationsbemühungen und natürlich ebenso durch entsprechende, gezielt eingesetzte Sanktionsmittel. Dies wird im Falle religiöser Anschauungssysteme oder auch bei modernen Ideologien besonders greifbar.

Ideologien, die oft mit gesellschaftlichen Herrschaftssystemen verbunden – als deren Legitimitätsgrundlage, oder aber auch als deren radikale geistige Hinterfragungsinstanz – in Erscheinung treten,[42] stellen sich zumeist als umfassende, ganzheitliche und weltanschaulich geschlossene Weltdeutungs- und Interessenrationalisierungssysteme dar. Sie sind in der Regel fest mit bestimmten Wertesystemen, Wertüberzeugungen und Interessenlagen verschränkt und haben als geschlossene Weltanschauungen eine ausgeprägte Tendenz, sich gegen jegliche kritische Hinterfragung ihrer inhärenten Widersprüche und Irrtümer zu „immunisieren".[43] Damit verschließen sich Ideologien oft auch evidenten empirischen Wirklichkeitsfeststellungen und sind nicht zuletzt gegenüber wissenschaftlichen Erkenntnissen immun. Insofern sind Ideologien auch stets „verzerrte" Wahrnehmungs- und Deutungsweisen der Wirklichkeit, aber eben doch mehr noch als dies.

Herrschaftsideologien sichern ihren absoluten Geltungsanspruch – auch gegenüber kritischen wissenschaftlichen Erkenntnissen – nicht selten durch Machtmittel, Verdrängungen, Manipulationen und Umdeutungen, durch „Propaganda",[44] ebenso durch die herrschaftstechnische Marginalisierung oder Minimierung der sozialen Relevanz wissenschaftlicher Erkenntnisse oder kritischer Denkalternativen überhaupt ab. Nicht selten beanspruchen moderne Ideologien aber auch für sich selbst einen Wissenschaftlichkeitsanspruch, suchen sich mit der „Aura" der Wissenschaft zu umgeben, oder – ähnlich wie Religionen durch ihre Theologien – eine „wissenschaftliche"

---

[42] Zum Begriff der Ideologie und zur gesellschaftlichen Bedeutung von Ideologien siehe: Mannheim, Karl: Ideologie und Utopie, Frankfurt a. M. ^{5}1969; Boudon, Raymond: Ideologie. Geschichte und Kritik eines Begriffs, Reinbek bei Hamburg 1988.

[43] Siehe auch: Topitsch, Ernst: Die Sozialphilosophie Hegels als Heilslehre und Herrschaftsideologie, München ^{2}1981; Topitsch, Ernst: Erkenntnis und Illusion, Tübingen ^{2}1988.

[44] Siehe: Sterbling, Anton: Nationalstaaten und Europa. Problemfacetten komplizierter Wechselbeziehungen. Geistige Lieferung I, Akademie Herrnhut, Dresden 2018, insb. S. 113 ff.

Begründung ihrer Anschauungssysteme in Anspruch zu nehmen. Dies gilt insbesondere für Ideologien marxistischer Observanz, aber auch für nationalistische, die beispielweise auf geschichtsmythologischen oder auch auf sozialdarwinistischen oder rassistischen pseudowissenschaftlichen Begründungen gestützt sein können.

Diese Ausführungen sollten nochmals darauf aufmerksam machen, wie weitreichend und dramatisch die Auswirkungen massiver Störungen lebensweltlicher Kommunikations- und Selbstvergewisserungsprozesse sein können. „Antwortlosigkeit" der Gesellschaft und ihrer Mitglieder ist daher stets als ein Symptom einer tiefen Krise der kollektiven geistigen „Ökonomie der Wirklichkeit" zu betrachten. Welcher Stellenwert kommt in dieser Konstellation religiösen Glaubens- und Überzeugungssystemen als besondere Deutungs- und Verarbeitungsmöglichkeiten gesellschaftlicher Herausforderungen und Krisenerscheinungen, wie sie die Coronapandemie darstellt, zu? Bleiben auch die Religionen in dieser globalen Krisensituation weitgehend „antwortlos" und machen uns damit auch und zusätzlich „ratlos"? Oder vermögen sie in ihrer Weise taugliche oder zumindest tröstende Antworten auch akut in Erscheinung tretende Sinn- und Orientierungsfragen zu geben?

Religiöse Glaubens- und Überzeugungssysteme, ihre Weltdeutungsleistungen und Heilsverheißungen

Die Probleme, die sich vor dem Erfahrungshintergrund der Coronapandemie für die lebensweltlichen Kommunikations- und Selbstvergewisserungsprozesse ergeben und die schwierigen Anschlussstellen zum wissenschaftlichen Wissen und Unterstützungspotenzial wurden zumindest kursorisch behandelt. So bleibt die Frage, ob in der gegebenen Krise die Religion – oder genauer gesagt die Religionen[45] – eine bessere oder zumindest tröstlichere Antwort als die Wissenschaften geben können? Was ist von der Religion in

---

[45] Siehe zu Folgendem auch: Sterbling, Anton: Zur Kulturbedeutung der Religion in der deutschen Gegenwartsgesellschaft, in: Sterbling, Anton: Zumutungen der Moderne. Kultursoziologische Analysen, Hamburg 2007 (S. 75-90); Sterbling, Anton: Zum Verhältnis von Kultur, Religion und Wissenschaft, in: Sterbling, Anton: Krisen und Wandel, Hamburg 2009 (S. 161-173).

Zeiten der Krise an Realitätsdeutungsangeboten, Heilsverheißungen oder Erlösungsvorstellungen zu erwarten?

Folgt man gängigen religionssoziologischen Auffassungen, so lässt sich die soziale Relevanz und Kulturbedeutung der Religion unter verschiedenen, im Verhältnis zueinander weitgehend anschlussfähigen, Gesichtspunkten erfassen und näher analysieren:

(a) Religion meint im soziologischen Verständnis zunächst ein spezifisches Imaginations-, Glaubens- und Verehrungsverhältnis dem wie auch immer aufgefassten „Göttlichen" gegenüber. Noch etwas weiter greift in diesem Sinne die an die Unterscheidung von „Heiligem" und „Profanem" anschließende Auffassung, wonach sich Religion als jenes menschliche Denken, Fühlen und Handeln definieren lässt, das sich auf die Sphäre des „Heiligen" bezieht.[46]

(b) Religion umfasst – unter einem zweiten wichtigen Gesichtspunkt betrachtet – spezifische Formen der (religiösen) Vergemeinschaftung. Diesbezüglich wiederum treffen wir auf verschiedene Aggregatstufen bzw. auf unterschiedliche Auffassungen des Betrachtungsgegenstandes: nämlich auf solche, die sich hauptsächlich auf die Konstitution, das Gefüge, die Bindungskräfte und die Handlungszusammenhänge von Glaubensgemeinschaften oder Kirchengemeinden[47] beziehen; wie auch auf solche, die – wie bei Emile Durkheim – in der Religion den symbolischen Ausdruck der Macht und der Regeln der Gesellschaft über das Individuum überhaupt sehen.[48]

---

[46] Siehe: Durkheim, Emile: Die elementaren Formen des religiösen Lebens, Frankfurt a. M. 1981. Allerdings wird die bei Emile Durkheim so maßgebliche Unterscheidung zwischen „Heiligem" und „Profanem" auch dezidiert in Zweifel gezogen und als eine „christozentrische Projektion *par excellence*", die sich *realiter* weder in der chinesischen, noch in der indischen oder afrikanischen Kultur vorfinden lässt, kritisiert. Siehe: Matthes, Joachim: Was ist anders an anderen Religionen? Anmerkungen zur zentristischen Organisation des religionssoziologischen Denkens, in: Bergmann, Jörg R./Hahn, Alois/Luckmann, Thomas (Hrsg.): Religion und Kultur, Kölner Zeitschrift für Soziologie und Sozialpsychologie, Sonderheft 33, Opladen 1993 (S. 16-30), vgl. S. 22.

[47] Siehe: Troeltsch, Ernst: Die Soziallehren der christlichen Kirchen und Gruppen, Tübingen 1994 (2 Bde).

[48] Siehe: Durkheim, Emile: Die elementaren Formen des religiösen Lebens, Frankfurt a. M. 1981, insb. S. 45 ff. In einer anderen Weise auch: Simmel, Georg: Religion

(c) Religion lässt sich sodann – und dies wäre ein weiterer maßgeblicher analytischer Gesichtspunkt – als Weltdeutung und Weltanschauung, als mehr oder weniger umfassendes und geschlossenes Glaubens- und Überzeugungssystem, begreifen und analysieren.

(d) Damit hängt ein weiterer Betrachtungsansatz, der auf die Sinngebungs- und Orientierungsfunktion als grundlegendes Element der Religion abhebt, eng zusammen.[49] Unter einem solchen Gesichtspunkt lässt sich die Kulturbedeutung der Religion, die nicht zuletzt in der Bearbeitung und Reduktion von Kontingenz liegt,[50] in jeder Gesellschaft ohne Schwierigkeiten nachweisen. Damit erweitert sich der Bedeutungsumfang des Religionsbegriffs allerdings auch sehr stark, nicht nur durch die mögliche Einbeziehung von Säkularreligionen und Ideologien wie Kommunismus oder Nationalismus, sondern auch vieler anderer pseudoreligiöser Phänomene der modernen Gesellschaft, an die die Sinn- und Orientierungsbedürfnisse moderner Menschen anschließen und die an der Sinngebung einflussreich mitwirken,[51] ohne jedoch einen erkennbaren Bezug zum „Göttlichen" oder zum „Heiligen" aufzuweisen.

(e) Schließlich lassen sich Religionen als mehr oder weniger kohärente Gebilde oder Konfigurationen von Wertideen auffassen, die natürlich auch von tragender Bedeutung in den religiösen Weltdeutungen und Sinngebungsvorgängen erscheinen.

Mit den transzendenten Bezügen, der Vergemeinschaftungskraft, der Weltdeutungs- und Weltanschauungsleistungen, den sozialen Sinngebungs- und Orientierungsfunktionen und der Erscheinungsform als Werteordnungen vermögen Regionen sicherlich Antworten auf existenzielle Sinnfragen des

---

und Gesellschaft, in Simmel, Georg: Das individuelle Gesetz. Philosophische Exkurse, Frankfurt a. M. 1987 (S. 50-62).

[49] Siehe: Luckmann, Thomas: Das Problem der Religion in der modernen Gesellschaft. Institution, Person, Weltanschauung, Freiburg i. Br. 1963.

[50] Siehe: Luhmann, Niklas: Die Religion der Gesellschaft, Frankfurt a. M. 2000.

[51] Siehe dazu auch: Knoblauch, Hubert: „Neues Paradigma" oder „Neues Zeitalter"? Fritjof Capras moralisches Unternehmen und die „New-Age-Bewegung", in: Bergmann, Jörg R./Hahn, Alois/Luckmann, Thomas (Hrsg.): Religion und Kultur, Kölner Zeitschrift für Soziologie und Sozialpsychologie, Sonderheft 33, Opladen 1993 (S. 249-270).

Lebens zu geben. Dies allerdings nur dann und dort, wo Menschen an ihre Religion glauben, also mit anderen Worten, von ihrem Heilsversprechen und Wahrheitsgehalt überzeugt sind. Zudem schließt sich hier die Frage an, ob Religionen auch ausreichend zufriedenstellende Antworten auf konkrete Herausforderungen und Krisenerscheinungen des alltäglichen Lebens geben können, wie sie gegenwärtig mit der Coronakrise oder der Problematik des Klimawandels oder auch der Erfahrung eines neuen grausamen Krieges im östlichen Europa gegeben sind.

Zum Spannungsverhältnis von religiösem Glauben und wissenschaftlichem Wissen und dessen Entschärfung im 20. Jahrhundert

Religion bedeutet Glauben und Festhalten an bestimmten Gewissheiten, ist Glauben an eine wie auch immer offenbarte oder erkannte, im Kern aber unbezweifelbare Wahrheit, die auch und nicht zuletzt als maßgeblicher Orientierungspunkt des „Lebensweges" – im Denken und Wollen, in der moralischen Haltung und in der Lebensführung – gilt. Dabei erfüllen Religion und Wissenschaft in je eigener Art die Aufgabe der Realitätsdeutung, der Welterklärung.[52] Ihr gemeinsamer Bezugspunkt liegt dabei wohl nach wie vor in der kardinalen Bedeutung der Idee der Wahrheit. Der jahrhundertelange Kampf zwischen Religion und Wissenschaft und deren wechselseitiges, davon geprägtes Verhältnis[53] hat sich in der abendländischen Kultur allerdings insofern entspannt und verändert, als es spätestens im 20. Jahrhundert immer deutlicher wurde – und daran hatte die Wissenschaftsphilosophie wohl einen erheblichen, wahrscheinlich sogar entscheidenden

---

[52] Zu den aus universalhistorischer Sicht wichtigsten religiösen Sinnstiftungen, Kosmologien, Welterklärungsversuchen und Glaubenssystemen und den entsprechenden Religionsstiftern siehe auch: Antes, Peter (Hrsg.): Große Religionsstifter, Augsburg 2004. Zur bahnbrechenden Bedeutung der religiösen Vorstellungen der „Achsenzeit" siehe: Eisenstadt, Shmuel N. (Hrsg.): Kulturen der Achsenzeit, Frankfurt a. M. 1987 (2 Bde); Habermas, Jürgen: Auch eine Geschichte der Philosophie, Berlin ³2019 (2 Bde).

[53] Siehe: Tenbruck, Friedrich H.: Die Religion im Maelstrom der Reflexion, in: Bergmann, Jörg R./Hahn, Alois/Luckmann, Thomas (Hrsg.): Religion und Kultur, Kölner Zeitschrift für Soziologie und Sozialpsychologie, Sonderheft 33, Opladen 1993 (S. 31-76).

Anteil[54] – dass es ihnen um verschiedene Bezüge zur Wahrheit und vor allem um unterschiedliche Erkenntniswege im Hinblick auf diese geht.

Für die Wissenschaft gilt die „Suche nach Wahrheit"[55] zwar weiterhin vielfach als „regulative Idee", aber zugleich herrscht – wie bereits ausgeführt – ein konsequenter Fallibilismus und Skeptizismus[56] im Hinblick auf die Einlösung dieses Anliegens im Sinne einer vollständigen Erkenntnismöglichkeit der Wirklichkeit – und sei es auch nur auf einem begrenzten Gebiet einzelner Erfahrungswissenschaften – vor. Neben der Idee eines auf intersubjektiver Verständigung und Konsensfindung beruhenden, und damit stets an Regeln und Konventionen gebundenen und daher allemal veränderlichen Wahrheitsbegriffs – der dem „lebensweltlichen" Verständnis insofern nahe kommt –, wie er zum Beispiel von Jürgen Habermas vertreten wird,[57] bleibt in der zeitgenössischen Wissenschaft allenfalls die Vorstellung oder „regulative Idee"[58] einer immer besseren oder adäquateren „Annährung an die Wahrheit" auf dem Wege des kumulativen Erkenntnisfortschritts vertretbar, soweit die Auffassung des kumulativen Erkenntnisfortschritts nicht selbst, wie etwa bei Thomas S. Kuhn,[59] aufgegeben wird.

Viele religiöse Glaubensüberzeugungen halten indes an einem holistischen, auf eine Totalität der Glaubenselemente bezogenen und in diesem

---

[54] Siehe: Albert, Hans (Hrsg.): Theorie und Realität. Ausgewählte Aufsätze zur Wissenschaftslehre der Sozialwissenschaften, Tübingen ²1972; Popper, Karl R.: Objektive Erkenntnis. Ein evolutionärer Entwurf, Hamburg 1973; Popper, Karl R.: Logik der Forschung, Tübingen ⁶1976.

[55] Siehe dazu: Luhmann, Niklas: Die Wissenschaft der Gesellschaft, Darmstadt 2002.

[56] Robert K. Merton spricht von „organisiertem Skeptizismus" als einer der wissenschaftlichen Grundnormen. Siehe: Merton, Robert K.: Social Theory and Social Structure, Glencoe Ill. ⁴1957.

[57] Siehe: Habermas, Jürgen: Technik und Wissenschaft als Ideologie, Frankfurt a. M. 1968; Habermas, Jürgen: Wahrheit und Rechtfertigung. Philosophische Aufsätze, Frankfurt a. M. 1999.

[58] So die Auffassung des Kritischen Rationalismus. Siehe: Popper, Karl R.: Logik der Forschung, Tübingen ⁶1976; Topitsch, Ernst (Hrsg.): Logik der Sozialwissenschaften, Königstein/Ts. ¹¹1984; Albert, Hans (Hrsg.): Theorie und Realität. Ausgewählte Aufsätze zur Wissenschaftslehre der Sozialwissenschaften, Tübingen ²1972.

[59] Siehe dazu: Kuhn, Thomas S.: Die Struktur wissenschaftlicher Revolutionen, Frankfurt a. M. ²1978; Feyerabend, Paul: Wider den Methodenzwang. Skizze einer anarchistischen Erkenntnistheorie, Frankfurt a. M. 1976.

Sinne absolut verstandenen Begriff der Wahrheit und zum Beispiel an dem Weg der Offenbarung als deren Entäußerung oder auch als Zugangsmöglichkeit dazu fest. An Offenbarungen[60] anschließende Glaubensgewissheiten – ohne Prüfung und ohne Zweifel – erscheinen als ein in hohem Maße selbstreferenziell geschlossener Zusammenhang und bilden als solcher eine paradoxe Möglichkeit, den universalistischen Geltungsanspruch von Wahrheit mit einem partikularistisch oder sogar exklusiv bestimmten Zugangsweg zu dieser nicht nur kompatibel, sondern vielfach sogar zwingend erscheinen zu lassen. Darin liegt aus erfahrungswissenschaftlicher – nicht aus religiöser – Sicht gleichsam eine doppelte Selbstimmunisierung des Wahrheitsbegriffes, der daher mit dem wissenschaftlichen inkommensurabel erscheint.

Etwas zugespitzt, aber sicherlich nicht unzutreffend, lässt sich mithin konstatieren: Wissenschaft und Religion operieren gegenwärtig mit grundsätzlich verschiedenen Wahrheitsideen oder weisen zumindest unterschiedlich akzentuierte und begründete Wahrheitsansprüche auf. Und dies hat natürlich auch Folgen für das Verhältnis der Wissenschaftler oder derer, „die sich an die Vernunft gebunden haben, zum religiösen Glauben", wie Ralf Dahrendorf sehr schön am Beispiel von Karl R. Popper, Raymond Aron und Isaiah Berlin aufzeigte. Hierzu heißt es: „Sie äußern sich selten und ungern dazu. Mit Max Webers Worten könnte man sagen, sie sind alle »religiös absolut unmusikalisch«. Sie sind dies jedoch in einer charakteristischen und vielleicht eher unerwarteten Weise." Zur Haltung Karl R. Poppers wird festgestellt: „Mit anderen Worten, der religiöse Glaube ist etwas Privates, Persönliches, jenseits aller rationalen Argumentation, etwas das sich der Welt der Vernunft entzieht, über das man nicht zu reden braucht."[61]

Was Raymond Aron betrifft, wird festgehalten: „Mit anderen Worten, solange die Religion sich in weltliche Dinge nicht einmischt, sondern transzendent bleibt, ist sie akzeptabel – für andere. Aron kann sie tolerieren, sogar achten, aber für sich selber braucht er sie nicht." Auch bei Isaiah Berlin „wird eine ganz ähnliche Haltung" ausgemacht. „Er teilte den Popperschen

---

[60] Siehe dazu auch: Antes, Peter (Hrsg.): Große Religionsstifter, Augsburg 2004.
[61] Siehe dazu: Dahrendorf, Ralf: Versuchungen der Unfreiheit. Die Intellektuellen in Zeiten der Prüfung, München 2006, vgl. S. 74 f.

Glauben an die Vernunft, war aber wie Popper und Aron überzeugt, dass die Vernunft nicht alles ist. Was indes jenseits der durch Vernunft bewältigbaren Welt geschieht, entzieht sich dieser völlig; es gehört in eine Sphäre des erlaubten Irrationalismus." In seiner Biographie schrieb Isaiah Berlin, er „war ein Skeptiker und kein Häretiker."[62]

Wissenschaft und Religion prätendieren wohl nicht mehr die gleiche oder zumindest ähnlich weitreichende Wahrheitsgeltung, wie das nicht selten für die Wissenschaft des 19. Jahrhunderts und teilweise auch die des 20. Jahrhunderts noch festzustellen ist, wollte diese ihren Erkenntnisanliegen nach häufig doch nicht weniger, als die Religion in ihrem umfassenden und absoluten Wahrheitsanspruch ablösen. In diesem Zusammenhang ist beispielsweise auf Auguste Comte wie natürlich auch auf den Marxismus, insbesondere in seiner zur Ideologie mutierten Gestalt, der in der Wahrheitsfrage ähnliche dogmatische Züge wie das religiöse Denken annahm, zu verweisen.[63]

Bedeutet die wissenschaftliche Erkenntnis tatsächlich „Entzauberung der Welt",[64] so ist ihr diese Wirkung gegenüber dem Einfluss anderer Kulturmächte[65] allerdings nur begrenzt gelungen, wiewohl zugleich heute mehr

---

[62] Siehe dazu: Dahrendorf, Ralf: Versuchungen der Unfreiheit. Die Intellektuellen in Zeiten der Prüfung, München 2006, vgl. S. 75 f.

[63] Siehe zum Beispiel: Comte, Auguste: Rede über den Geist des Positivismus, Hamburg ³1979. Noch entschiedener versuchte der atheistisch orientierte Marxismus seine Ideologie als „wissenschaftlich" begründete Alternative zur Religion in letzten Wahrheitsfragen zu begreifen. Siehe zu diesem Gesamtzusammenhang auch: Topitsch, Ernst: Sozialphilosophie zwischen Ideologie und Wissenschaft, Neuwied-Berlin ²1966.

[64] Auch Max Weber hat dies durchaus so gesehen und nachdrücklich betont, „Entzauberung der Welt" heißt aber „nicht eine zunehmende allgemeine Kenntnis der Lebensbedingungen, unter denen man steht. Sondern sie bedeutet etwas anderes: das Wissen davon oder den Glauben daran: daß man, wenn man nur wollte, jederzeit erfahren könnte, daß es also prinzipiell keine geheimnisvollen unberechenbaren Mächte gebe, die da hineinspielen, daß man vielmehr alle Dinge – im Prinzip – durch Berechnen beherrschen könne." Siehe: Weber, Max: Wissenschaft als Beruf, in: Weber, Max: Gesammelte Aufsätze zur Wissenschaftslehre, Tübingen ⁷1988 (S. 582-613), vgl. S. 594.

[65] Bei Jacob Burckhardt wird die „Kultur" neben „Staat" und „Religion" als eine der drei weltgeschichtlichen „Potenzen" betrachtet, Siehe: Burckhardt, Jacob: Weltge-

denn je gilt, „Der Wissenschaftler nimmt keine Rücksicht auf die Trennung zwischen dem Heiligen und dem Profanen, zwischen dem, was unkritischen Respekt verlangt, und dem, was objektiv analysiert werden darf."[66] Nicht zuletzt die Einsicht in die Begrenztheit ihrer Reichweite und Wirkungsmacht und ihr in diesem Sinne neu definierter Geltungs- und Wahrheitsanspruch befriedete indes weitgehend das Verhältnis der Wissenschaft zur Religion[67] und zu anderen Kulturmächten – nicht zuletzt auch der Kunst[68] –, und stärkte zugleich das Prinzip der kritischen Selbstreflexion und des Selbstzweifels in der wissenschaftlichen Erkenntnispraxis.

Wenngleich die Aussage trivial erscheinen mag, dass Kultur und „Lebenswelt", Religion und Wissenschaft nicht in eins zu setzen sind, bedeutet dies noch keineswegs, dass die komplizierten Spannungs- und Verschränkungsverhältnisse, mit denen wir es hierbei zu tun haben, als hinreichend aufgeklärt angenommen werden können. Bei der Aufforderung, diese Beziehungen erneut näher auszuleuchten und zu analysieren, sollte nicht nur an die Herausforderungen der heutigen Welt durch verschiedene Formen des Fundamentalismus[69] gedacht werden, die sich an das verhängnisvolle „Zeitalter der großen Ideologien" des 20. Jahrhunderts[70] anschließen. Es

---

schichtliche Betrachtungen. Über geschichtliches Studium, Berlin-Darmstadt-Wien o.J., vgl. S. 80.

[66] Siehe: Merton, Robert K.: Entwicklung und Wandel von Forschungsinteressen. Aufsätze zur Wissenschaftssoziologie, Frankfurt a. M. 1985, vgl. S. 99.

[67] Diese Befriedung und Abgrenzung der Geltungssphären gilt allerdings so nur für das Verhältnis zwischen wissenschaftlichem Wissen und religiösem Glauben im abendländischen Kulturkreis, nicht für viele oder die meisten anderen Religionen.

[68] Siehe auch: Sterbling, Anton: Ambivalenzen der Moderne, Anliegen der Kunst und künstlerische Weltflucht, in: Sterbling, Anton: Zumutungen der Moderne. Kultursoziologische Analysen, Hamburg 2007 (S. 91-114); Sterbling, Anton: Wege der Modernisierung und Konturen der Moderne im westlichen und östlichen Europa, Wiesbaden 2015, insb. S. 69 ff.

[69] Hierbei ist vornehmlich an verschiedene Spielarten des religiösen und des ideologischen Fundamentalismus und nicht zuletzt an die terroristischen Gefahren des islamistischen Terrorismus zu denken. Siehe dazu auch: Tibi, Bassam: Die neue Weltordnung. Westliche Dominanz und islamischer Fundamentalismus, Stuttgart 2001; Goertz, Stefan: Islamistischer Terrorismus. Analyse – Definitionen – Taktik, Heidelberg 2017.

[70] Siehe dazu: Aron, Raymond: Opium für Intellektuelle oder die Sucht nach Weltanschauung, Köln-Berlin 1957.

gilt auch die Herausforderungen durch neue Krisen wie der Coronapandemie oder den Klimawandel oder neue kriegerische Auseinandersetzungen richtig zu erkennen wie auch die Wertgrundlagen und die institutionelle Basis zu beachten und zu sichern, die in pluralistischen Gesellschaften ein immer wieder neu austariertes, aber doch relativ vernünftig geordnetes Verhältnis zwischen den einzelnen Kulturmächten[71] herbeiführen und deren einigermaßen befriedetes und zugleich produktives Zusammenwirken ermöglichen.

Abschließende Betrachtungen

Aus der eigenen Geschichte wissen wir, dass es keineswegs nur für verblendete oder überforderte Menschen mitunter einfacher und daher zumindest zeitweilig wünschenswert erscheint, das komplizierte Mit- und Gegeneinander verschiedener Kulturmächte und Realitätsbereiche und ihrer spezifischen Wertsphären und Rationalitätsprinzipien gegen die Homogenisierung und die Gleichschaltungen eines totalitären Systems[72] mit einer bestimmenden Ideologie oder einer geschlossenen Weltanschauung einzutauschen. Gleichzeitig wissen wir aber auch, dass der Preis für das Individuum, soweit dies erfolgt, sehr hoch sein kann. Dabei geht es keineswegs nur um Wohlstandsverluste oder Einschränkungen der Bewegungs- und Handlungsfreiheit, keineswegs nur um Willkür, Repression und Bedrohungen, die für die Aufrechterhaltung totalitärer Systeme wohl unverzichtbar sind,[73] sondern um weitaus mehr – nämlich um die Vernebelung und Eineb-

---

[71] Peter Graf Kielmansegg machte sehr aufschlussreich auf die besondere Konstellation des Verhältnisses zwischen den „Kulturmächten" in der abendländischen Entwicklung, insbesondere nach der Reformation, aufmerksam. Siehe: Kielmansegg, Peter Graf: Vorbild Europa, in: Frankfurter Allgemeine Zeitung, Nr. 111, vom 14. Mai 2007, Frankfurt a. M. 2007 (S. 7).

[72] Siehe dazu: Lepsius, M. Rainer: Extremer Nationalismus. Strukturbedingungen vor der nationalsozialistischen Machtergreifung, in: Lepsius, M. Rainer: Demokratie in Deutschland. Soziologisch-historische Konstellationsanalysen, Göttingen 1993 (S. 51-79).

[73] Siehe: Sterbling, Anton: Das Wesen und die Schwächen der Diktatur nachgelesen in den Romanen von Herta Müller, in: Kron, Thomas/Schimank, Uwe (Hrsg.): Die Gesellschaft der Literatur, Opladen 2004 (S. 165-200).

nung des Denkens mit seinen Höhen und Tiefen, um den Verlust an selbstbestimmten moralischen Glaubens- und Handlungsfreiheiten, um den Verlust einer geistig selbsterarbeiteten und selbstgefundenen Haltung zur Welt. Natürlich ist eine solche, auf uneingeschränkten Erkenntnismöglichkeiten und selbständigen Werturteilen, auf kritisch reflektierten Überzeugungen aufbauende Haltung zur Welt spannungsreich und für das Individuum nicht einfach zu ertragen.[74] Weder die wissenschaftliche Erkenntnis, noch die religiöse Glaubensüberzeugung und noch weniger die Vielfalt der Kulturen oder ihre „lebensweltlichen" Selbstverständnisse bieten uns – jede für sich genommen – eine für alle Lebensfragen gültige Handlungs- und Entscheidungsgrundlage mit eindeutigen und kohärenten Kriterien, die alle anderen überzeugend außer Kraft setzen würden. Angesichts ihrer spezifischen Ausdifferenzierung und ihres komplizierten Zusammenwirkens können und sollten wir uns auch nicht zu einer Auflösung aller Fragen in eine Richtung gezwungen sehen. Insofern haben wir in funktional differenzierten, „offenen Gesellschaften", selbst in Krisenzeiten, tatsächlich Alternativen, das heißt allerdings auch: fast alles ständig selbst in der Hand und sind daher auch immer wieder zu eigenen, selbstverantwortlichen Entscheidungen herausgefordert.[75] Doch bleibt auch in diesem Betrachtungs- und Erfahrungshorizont die grundsätzliche Frage: Wollen wir mündig sein und alle Verantwortung selbst übernehmen oder wollen wir Fremdbestimmung akzeptieren und damit einen Teil oder im Grenzfall alle Verantwortung auf andere Personen oder „Schicksalsmächte" übertragen?

Das Recht und die Chance eines jeden Menschen, sich zumindest in dieser Grundfrage frei zu entscheiden, wäre sehr wichtig und im Sinne elementarer Menschenrechte eigentlich unabdingbar, ist aber – wie jeder So-

---

[74] Siehe auch: Steiner, George: „Warum Denken traurig macht". Zehn (mögliche) Gründe, Frankfurt a. M. 2006.

[75] Die weitläufigen Gestaltungsmöglichkeiten und Freiheiten der Lebensführung bedeuten zugleich individuelle Entscheidungszwänge, Gestaltungserfordernisse und Selbstverantwortlichkeiten für die Konsequenzen selbstgewählter Lebenswege und als solche auch neue individuelle Herausforderungen oder Überforderungsmöglichkeiten des modernen Menschen. Siehe: Popitz, Heinrich: Autoritätsbedürfnisse. Der Wandel der sozialen Subjektivität, in: Kölner Zeitschrift für Soziologie und Sozialpsychologie, 39. Jg., Opladen 1987 (S. 633-647); Beck, Ulrich/Giddens, Anthony/Lash, Scott: Reflexive Modernisierung. Eine Kontroverse, Frankfurt a. M. 1996.

zialwissenschaftler weiß oder ahnt – eine „ewige Utopie". Daher möchte ich, nach so vielen Thesen, die sich doch vielfach nur in unabweisbare weiterführende Fragestellungen verwandelten, zwei abschließende Fragen aufwerfen und von meiner Seite aus unbeantwortet lassen, aber umso mehr als Anregung zu weitergehenden, sicherlich nicht einfachen Diskussionen verstehen: Lohnt es sich, für die Utopie der uneingeschränkten Selbstentscheidungsmöglichkeit des Menschen über seine Mündigkeit, die natürlich die freiwillige Wahl der „selbstverschuldeten Unmündigkeit" einschließen würde,[76] zu kämpfen? Wenn ja, in welcher Weise, mit welchen Mitteln und bis zu welchen Grenzen?

Mit „Antwortlosigkeit" und eingestandener Ratlosigkeit kann man diesen Fragen nur bedingt entgehen. Sich völlig der Religion und ihren Heilsgewissheiten hinzugeben wäre sicherlich ein Weg, bei dem aber jeder Einzelne mit sich selbst ausmachen müsste, wie tragfähig und belastbar dieser auf Dauer für ihn ist. Ähnlich verhält es sich, wenn sich Menschen unabdingbar einer Ideologie oder einem anderen Heilsglauben, etwa der Mission der globalen „Klimarettung" oder einem unbedingten, radikalen Pazifismus oder einem blinden Nationalismus anschließen. Der Wissenschaft und ihren Möglichkeiten sich anzuvertrauen, ist nur dann und soweit enttäuschungssicher, wenn man stets den deutlichen Grenzen und der Irrtumsanfälligkeit wissenschaftlicher Erkenntnisse realistisch Rechnung zu tragen und mit entsprechenden Ernüchterungen umzugehen gelernt hat. Den „lebensweltlichen" Selbstverständlichkeiten vertrauensvoll und unbeirrt zu folgen, ist unter normalen Bedingungen das Einfachste und vielfach auch durchaus vernünftig, kann aber gerade in außergewöhnlichen Krisenzeiten zu unerwarteten Erschütterungen, Irritationen und Ratlosigkeiten des menschlichen Denkens und Handelns und zu entsprechenden Kommunikationsstörungen, Verständigungsschwierigkeiten und Verunsicherungen als deren Begleiterscheinungen führen.

---

[76] Dies wäre natürlich bereits eine gewisse Rücknahme und Einschränkung der weitreichenden Erwartungen, wie sie sich im Hinblick auf die Mündigkeit des Menschen im Geiste der Aufklärung formuliert finden. Siehe: Kant, Immanuel: Beantwortung der Frage: Was ist Aufklärung?, in: Kant, Immanuel: Schriften zur Anthropologie, Geschichtsphilosophie, Politik und Pädagogik. Werke in sechs Bände. Band VI, Darmstadt 1998 (S. 53-61).

„Antwortlosigkeit" und „Ratlosigkeit" ist in all diesen Bereichen eine naheliegende, aber wahrscheinlich die schlechteste Haltung und Reaktion. Sie zu überwinden – wie schwer dies im Einzelfall oder für ganze Gesellschaften auch sein mag – ist mitunter anstrengend und fordert Mut, Konsequenz und Einsatz, ist aber wohl der einzige gangbare Weg, sich selbständig und nachhaltig aus der Krise herauszuarbeiten. Ansonsten müsste man halt alle Hoffnungen und alle Verantwortung auf andere Personen oder „Schicksalsmächte", mit letztlich doch ungewissem Ausgang der Dinge, übertragen. Wie verhängnisvoll dies sein kann, zeigt uns nicht zuletzt der von Russland angezettelte sinnlose Krieg für die Mehrheit der russischen Bevölkerung, aber auch darüber hinaus.

Literatur

Albert, Hans (Hrsg.): Theorie und Realität. Ausgewählte Aufsätze zur Wissenschaftslehre der Sozialwissenschaften, Tübingen ²1972

Antes, Peter (Hrsg.): Große Religionsstifter, Augsburg 2004

Aron, Raymond: Opium für Intellektuelle oder die Sucht nach Weltanschauung, Köln-Berlin 1957

Beck, Ulrich/Giddens, Anthony/Lash, Scott: Reflexive Modernisierung. Eine Kontroverse, Frankfurt a. M. 1996

Bell, Daniel Die nachindustrielle Gesellschaft, Frankfurt a. M.-New York ²1976

Berger, Peter L./Luckmann, Thomas: Die gesellschaftliche Konstruktion der Wirklichkeit, Frankfurt a. M. 1969

Boudon, Raymond: Ideologie. Geschichte und Kritik eines Begriffs, Reinbek bei Hamburg 1988

Burckhardt, Jacob: Weltgeschichtliche Betrachtungen. Über geschichtliches Studium, Berlin-Darmstadt-Wien o.J.

Comte, Auguste: Rede über den Geist des Positivismus, Hamburg ³1979

Crouch, Colin: Postdemokratie, Frankfurt a. M. 2008

Dahrendorf, Ralf: Versuchungen der Unfreiheit. Die Intellektuellen in Zeiten der Prüfung, München 2006

Durkheim, Emile: Die elementaren Formen des religiösen Lebens, Frankfurt a. M. 1981

Eisenstadt, Shmuel N. (Hrsg.): Kulturen der Achsenzeit, Frankfurt a. M. 1987 (2 Bde)

Feyerabend, Paul: Wider den Methodenzwang. Skizze einer anarchistischen Erkenntnistheorie, Frankfurt a. M. 1976

Gellner, Ernest: Pflug, Schwert und Buch. Grundlinien der Menschheitsgeschichte, München 1993

Goertz, Stefan: Islamistischer Terrorismus. Analyse – Definitionen – Taktik, Heidelberg 2017

Habermas, Jürgen: Technik und Wissenschaft als Ideologie, Frankfurt a. M. 1968

Habermas, Jürgen (Hrsg.): Stichworte zur ›Geistigen Situation der Zeit‹, Frankfurt a. M. 1979 (2 Bde)

Habermas, Jürgen: Theorie des kommunikativen Handelns. Band 2: Zur Kritik der funktionalistischen Vernunft, Frankfurt a. M. 1981

Habermas, Jürgen: Wahrheit und Rechtfertigung. Philosophische Aufsätze, Frankfurt a. M. 1999

Habermas, Jürgen: Auch eine Geschichte der Philosophie, Berlin [3]2019 (2 Bde)

Hayek, Friedrich August von: Die verhängnisvolle Anmaßung. Die Irrtümer des Sozialismus, Tübingen 1996

Husserl, Edmund: Die Krisis der europäischen Wissenschaften und die transzendentale Phänomenologie. Eine Einleitung in die phänomenologische Philosophie, Den Haag 1962 (zuerst 1936)

Jaspers, Karl: Die geistige Situation der Zeit, Berlin-Leipzig 1931

Kaase, Max/Schulz, Winfried (Hrsg.): Massenkommunikation. Theorie, Methoden, Befunde. Kölner Zeitschrift für Soziologie und Sozialpsychologie, Sonderheft 30, Opladen 1989

Kant, Immanuel: Kritik der reinen Vernunft. Werke in sechs Bänden. Band II, Darmstadt [3]1983

Kant, Immanuel: Beantwortung der Frage: Was ist Aufklärung?, in: Kant, Immanuel: Schriften zur Anthropologie, Geschichtsphilosophie, Politik und Pädagogik. Werke in sechs Bände. Band VI, Darmstadt 1998 (S. 53-61)

Kaser, Karl/Gruber, Siegfried/Pichler, Robert (Hrsg.): Historische Anthropologie im südöstlichen Europa. Eine Einführung, Wien-Köln-Weimar 2003

Kielmansegg, Peter Graf: Vorbild Europa, in: Frankfurter Allgemeine Zeitung, Nr. 111, vom 14. Mai 2007, Frankfurt a. M. 2007 (S. 7)

Knoblauch, Hubert: „Neues Paradigma" oder „Neues Zeitalter"? Fritjof Capras moralisches Unternehmen und die „New-Age-Bewegung", in: Bergmann, Jörg R./Hahn, Alois/Luckmann, Thomas (Hrsg.): Religion und Kultur, Kölner Zeitschrift für Soziologie und Sozialpsychologie, Sonderheft 33, Opladen 1993 (S. 249-270)

Kuhn, Thomas S.: Die Struktur wissenschaftlicher Revolutionen, Frankfurt a. M. [2]1978

Lepsius, M. Rainer: Extremer Nationalismus. Strukturbedingungen vor der nationalsozialistischen Machtergreifung, in: Lepsius, M. Rainer: Demokratie in Deutschland. Soziologisch-historische Konstellationsanalysen, Göttingen 1993 (S. 51-79)

Luckmann, Thomas: Das Problem der Religion in der modernen Gesellschaft. Institution, Person, Weltanschauung, Freiburg i. Br. 1963

Luhmann, Niklas: Die Religion der Gesellschaft, Frankfurt a. M. 2000

Luhmann, Niklas: Die Wissenschaft der Gesellschaft, Darmstadt 2002

Lyotard, Jean-Francois: La condition postmoderne, Paris 1979

Mannheim, Karl: Ideologie und Utopie, Frankfurt a. M. [5]1969

Mannheim, Karl: Wissenssoziologie. Auswahl aus dem Werk, Neuwied-Berlin 1970

Mannheim, Karl: Die Bedeutung der Konkurrenz im Gebiet des Geistigen, in: Meja, Volker/Stehr, Nico (Hrsg.): Der Streit um die Wissenssoziologie. Erster Band: Die Entwicklung der deutschen Wissenssoziologie, Frankfurt a. M. 1982 (S. 325-370)

Marcuse, Herbert: Der eindimensionale Mensch. Studien zur Ideologie der fortgeschrittenen Industriegesellschaft, Neuwied-Berlin 1970

Matthes, Joachim: Was ist anders an anderen Religionen? Anmerkungen zur zentristischen Organisation des religionssoziologischen Denkens, in: Bergmann, Jörg R./ Hahn, Alois/Luckmann, Thomas (Hrsg.): Religion und Kultur, Kölner Zeitschrift für Soziologie und Sozialpsychologie, Sonderheft 33, Opladen 1993 (S. 16-30)

Merton, Robert K.: Social Theory and Social Structure, Glencoe Ill. [4]1957

Merton, Robert K.: Entwicklung und Wandel von Forschungsinteressen. Aufsätze zur Wissenschaftssoziologie, Frankfurt a. M. 1985

Nassehi, Armin: Muster. Theorie der digitalen Gesellschaft, München [2]2019

Popitz, Heinrich: Autoritätsbedürfnisse. Der Wandel der sozialen Subjektivität, in: Kölner Zeitschrift für Soziologie und Sozialpsychologie, 39. Jg., Opladen 1987 (S. 633-647)

Popper, Karl R.: Objektive Erkenntnis. Ein evolutionärer Entwurf, Hamburg 1973

Popper, Karl R.: Logik der Sozialwissenschaften, in: Adorno, Theodor W. u.a.: Der Positivismusstreit in der deutschen Soziologie, Darmstadt-Neuwied [3]1974 (S. 103-123)

Popper, Karl R.: Logik der Forschung, Tübingen [6]1976

Roth, Klaus (Hrsg.): Sozialismus: Realität und Illusionen. Ethnologische Aspekte der sozialistischen Alltagskultur, Wien 2005

Roth, Klaus (Hrsg.): Arbeitswelt – Lebenswelt. Facetten einer spannungsreichen Beziehung im östlichen Europa, Berlin 2006

Schluchter, Wolfgang: Die Entwicklung des okzidentalen Rationalismus. Eine Analyse von Max Webers Gesellschaftsgeschichte, Tübingen 1979

Schütz, Alfred: Der sinnhafte Aufbau der sozialen Welt. Eine Einleitung in die verstehende Soziologie, Frankfurt a. M. 1981 (zuerst 1932)

Schütz, Alfred/Luckmann, Thomas: Strukturen der Lebenswelt, Frankfurt a. M. 1979 (2 Bde)

Simmel, Georg: Religion und Gesellschaft, in Simmel, Georg: Das individuelle Gesetz. Philosophische Exkurse, Frankfurt a. M. 1987 (S. 50-62)

Spinner, Helmut F.: Die Wissensordnung. Ein Leitkonzept für die dritte Grundordnung des Informationszeitalters, Opladen 1994

Srubar, Ilja: Phänomenologie und soziologische Theorie. Aufsätze zur pragmatischen Lebensweltheorie, Wiesbaden 2007

Steiner, George: „Warum Denken traurig macht". Zehn (mögliche) Gründe, Frankfurt a. M. 2006

Sterbling, Anton: Anmerkungen zur „Informationsgesellschaft", in: Sterbling, Anton: Modernisierung und soziologisches Denken. Analysen und Betrachtungen, Hamburg 1991 (S. 292-313)

Sterbling, Anton: Das Wesen und die Schwächen der Diktatur nachgelesen in den Romanen von Herta Müller, in: Kron, Thomas/Schimank, Uwe (Hrsg.): Die Gesellschaft der Literatur, Opladen 2004 (S. 165-200)

Sterbling, Anton: Zur Kulturbedeutung der Religion in der deutschen Gegenwartsgesellschaft, in: Sterbling, Anton: Zumutungen der Moderne. Kultursoziologische Analysen, Hamburg 2007 (S. 75-90)

Sterbling, Anton: Ambivalenzen der Moderne, Anliegen der Kunst und künstlerische Weltflucht, in: Sterbling, Anton: Zumutungen der Moderne. Kultursoziologische Analysen, Hamburg 2007 (S. 91-114)

Sterbling, Anton: Zumutungen der Moderne. Kultursoziologische Analysen, Hamburg 2007

Sterbling, Anton: Umgang mit Wissen – Begabung, Kunst oder Lernergebnis?, in: Kühne, Eberhard (Hrsg.): Information und Wissen in der Polizei erfolgreich managen, Rothenburger Beiträge. Polizeiwissenschaftliche Schriftenreihe (Band 49), Rothenburg/Oberlausitz 2009 (S. 1-21)

Sterbling, Anton: Zum Verhältnis von Kultur, Religion und Wissenschaft, in: Sterbling, Anton: Krisen und Wandel, Hamburg 2009 (S. 161-173)

Sterbling, Anton: Krisen und Wandel, Hamburg 2009

Sterbling, Anton: „System" und „Lebenswelten" im Sozialismus. Das Beispiel des multiethnischen Banats, in: Land-Berichte. Sozialwissenschaftliches Journal, XIII. Jg., Heft 3, Aachen 2010 (S. 10-33)

Sterbling, Anton: Informationszeitalter, Ethik und das Prinzip der Kritik, in: Löhr, Albert/Altholz, Vitali/Burkatzki, Eckhard (Hrsg.): Unternehmensethik im digitalen Informationszeitalter, München-Mering 2011 (S. 97-116)

Sterbling, Anton: ‚Wissensgesellschaft' und ‚Informationszeitalter'. Zum Wandel der Wissensgrundlagen der Moderne, in: Sterbling, Anton: Wege der Modernisierung und Konturen der Moderne im westlichen und östlichen Europa, Wiesbaden 2015 (S. 39-66)

Sterbling, Anton: Wege der Modernisierung und Konturen der Moderne im westlichen und östlichen Europa, Wiesbaden 2015

Sterbling, Anton: Nationalstaaten und Europa. Problemfacetten komplizierter Wechselbeziehungen. Geistige Lieferung I, Akademie Herrnhut, Dresden 2018

Sterbling, Anton: Einführung in die Grundlagen der Soziologie, Stuttgart 2020

Sterbling, Anton: Wissenschaft und Irrtum, in: Sterbling, Anton: Bürgerliche Gesellschaft, ihre Leistungen und ihre Feinde, Stuttgart 2020 (S. 15-34)

Sterbling, Anton: Deportation, „Kollektivschuld", Erinnerung. Zur Verschleppung der Banater Schwaben in die Sowjetunion 1945, in: Land-Berichte. Beiträge zu ländlichen und regionalen Lebenswelten, XXIII. Jg., Heft 2, Düren 2020 (S. 62-73)

Sterbling, Anton: Die antwortlose Gesellschaft. Zeitfragen, Buchreihe Land-Berichte (Band 17), Düren 2021

Tenbruck, Friedrich H.: Die Religion im Maelstrom der Reflexion, in: Bergmann, Jörg R./Hahn, Alois/Luckmann, Thomas (Hrsg.): Religion und Kultur, Kölner Zeitschrift für Soziologie und Sozialpsychologie, Sonderheft 33, Opladen 1993 (S. 31-76)

Tibi, Bassam: Die neue Weltordnung. Westliche Dominanz und islamischer Fundamentalismus, Stuttgart 2001

Tönnies, Ferdinand: Gemeinschaft und Gesellschaft. Grundbegriffe der reinen Soziologie, Darmstadt ³1991

Toffler, Alvin: Machtbeben. Powershift. Wissen, Wohlstand und Macht im 21. Jahrhundert, Düsseldorf-Wien-New York ²1991

Topitsch, Ernst: Sozialphilosophie zwischen Ideologie und Wissenschaft, Neuwied-Berlin ²1966

Topitsch, Ernst: Die Sozialphilosophie Hegels als Heilslehre und Herrschaftsideologie, München ²1981

Topitsch, Ernst (Hrsg.): Logik der Sozialwissenschaften, Königstein/Ts. ¹¹1984

Topitsch, Ernst: Erkenntnis und Illusion, Tübingen ²1988

Troeltsch, Ernst: Die Soziallehren der christlichen Kirchen und Gruppen, Tübingen 1994 (2 Bde)

Weber, Max: Wirtschaft und Gesellschaft. Grundriß der verstehenden Soziologie, Tübingen ⁵1976

Weber, Max: Die „Objektivität" sozialwissenschaftlicher und sozialpolitischer Erkenntnis, in: Weber, Max: Gesammelte Aufsätze zur Wissenschaftslehre, Tübingen ⁷1988 (S. 146-214)

Weber, Max: Der Sinn der „Wertfreiheit" der soziologischen und ökonomischen Wissenschaften, in: Weber, Max: Gesammelte Aufsätze zur Wissenschaftslehre, Tübingen ⁷1988 (S. 489-540)

Weber, Max: Wissenschaft als Beruf, in: Weber, Max: Gesammelte Aufsätze zur Wissenschaftslehre, Tübingen ⁷1988 (S. 582-613)

III. Terrorismus, Sicherheit, liberale Politik

Wahrnehmung des Terrorismus durch die Bürger. Eine Betrachtung längerfristiger Entwicklungen

Die Gefahren des internationalen Terrorismus, zunächst in seiner marxistisch-weltrevolutionären, sodann insbesondere in seiner islamistisch-fundamentalistischen Spielart waren bereits vor Jahrzehnten gegeben und sind von Experten durchaus früh als solche erkannt und analysiert worden.[1] Aber erst die dramatischen, die Welt tief erschütternden Ereignisse des 11. September 2001 ließen der westlichen Öffentlichkeit schlagartig bewusst werden, welch weitreichenden Bedrohungen für sie damit einhergehen.[2] Stellte sich die Bedrohung durch den islamistischen Terrorismus für Europa und für die Bundesrepublik Deutschland zunächst nur als „abstrakte" Gefahr dar, so wurde sie in der Zwischenzeit und vor allem in den letzten Jahren immer manifester und unmittelbar erfahrbarer.

Dazu nur einige Stichworte zu besonders gravierenden islamistischen Terroranschlägen in Europa. Zunächst sind in diesem Zusammenhang die Madrider Zuganschläge des Jahres 2004 und die Anschläge 2005 in London zu erwähnen, sodann 2015 der Angriff auf die Satirezeitschrift „Charlie Hebdo" in Paris, die Anschläge in Kopenhagen im gleichen Jahr und die Angriffe vom 13. November 2015 in Paris mit 130 Toten. Dann 2016 die Anschläge in Brüssel mit 32 Toten und in Nizza am 14. Juli 2016 mit 86 Opfern, der Terroranschlag von Manchester am 22. Mai 2017 und schließ-

---

[1] Siehe zum Beispiel: Hoffman, Bruce: Terrorismus. Der unerklärte Krieg, Frankfurt a. M. 1999; Tibi, Bassam: Die neue Weltunordnung. Westliche Dominanz und islamischer Fundamentalismus, Stuttgart 2001.

[2] Siehe: Waldmann, Peter (Hrsg.): Determinanten des Terrorismus, Weilerswist 2005; Münkler, Herfried: Der Wandel des Krieges. Von der Symmetrie zur Asymmetrie, Weilerswist 2006; Kron, Thomas/Reddig, Melanie (Hrsg.): Analysen des transnationalen Terrorismus. Soziologische Perspektiven, Wiesbaden 2007; Hobsbawm, Eric: Globalisierung, Demokratie und Terrorismus, München 2009; Hermann, Rainer: Endstation Islamischer Staat? Staatsversagen und Religionskrieg in der arabischen Welt, München 2015; Seubert, Harald/Bauch, Jost (Hrsg.): In welcher Gesellschaft leben wir?, Nürnberg 2016; Goertz, Stefan: Islamistischer Terrorismus. Analyse – Definitionen – Taktik, Heidelberg 2017.

lich die islamistischen Anschläge in Barcelona und in anderen Orten der katalanischen Küste am 17. August 2017 mit 14 Todesopfern. In der Bundesrepublik Deutschland sei nur auf den Angriff eines „Flüchtlings" und IS-Anhängers mit einer Axt in einem Zug bei Würzburg am 18. Juli 2016, auf den missglückten Sprengstoffanschlag eines IS-Anhängers vor dem Eingang einer Musikveranstaltung in Ansbach am 24. Juli 2016 mit 15 Verletzten und auf den verheerenden Anschlag am 19. Dezember 2016 auf dem Berliner Weihnachtsmarkt mit 12 Toten und 45 Verletzten durch den abschiebungspflichtigen, aber nicht abgeschobenen „Flüchtling", mehrfachen Gewaltverbrecher, Drogendealer und IS-Anhänger Anis Amri erwähnt.

Wenngleich anfangs – auch von führenden deutschen Politikern, insbesondere der Grünen, aber auch der SPD – vehement in Abrede gestellt wurde, dass es irgendwelche Zusammenhänge zwischen den Massenzuwanderungen und Flüchtlingsbewegungen des Jahres 2015[3] und der gestiegenen Gefahr des islamistischen Terrorismus gäbe, traten nicht nur nach dem Herbst des Jahres 2015 solche terroristischen Anschläge deutlich häufiger und gravierender in Erscheinung, sondern die Beteiligung von als „Flüchtlinge" nach Europa gekommenen Attentätern konnte auch nicht mehr länger bestritten werden.

Aus der „abstrakten" Gefahr wurde in der Zwischenzeit auch in der Bundesrepublik Deutschland wie in ganz Europa und der westlichen Welt eine sehr „reale", mit weitreichenden Konsequenzen für die Sicherheitslage, die Polizeiarbeit und auch für unserer „Lebensweise", ob wir es nun wahrhaben und akzeptieren wollen oder nicht. Allein der gestiegene Sicherheitsaufwand und die damit deutlich gewachsenen Sicherheitskosten und sicherheitsbedingten Einschränkungen der alltäglichen Lebensführung und andere „objektive" Veränderungen der Lebensumstände wie natürlich auch die „subjektiven" und nicht zuletzt psychologischen Folgen eines zumindest latenten Bedrohungsgefühls bei vielen Menschen lassen zwischenzeitlich eine deutliche, zum Teil sogar einschneidende Veränderung unserer Lebensbedingungen und unserer gesamten Lebensqualität erkennen.

---

[3] Siehe: Sterbling, Anton: Zuwanderungsschock – Deutschland und Europa in Gefahr? Probleme der Zuwanderung und Integration, Hamburg 2016; Sterbling, Anton: Europa zwischen Realität und Verblendung, Hamburg 2016.

Die gegenwärtige weltpolitische Lage mit ihren vielen Brennpunkten, Krisenherden und gewaltsamen Konflikten – insbesondere im Vorderen Orient, in Zentralasien und im nördlichen Afrika und in der Sahelzone, aber auch mit ihren immer deutlicheren Aus- und Rückwirkungen auf Europa und die westliche Welt – lässt erwarten und realistischerweise auch befürchten, dass die Gefahren, die vom internationalen Terrorismus, insbesondere von dem islamistisch-fundamentalistischer Spielart, ausgehen, noch länger fortbestehen und an Intensität und Irrationalität möglicherweise zunehmen werden. Etwas anderes anzunehmen, verkennt die gegebenen Ursachen wie auch die Dynamik und Eigendynamik dieser Prozesse, die nicht zuletzt mit gescheiterten Versuchen, eine moderne Staatlichkeit in vielen Regionen der Welt aufzubauen, mit einem rasanten Bevölkerungswachstums in der islamischen Welt und in Afrika, mit der vielfach gegebenen wirtschaftlichen Unterentwicklung, den sozialen Spannungen und Verwerfungen und mit der Ausbreitung eines politischen und aggressiven Islams – der nicht nur als Religion, sondern vielfach auch als Herrschaftsideologie in Erscheinung tritt[4] – zusammenhängen.

Wir bezogen den sicherheitsrelevanten Problemkomplex des internationalen Terrorismus ab dem Jahr 2002 in unsere wiederholten Untersuchungen zum subjektiven Sicherheitsgefühl und zur Lebensqualität ein[5] und behielten ihn bis zur letzten Untersuchung in dieser Reihe im Jahr 2014 im

---

[4] Siehe: Vonderach, Gerd (Hrsg.): Das Zuwanderungsproblem. Was kommt auf Europa zu? Buchreihe Land-Berichte 12, Aachen 2017; Sterbling, Anton: Nationalstaaten und Europa. Problemfacetten komplizierter Wechselbeziehungen, Geistige Lieferung I, Akademie Herrnhut, Dresden 2018, insb. S. 119.

[5] Siehe: Sterbling, Anton/Burgheim, Joachim: Subjektive Wahrnehmung der Gefahren des internationalen Terrorismus – empirische Teilergebnisse einer Bürgerbefragung, in: Die Polizei. Fachzeitschrift für öffentliche Sicherheit mit Beiträgen aus der Polizei-Führungsakademie, 94. Jg., Köln 2003 (S. 181-185); Sterbling, Anton/ Burgheim, Joachim: Internationaler Terrorismus und EU-Erweiterung – Auswirkungen auf die subjektive Sicherheit. Teilergebnisse von Bürgerbefragungen, in: Kriminalistik. Unabhängige Zeitschrift für die kriminalistische Wissenschaft und Praxis, 60. Jg., Heidelberg 2006 (S. 160-166); Sterbling, Anton: Bürgerbefragung zum Sicherheitsgefühl im Landkreis Görlitz – im Vergleich zu vorausgegangenen Untersuchungen und unter besonderer Berücksichtigung internationaler Einflussfaktoren, in: Die Polizei. Fachzeitschrift für öffentliche Sicherheit mit Beiträgen aus der Deutschen Hochschule der Polizei, 106. Jg., Heft 10 und Heft 11, Köln 2015, in zwei Teilen (S. 292-296 und S. 317-323).

Landkreis Görlitz bei. Unsere Fragestellungen zielten vor allem darauf, inwiefern die Bedrohung durch den internationalen Terrorismus den einzelnen Bürger erreicht und wie diese Gefahr subjektiv wahrgenommen und verarbeitet wird. Darauf werden sich denn auch die weiteren empirischen Ausführungen dieses Kapitels beziehen. Zunächst seien allerdings einige Angaben zur Untersuchungsreihe, auf die sich die darzulegenden Befunde stützen, vermittelt, um deren empirische Reichweite und Aussagekraft besser einschätzen zu können.

Zur Untersuchungsreihe als empirische Grundlage

Im Herbst des Jahres 2014 wurde im Landkreis Görlitz eine schriftliche Bürgerbefragung zur Lebensqualität und subjektiven Sicherheit durchgeführt. Es handelt sich dabei um die siebte derartige Untersuchung in einer Reihe, die zwischen 1998 und 2014 zunächst in Hoyerswerda (1998, 2002 und 2008) und in Görlitz (1999, 2004, 2012) und zuletzt im Landkreis Görlitz (2014) erfolgte.[6] In dieser von mir geleiteten Untersuchungsreihe wurde ein in den Kernfragen weitgehend identisches Erhebungsinstrument eingesetzt. Dies ermöglichte, neben dem Vergleich zwischen beiden genannten Städten und dem Landkreis Görlitz auch Entwicklungstendenzen im zeitlichen Verlauf zu erfassen und Befunde danach einzuordnen.

Bei den Befragungen von jeweils 2.000 zufällig ausgewählten Bürgern über 14 Jahren in den Städten Hoyerswerda und Görlitz lagen die Nettorücklaufquoten bei allen sechs durchgeführten Untersuchungen zwischen knapp 35 und 48 Prozent. Im Landkreis Görlitz, im Jahr 2014, wurden insgesamt 3.879 nach dem Zufallsprinzip ausgewählte Bürger befragt, wobei hier der Nettorücklauf auswertbarer Fragebogen bei 1.159 Fällen, also knapp 30 Prozent, lag. Die Repräsentativität wurde bei dieser wie bei den vorausgegangenen Befragungen überprüft und im Hinblick auf die wichtigsten sozialdemographischen Kenngrößen wie Alter, Geschlecht, Ausbildungsabschlüsse, Beschäftigungsstatus usw. als weitgehend gegeben festgestellt.

---

[6] Siehe hierzu vor allem: Sterbling, Anton: Sicherheit und Lebensqualität im Landkreis Görlitz. Ergebnisse einer Bürgerbefragung, Rothenburger Beiträge. Polizeiwissenschaftliche Schriftenreihe (Band 78), Rothenburg/Oberlausitz 2015.

Wahrnehmung der Gefahren des internationalen Terrorismus als Einflussfaktor auf die Sicherheitslage

Zunächst kann man feststellen, dass die „Gefahren des internationalen Terrorismus" unter den Einflussfaktoren, denen eine besondere Relevanz im Hinblick auf die gegebene Sicherheitslage beigemessen wurde, zu den Einflussgrößen mit einem mittleren Bedeutungsgewicht zählen. Die Gewichtung wurde anhand des Anteils der Befragten festgestellt, die dem betreffenden Faktor aus einer längeren Liste ein „großer Einfluss auf die persönliche oder öffentliche Sicherheitslage" beigemessen haben.

In einer Vergleichsperspektive wurden den Faktoren „Grenznähe" (70,1 Prozent), „Arbeitslosigkeit" (54,8 Prozent) und „Verhalten der Ausländer" (34,9 Prozent) bei der Untersuchung im Landkreis Görlitz 2014 von einem relativ hohen Anteil der Befragten ein großer Einfluss auf die Sicherheitslage zugerechnet. Ein mittleres Gewicht wurde neben den „Gefahren des internationalen Terrorismus" bei dieser Befragung dem „Einfluss des Elternhauses" (28,4 Prozent), dem „Justizverhalten" (27,4 Prozent), dem „Ausländeranteil" (25,2 Prozent), dem „Politiker- und Parteienverhalten" (23,1 Prozent), dem „Wertewandel" (22,3 Prozent), den „Europäischen Entwicklungen" (20,1 Prozent), den „Massenmedien" (19,8 Prozent), dem „Verhalten der Polizei" (19,5 Prozent) sowie dem Faktor „Schulen/Bildung" (17,9 Prozent) beigemessen. Erst danach folgt unter den Faktoren mit einer mittleren Gewichtung der „Internationale Terrorismus" (Tabelle 1).

Tabelle 1: Internationaler Terrorismus als Einflussfaktor auf die persönliche und öffentliche Sicherheit

Einflussfaktor / Intern. Terrorismus	ja	nein	k. A.
LK Görlitz 2014	181	978	0
LK Görlitz 2014	(15,6 %)	(84,4 %)	(0,0 %)
Görlitz 2012	(10,2 %)	(86,9 %)	(2,9 %)
Hoyerswerda 2008	*(10,8 %)*	*(86,2 %)*	*(3,0 %)*
Görlitz 2004	(17,2 %)	(82,7 %)	(0,1 %)
Hoyerswerda 2002	*(19,4 %)*	*(80,2 %)*	*(0,4 %)*

Den internationalen Terrorismus als wichtigen Einflussfaktor der persönlichen und öffentlichen Sicherheitslage erwähnten 2012 in Görlitz nur noch 10,2 Prozent und 2008 in Hoyerswerda lediglich knapp 11 Prozent der Befragten, nachdem es 2002 rund 19 Prozent und auch 2004 in Görlitz immerhin 17 Prozent waren, die sich entsprechend äußerten. Im Jahr 2014 im Landkreis Görlitz sind es indes 15,6 Prozent der Befragten, die diesen Faktor ausdrücklich als besonders sicherheitsrelevant ansprachen.

Bei der Frage, welche drei Deliktarten oder Gefahren die befragten Bürger „am stärksten beunruhigen" würden, haben im Jahr 2012 in Görlitz 10 Prozent und 2008 in Hoyerswerda 16,7 Prozent den internationalen Terrorismus genannt. Bei den Befragungen 2002 in Hoyerswerda sowie 2004 in Görlitz waren es allerdings noch jeweils rund 29 Prozent, die den internationalen Terrorismus ausdrücklich als große Gefahr erwähnten. Bei der Untersuchung 2014 im Landkreis Görlitz waren es – vor dem Hintergrund neuerer Entwicklungen und terroristischer Anschläge in Europa – 19,2 Prozent der Befragten, die den internationalen Terrorismus unter den drei Gefahren, die sie am stärksten beunruhigten, ausdrücklich nannten.

Eine weitere Frage, die wir in diesem Untersuchungszusammenhang stellten, bezog sich darauf, in welchem Maße sich die Befragten über den „in der letzten Zeit in Erscheinung getretenen internationalen Terrorismus" besorgt äußerten (Tabelle 2).

Tabelle 2: Beunruhigung wegen der Gefahr des internationalen Terrorismus

Beunruhigung / Intern. Terrorismus	sehr stark	stark	etwas	gar nicht
LK Görlitz 2014	151	429	472	85
LK Görlitz 2014	(13,0 %)	(37,0 %)	(40,7 %)	(7,3 %)
Görlitz 2012	(5,9 %)	(22,2 %)	(56,0 %)	(14,7 %)
Hoyerswerda 2008	*(10,1 %)*	*(26,1 %)*	*(48,7 %)*	*(13,1 %)*
Görlitz 2004	(13,4 %)	(31,8 %)	(42,7 %)	(11,1 %)
Hoyerswerda 2002	*(22,7 %)*	*(34,7 %)*	*(35,4 %)*	*(6,5 %)*

Keine Angaben: 2002 = 0,7 %, 2004 = 1 %, 2008 = 2 %, 2012 = 1,1 %, 2014 = 1,9 %.

In Hoyerswerda erklärten sich 2002, in zeitlicher Nähe der Ereignisse des 11. September 2001, 22,7 Prozent „sehr stark" und weiter 34,7 Prozent „stark" wegen der Erscheinungen des internationalen Terrorismus beunruhigt. Also deutlich über die Hälfte der Befragten (57 Prozent) zeigten sich wegen der Terrorismusgefahr stark in Sorge.

In Görlitz äußerten sich 2004 sodann 13,4 Prozent der Befragten „sehr stark" und weitere 31,8 Prozent „stark" beunruhigt. In Hoyerswerda 2008 zeigten sich 10,1 Prozent „sehr stark" und weitere 26,1 Prozent „stark" wegen der Bedrohung durch den internationalen Terrorismus in Sorge, während 48,7 Prozent lediglich „etwas" und 13,1 Prozent „gar nicht" beunruhigt erschienen. Im Jahr 2012 erklärten sich wegen der Gefahren des internationalen Terrorismus nur noch 5,5 Prozent „sehr stark" und 22,2 Prozent „stark" beunruhigt, also insgesamt 27,7 Prozent, während sich 56 Prozent nur „etwas" und 14,7 Prozent „gar nicht" beunruhigt äußerten.

Bei der Bürgerbefragung 2014 im Landkreis Görlitz stieg das Ausmaß der Beunruhigung wieder stark – fast auf das Ausgangsniveau des Jahres 2002 in Hoyerswerda – an: 13 Prozent zeigten sich hierbei „sehr stark" und weitere 37, Prozent „stark" beunruhigt, 40,7 Prozent wirken „etwas" beunruhigt und nur 7,3 Prozent antworteten mit „gar nicht". Also die Hälfte (50 Prozent) der Bürger äußerten sich 2014 wegen der Gefahr des internationalen Terrorismus wieder stark in Sorge. Dies ist vor allem angesichts der Gräueltaten des sogenannten „Islamischen Staates",[7] der Attraktivität und der Faszination, die davon, zumindest zeitweilig, auf bestimmte islamistische Kreise in Europa ausging, und der terroristischen Anschläge und Gefahren, die damit verbunden erscheinen, aus der entsprechenden Zeitperspektive und subjektiven Wahrnehmung gut nachvollziehbar.

Daher dürfte des Weiteren auch aufschlussreich sein, in welchem Maße der internationale Terrorismus als eine „großer Gefahr für die westliche Welt" und für die „Bundesrepublik Deutschland" angesehen wird. Entsprechende Befunde finden sich in der folgenden Übersicht (Tabelle 3 und Tabelle 4) vorgestellt.

Der Aussage, dass der internationale Terrorismus eine „große Gefahr" für die westliche Welt darstellt, stimmten im Jahr 2002 in Hoyerswerda

---

[7] Siehe dazu: Hermann, Rainer: Endstation Islamischer Staat? Staatsversagen und Religionskrieg in der arabischen Welt, München 2015; Fritzsche, Erik/Lange, Sebastian: Das politische System des Islamischen Staates, in: Totalitarismus und Demokratie, 14. Jg., Heft 2, Göttingen 2017 (S. 201-231); Goertz, Stefan: Islamistischer Terrorismus. Analyse – Definitionen – Taktik, Heidelberg 2017.

knapp 45 Prozent der Befragten „uneingeschränkt" und weitere rund 42 Prozent „eher" zu. Also rund 87 Prozent betrachteten den internationalen Terrorismus als eine große Herausforderung und Bedrohung für die westliche Welt.

Tabelle 3: Beurteilung des internationalen Terrorismus als große Gefahr für die westliche Welt

Zustimmung / Untersuchung	uneinge- schränkt	eher zutreffend	eher nicht	überhaupt nicht
LK Görlitz 2014	397	611	119	20
LK Görlitz 2014	(34,3 %)	(52,7 %)	(10,3 %)	(1,7 %)
Görlitz 2012	(24,2 %)	(56,8 %)	(15,4 %)	(2,3 %)
Hoyerswerda 2008	*(29,7 %)*	*(51,3 %)*	*(14,7 %)*	*(1,9 %)*
Görlitz 2004	(37,2 %)	(46,8 %)	(13,5 %)	(1,8 %)
Hoyerswerda 2002	*(44,9 %)*	*(42,4 %)*	*(10,3 %)*	*(0,9 %)*

Keine Angaben: 2002 = 1,5 %, 2004 = 0,7 %, 2008 = 2,4 %, 2012 = 1,4 %, 2014 = 1 %.

2008 waren es in Hoyerswerda ebenfalls noch 81 Prozent der Befragten, die dies so wahrnahmen, allerdings ging der Anteil derjenigen, die der entsprechenden Aussage „uneingeschränkt" zustimmten, von 45 Prozent auf knapp 30 Prozent zurück. In Görlitz waren es 2004 rund 37 Prozent, die dieser Aussage „uneingeschränkt", und knapp 47 Prozent, die ihr „eher" zustimmten, also auch rund 84 Prozent, die den internationalen Terrorismus als große Gefahr für die westliche Welt empfanden. In der Untersuchung 2012 meinten 81 Prozent, dass der internationale Terrorismus „uneingeschränkt" (24,2 Prozent) oder „eher" (56,8 Prozent) eine große Gefahr für die westliche Welt darstellt. Dieser Anteil hat sich bei der Befragung 2014 im Landkreis Görlitz nochmals, und zwar wie bei der ersten Befragung 2002 in Hoyerswerda, auf 87 Prozent erhöht, wobei 34,3 Prozent die Gefährdung der westlichen Welt „uneingeschränkt" und weitere 52,7 Prozent „eher" als zutreffend bezeichneten. Dass die Gefährdung der westlichen Welt durchgängig als sehr hoch angesehen wird, lässt sich auch daran ablesen, dass nur zwischen 0,9 Prozent (Hoyerswerda 2002) und 2,3 Prozent (Görlitz 2012) von „überhaupt" keiner Bedrohung ausgingen.

Die Gefahren für die Bundesrepublik Deutschland werden zwar in allen Befragungen etwas geringer als für die westliche Welt überhaupt eingeschätzt, aber auch diesbezüglich zeigten sich 2014 im Landkreis Görlitz 79,2 Prozent und 2012 in Görlitz 72,7 Prozent der Befragten stark besorgt.

Tabelle 4: Beurteilung des internationalen Terrorismus als große Gefahr für die Bundesrepublik Deutschland

Zustimmung / Untersuchung	uneinge- schränkt	eher zutreffend	eher nicht	überhaupt nicht
LK Görlitz 2014	340	578	208	21
LK Görlitz 2014	(29,3 %)	(49,9 %)	(17,9 %)	(1,8 %)
Görlitz 2012	(22,7 %)	(50,0 %)	(23,8 %)	(2,0 %)
Hoyerswerda 2008	*(26,5 %)*	*(49,6 %)*	*(18,9 %)*	*(2,9 %)*
Görlitz 2004	(22,5 %)	(46,1 %)	(28,0 %)	(2,7 %)
Hoyerswerda 2002	*(32,6 %)*	*(46,5 %)*	*(18,0 %)*	*(2,0 %)*

Keine Angaben: 2002 = 1,1 %, 2004 = 0,8 %, 2008 = 2,2 %, 2012 = 1,5 %, 2014 = 1 %.

2008 betrachteten in Hoyerswerda rund 76 Prozent der befragten Bürger den internationalen Terrorismus als erhebliche Gefahr für Deutschland, 2002 lag dieser Anteil in Hoyerswerda bei rund 79 Prozent und 2004 in Görlitz bei knapp 69 Prozent. Vor allem, wenn man die sehr geringen, jeweils unter 3 Prozent liegenden Anteile derjenigen zur Kenntnis nimmt, die den Aussagen, dass der internationale Terrorismus eine große Gefahr für die westliche Welt bzw. für die Bundesrepublik Deutschland darstellt, „überhaupt nicht" zustimmen, wird das Ausmaß deutlich, in dem der internationale Terrorismus seit der Befragung 2002 durchweg als signifikante Bedrohung wahrgenommen wird.

Eine weitere Frage zielte auf das Gefühl der persönlichen Betroffenheit durch die Gefahren des internationalen Terrorismus (Tabelle 5). Es macht sicherlich einen gewichtigen Unterschied, ob eine Bedrohung lediglich als allgemeine Gefahr oder aber unter dem Gesichtspunkt einer möglichen persönlichen Betroffenheit wahrgenommen wird. Ist dies der Fall, so hat es neben emotionalen und affektuellen vermutlich auch verhaltensbezogene Auswirkungen und betrifft damit mehr oder weniger deutlich die „Lebensweise". Nach dem 11. September 2001 im Jahr 2002 waren es in Hoyerswerda rund 10 Prozent der Befragten, die sich „sehr stark" und weitere knapp 21 Prozent, die sich persönlich „stark" durch den internationalen

Terrorismus bedroht fühlten, also rund 31 Prozent, die sich auch persönlich stark gefährdet empfanden.

Tabelle 5. Einschätzung der persönlichen Bedrohung durch den internationalen Terrorismus

Persönliche Bedrohung / Intern. Terrorismus	sehr stark	stark	etwas	gar nicht
LK Görlitz 2014	69	223	622	237
LK Görlitz 2014	(5,9 %)	(19,2 %)	(53,7 %)	(20,4 %)
Görlitz 2012	(2,1 %)	(10,7 %)	(51,0 %)	(34,6 %)
Hoyerswerda 2008	*(5,2 %)*	*(10,8 %)*	*(52,3 %)*	*(29,5 %)*
Görlitz 2004	(2,5 %)	(13,9 %)	(56,4 %)	(26,5 %)
Hoyerswerda 2002	*(10,3 %)*	*(20,7 %)*	*(52,7 %)*	*(15,3 %)*

Keine Angaben: 2002 = 1,1 %, 2004 = 0,7 %, 2008 = 2,2 %, 2012 = 1,6 %, 2014 = 0,7 %.

Dieser Anteil ging 2008 in Hoyerswerda um etwa die Hälfte auf 16 Prozent der Befragten zurück. Dieser Rückgang deutete sich bereits in der Befragung 2004 in Görlitz an, bei der sich 2,5 Prozent der Befragten persönlich „sehr stark" und 13,9 Prozent „stark" durch den internationalen Terrorismus bedroht sahen. 2012 waren es in Görlitz dann nur noch 12,8 Prozent der befragten Bürger, die sich persönlich „sehr stark" (2,1 Prozent) oder „stark" (10,7 Prozent) bedroht empfanden.

Dies änderte sich sodann allerdings vor dem Hintergrund neuerer Entwicklungen wieder deutlich. Im Jahr 2014 waren es nämlich im Landkreis Görlitz 5,9 Prozent der Befragten, die sich persönlich „sehr stark", und weitere 19,2 Prozent, die sich „stark" durch den internationalen Terrorismus bedroht fühlten. Auch Vergleiche mit der subjektiven Wahrnehmung anderer persönlicher Bedrohungen oder Viktimisierungsrisiken (z.B. Raub und Erpressung, Gewalttaten u.ä.) lassen erkennen, dass die Irrationalität terroristischer Gefahren und die weitgehende Unkalkulierbarkeit ihrer konkreten Risiken, wohl dazu führen, dass diese subjektiv in erheblichem Maße auch als persönliche Gefährdung wahrgenommen werden.

Der internationale Terrorismus, wie er am 11. September 2001 in den USA, aber auch später in London und in Madrid und in den späteren Jahren in Paris und in Kopenhagen, Brüssel, Nizza, Berlin, Manchester oder Barcelona in Erscheinung trat und wie er im Irak und Syrien, also im Wirkungsbereich des sogenannten „Islamischen Staates", oder in Afghanistan, in Somalia, im Norden Nigerias und in anderen Ländern zumindest zeitweilig fast schon zu einem ebenso grausamen wie alltäglichen Phänomen geworden war, stellt eine durchaus neue Art der Entfesselung und Entgrenzung menschlicher Gewalthandlungen dar, deren subjektive Verarbeitung für den normalen Menschen recht schwierig erscheint und deren Bekämpfung durch den demokratischen Rechtsstaat sich natürlich nicht weniger kompliziert und herausfordernd darstellt.[8] Gerade hoch entwickelte Zivilisationen und freiheitlich-demokratische Gesellschaften sind offenbar sehr empfindlich und anfällig, wenn sie mit besonders brutalen, irrationalen, fanatischen oder atavistischen Formen der Gewalt konfrontiert werden.

Wie die in der Bundesrepublik Deutschland ergriffenen Maßnahmen zur Bekämpfung des internationalen Terrorismus seitens der Befragten beurteilt werden, ist folgender Übersicht (Tabelle 6) zu entnehmen.

Tabelle 6: Beurteilung der in der Bundesrepublik Deutschland zur Bekämpfung des internationalen Terrorismus ergriffenen Maßnahmen

Es wurde genug getan	ja	nein	ich kann dies nicht einschätzen	k. A.
LK Görlitz 2014	106	343	704	6
LK Görlitz 2014	(9,1 %)	(29,6 %)	(60,7 %)	(0,5 %)
Görlitz 2012	(13,8 %)	(20,1 %)	(65,1 %)	(1,0 %)
Hoyerswerda 2008	*(17,6 %)*	*(20,7 %)*	*(60,2 %)*	*(1,4 %)*
Görlitz 2004	(11,6 %)	(25,9 %)	(61,9 %)	(0,6 %)
Hoyerswerda 2002	*(11,1 %)*	*(26,2 %)*	*(61,2 %)*	*(1,5 %)*

Wie in allen vorausgegangenen Untersuchungen meinte auch 2014 im Landkreis Görlitz der größte Teil der Befragten (60,7 Prozent), selbst nicht einschätzen zu können, ob genug gegen die terroristische Gefahr getan wird. Ansonsten gab es doch auch auffällige Veränderungen: Mit 9,1 Prozent ist bei der Befragung 2014 der Anteil derjenigen, die mit „ja" antworteten, am geringsten, und mit 29,6 Prozent der Anteil derjenigen, deren

---

[8] Insofern helfen auch sozialwissenschaftliche Studien, die elementare Phänomene der Gewalt analysieren, durchaus weiter, die Irrationalität und das Bedrohungspotenzial bestimmter Erscheinungsformen der Gewalt besser zu verstehen. Siehe dazu auch: Popitz, Heinrich: Gewalt, in: Popitz, Heinrich: Phänomene der Macht, Tübingen 1986 (S. 68-106); Trotha, Trutz. von: Soziologie der Gewalt. Kölner Zeitschrift für Soziologie und Sozialpsychologie, Sonderheft 37, Opladen 1997.

Antwort „nein" lautete, am höchsten. Bei der Untersuchung 2014 im Landkreis Görlitz meinen also drei Mal mehr Bürger, dass in der Bundesrepublik Deutschland eher zu wenig als zu viel im Hinblick auf die Bekämpfung des internationalen Terrorismus getan wird. Im Jahr 2012, bei der Befragung in Görlitz, vertraten knapp 14 Prozent der Bürger die Ansicht, dass genug getan wird, rund 20 Prozent äußerten, dass nicht genug unternommen würde. Bei der Untersuchung 2008 in Hoyerswerda meinten 17,6 Prozent der Befragten, dass in der Bundesrepublik Deutschland bisher genügend zur Bekämpfung des internationalen Terrorismus getan wurde, knapp 21 Prozent vertraten die Meinung, dass nicht genug getan worden sei.

Bei den Untersuchungen 2002 in Hoyerswerda und 2004 in Görlitz äußerten jeweils rund 11 Prozent, dass in Deutschland genug gegen den internationalen Terrorismus getan wurde, rund ein Viertel (26 Prozent) vertraten die Ansicht, dass nicht genug getan wurde. Das Meinungsbild hat sich 2014 dahingehend verändert, dass diejenigen, die Defizite bei der Bekämpfung des Terrorismus sehen, nunmehr deutlicher überwiegen. Es waren fast 30 Prozent, die äußerten, dass in der Bundesrepublik Deutschland nicht genügend zur Bekämpfung des internationalen Terrorismus unternommen würde. Dies entspricht im Zeitvergleich dem höchsten Anteil derjenigen, die eine solche Meinung vertraten, und ist sicherlich auch Ausdruck einer deutlich erhöhten realen Gefährdungslage und deren subjektiven Perzeption und Einschätzung. Wie zu erwarten war, verstärkt sich mit der Verschlechterung der objektiven Lage und der subjektiven Wahrnehmung gestiegener Gefahren durch den internationalen islamistischen Terrorismus auch das Bewusstsein gegebener staatlicher Defizite in der Bekämpfung dieser Bedrohungen.

Zentrale Erkenntnisse und ihre curriculare Relevanz für die Polizeiausbildung

Die Erfahrungen der letzten Jahre wie auch die Art, wie sie sich in den Umfragedaten unserer Untersuchungen niedergeschlagen haben, lassen zweifellos erkennen, dass der internationale Terrorismus islamistisch-fundamentalistischer Spielart von den Bürgern als erhebliche, ihre Lebensqualität deutlich beeinträchtigende Gefahr empfunden wird. Auf die Zunahme entsprechender terroristischer Angriffe in Westeuropa und in der Bundesrepublik Deutschland in den letzten Jahren, vor dem Hintergrund der andauernden Zuwanderungskrise,[9] reagierten auch die subjektive Einschätzungen und das Bedrohungsgefühl der Bevölkerung recht sensibel. Der internationale Terrorismus islamistischer Ausrichtung muss daher als eine veritable Herausforderung der Sicherheitspolitik, der Polizeitätigkeit wie auch der Präventionsarbeit in ihrer gesamten Breite angesehen werden.

Dem sollte nicht zuletzt auch in der Ausbildung der Polizei angemessen Rechnung getragen werden, indem insbesondere das Wissen über Ursachen, Erscheinungsformen und Folgen des internationalen Terrorismus vertieft und entsprechende soziokulturelle Wissenshintergründe und interkulturelle Kompetenzen der Polizeibeamtinnen und Polizeibeamten umsichtig und gezielt weiterentwickelt werden. Im Rahmen der Reformen des Curriculums der Polizeiausbildung für den gehobenen Polizeidienst wurde dem beispielsweise auch an der Hochschule der Sächsischen Polizei durchaus Rechnung zu tragen versucht.[10] Dies sollte bei weiteren curricularen Fortschreibungen wie auch bei der Weiterentwicklung des Fortbildungsangebotes der sächsischen Polizei und natürlich auch der Polizeien anderer Bundesländer möglichst angemessen berücksichtigt werden. Ebenso ist es selbstverständlich wichtig, sich im Rahmen der sicherheits- und polizeirelevanten Forschung[11] intensiv mit den verschiedenen Fragen und Problemfa-

---

[9] Siehe auch: Sterbling, Anton: Zuwanderung, Kultur und Grenzen in Europa, Buchreihe Land-Berichte 11, Aachen 2015; Sterbling, Anton: Zuwanderungsschock – Deutschland und Europa in Gefahr? Probleme der Zuwanderung und Integration, Hamburg 2016; Sterbling, Anton: Europa zwischen Realität und Verblendung, Hamburg 2016.

[10] Siehe auch: Sterbling, Anton: Polizeistudium im Umbruch. Ausgangspunkte, Anliegen und Zukunftsfragen, Konstanz 2006; Sterbling, Anton (Hrsg.): Internationale Zusammenhänge und Erfahrungen der Weiterentwicklung der Polizeiausbildung. X. Hochschuldidaktisches Kolloquium. Rothenburger Beiträge. Polizeiwissenschaftliche Schriftenreihe (Band 47), Rothenburg/Oberlausitz 2008; Dalberg, Dirk u.a. (Hrsg.): Polizei zwischen Wissenschaft und Reformdruck. Festschrift zum 20. Jahrestag der Gründung der Hochschule der Sächsischen Polizei (FH), Rothenburger Beiträge. Polizeiwissenschaftliche Schriftenreihe (Band 75), Rothenburg/Oberlausitz 2014.

[11] Siehe dazu auch: Sterbling, Anton: Kultur und Interkulturalität. Das Banat, Donauraum, Balkanimpressionen, Rothenburger Beiträge. Polizeiwissenschaftliche Schriftenreihe (Band 79), Rothenburg/Oberlausitz 2015; Dalberg, Dirk (Hrsg.): Migration

cetten des internationalen Terrorismus zu beschäftigen und kritisch auseinander zu setzen.

Weitergehende Forschungsfragen und Untersuchungsansätze

In einem abschließenden Überblick soll auf einige Problemschwerpunkte hingewiesen werden, die im Mittelpunkt solcher wissenschaftlichen Beschäftigungen stehen sollten und die folgende allgemeine Fragestellungen zum Ausgangspunkt haben könnten: Welche Besonderheiten zeichnen den internationalen Terrorismus islamistischer Prägung gegenwärtig aus, die ihm gleichsam eine ganz spezifische soziale und politische Relevanz verleihen? Worin bestehen Ähnlichkeiten, worin Unterschiede zu anderen Spielarten des internationalen Terrorismus? Mit welchen weiteren Entwicklungen ist zu rechnen?

Zunächst ist die religiös inspirierte Begründung des islamistischen Terrorismus, in Abgrenzung zum ideologisch begründeten weltrevolutionären Terrorismus, zu nennen. Dies hat sowohl entsprechende Implikationen wie auch Folgewirkungen.

a) Zu erwähnen sind hierbei zunächst die Einbettungen der aktiven Personengruppen und Netzwerke des islamistischen Terrorismus in radikalislamische Rekrutierungs- und Unterstützungsmilieus mit unscharfen und oszillierenden Konturen, die größere muslimische Bevölkerungs- und Personenkreise umfassen, und zwar solche, die schon länger in Westeuropa oder in Deutschland leben,[12] wie auch solche, denen bereits mehr oder weniger radikalisiert in Europa eintreffende Zuwanderungsgruppen angehören. Dies gibt den entsprechenden bestehenden oder potenziellen, sich zukünftig formierenden oder konsolidierenden terroristischen Gruppierungen und Netzwerken – mit der Religion als wirkungsvollem Kohäsionselement und Bindeglied – einen dynamisch-expansiven Charakter, eine relativ hohe Anpassungselastizität und Inklusionsfähigkeit und einen erheblichen institutionel-

---

und Asyl. Moralischer Anspruch und praktische Bewältigung, Rothenburger Beiträge. Polizeiwissenschaftliche Schriftenreihe (Band 85), Rothenburg/Oberlausitz 2016.

[12] Siehe: Koopmans, Ruud: Assimilation oder Multikulturalismus? Bedingungen gelungener Integration, Berlin 2017.

len und sozialen Rückhalt und Ressourcenhintergrund.[13] Man kann diesbezüglich zwar auch Ähnlichkeiten zu den links- oder rechtsextremistischen sozialen Rekrutierungs- und Unterstützungspotenzialen anderer gewaltbereiter militanter oder terroristischer Organisationen ausmachen, aber auch die Besonderheit einer geschickten religiösen „Drapierung" und symbolischen Überhöhung wie auch entsprechend „kodierter", zumeist auch fremdsprachiger Kommunikations- und Verständigungsmöglichkeiten hervorheben.[14]

b) Mit den spezifischen religiös-partikularistischen Einbettungen und entsprechenden Überzeugungs-, Radikalisierungs- und Mobilisierungschancen hängt wohl auch der quantitative Aspekt einer wachsenden Anzahl radikalislamistischen Milieus zuzurechnender Anhänger wie auch sogenannter „Gefährder" und sich formierender oder umbildender terroristischer Netzwerke und Gruppierungen zusammen. Eine Art „Verdoppelung" erfahren diese Vorgänge in der digital gestützten Kommunikation im Internet und in sogenannten „sozialen Medien". Das Ergebnis einer ständig wachsenden Zahl radikalisierter Personen resultiert nicht zuletzt aus dem spezifischen Zusammenwirken beider Überzeugungs- und Mobilisierungswege.

c) Dies führt auf der anderen Seite zu einem exponentiell steigenden und sozial wie technisch höchst anspruchsvollen Kontroll- und Ressourcenaufwand im Hinblick auf Beobachtungs- und Überwachungsmaßnahmen.[15] Dieser in der letzten Zeit unverhältnismäßig stark ansteigende Aufwand stößt natürlich erkennbar an personelle, kognitive, infrastrukturelle und finanzielle Grenzen effektiver Beobachtungs- und Kontrollmaßnahmen, zumal diesbezüglich auch hohe rechtsstaatliche Hürden und Einschränkungen gegeben sind. Gegenwärtig gibt es zwar einen erheblichen politischen und

---

[13] Siehe auch: Berthel, Ralph/Goertz, Stefan (Hrsg.): Islamistischer Terrorismus und die Herausforderungen für die Polizeien, Rothenburger Beiträge. Polizeiwissenschaftliche Schriftenreihe (Band 92), Rothenburg/Oberlausitz 2018.

[14] Die fremdsprachige, oft auch subtil verschlüsselte Kommunikation erschwert natürlich zugleich die regelmäßige und intensive sachgerechte Beobachtung entsprechender Milieus. Dafür benötigt man Sicherheitskräfte mit entsprechenden Fremdsprachenkompetenzen und Spezialkenntnissen.

[15] Siehe: Goertz, Stefan: Terrorismusabwehr. Zur aktuellen Bedrohung durch den islamistischen Terrorismus in Deutschland und Europa, Wiesbaden 2018.

gesellschaftlichen Willen und Konsens, die entsprechenden Kontrollapparate auszubauen und aufzurüsten und auch bestimmte Kontrollmaßnahmen (im rechtlichen Sinne) auszuweiten, dies hat in einer freiheitlich-demokratischen Gesellschaft aber sicherlich auch deutliche Beschränkungen und löst zudem vielfältige Bedenken im Hinblick auf nichtintendierte und ungewollte Nebeneffekte aus, die keineswegs zu übergehen sind.

d) Da es sich um von einer gemeinsamen Verstärkungsdynamik angetriebene gegenläufige Prozesse handelt, erscheint es nur eine Frage der Zeit, bis der kritische Punkt erreicht wird, dass die wachsenden terroristischen Gefährdungen die institutionellen Reaktionsmöglichkeiten darauf entscheidend überfordern, zumal die tägliche Polizeiarbeit auch mit anderen, ständig zunehmenden Sicherheitsherausforderungen konfrontiert ist.[16] Diesen kritischen Schwellenwert sollte man tunlichst nicht aus dem Blick verlieren. Daher gilt, nur rasche und deutliche Erfolge der Terrorismusbekämpfung und natürlich auch eine wirksame Unterbindung des (demographischen) Zuwachses des Unterstützungs- und Rekrutierungspotenzials – nicht zuletzt durch effektive Kontrollen der Zuwanderungen und der Radikalisierungsprozesse in den einschlägigen religiösen Milieus – versprechen nachhaltige Effekte effizienter Gegensteuerung.

e) Zur erfolgreichen Terrorismusbekämpfung gehören sicherlich auch wirksame Bestrafungsreaktionen enttarnter Terroristen und entsprechende Abschreckungsmaßnahmen. Dabei wäre im Sinne einer wirksamen Abschreckung sicherlich anzuraten, dass sowohl die gegebenen rechtlichen Möglichkeiten konsequenter angewandt, wie auch, dass weitere, gezielte Handlungsmöglichkeiten (raschere Abschiebungen, konsequente Aberkennung der deutschen Staatsbürgerschaft, falls Doppelstaatsbürgerschaften gegeben usw.) vorgesehen werden.

f) Die religiöse Begründung islamistisch-terroristischer Aktivitäten und Aktionen in und gegen westliche Gesellschaften gibt ihnen in entsprechend sensibilisierten weltweiten islamischen und islamistischen Kreisen eine hohe symbolische Bedeutung und einen entsprechenden Resonanzraum, von denen sicherlich erhebliche, kaum zu unterschätzende Verstärkungs- und

---

[16] Siehe: Sohn, Werner: Ausländerkriminalität, Rechtsextremismus, Krawall. Eine Kritik der politisierten Kriminologie, Lüdinghausen-Berlin 2019.

Motivationswirkungen ausgehen. Mit dem mittlerweile weitgehend territorial aufgelösten, aber keineswegs ganz zerschlagenen, sogenannten „Islamischen Staat"[17] oder auch dem internationalen Terrornetzwerk von „Al Quaida" und anderen ähnlichen Strukturen existieren zudem konkrete Projektions-, Zurechnungs- und Steuerungseinheiten, also feste Bezugspunkte solcher terroristischer Aktivitäten. Daher ist eine erfolgreiche Bekämpfung des islamistischen Terrorismus international schon in seiner Entstehungs- und Vorbereitungs-, nicht erst in seiner Wirkungsphase so unabdingbar wichtig, aber natürlich gleichermaßen schwierig, wie gegenwärtig beispielsweise die bedenklichen Entwicklungen im nördlichen Afrika und in der Sahelzone erkennen lassen.

g) Die um sich greifenden islamistisch-terroristischen Gefahren führten in den westeuropäischen und in der deutschen Gesellschaft ohne Zweifel zu einer deutlichen Belastung der interreligiösen Beziehungen, zu Misstrauen und Ängsten, zu einem wachsenden Antiislamismus und zu Fremdfeindlichkeit, insbesondere muslimischen Bevölkerungsgruppen gegenüber. Die zeitliche Überlagerung und Koinzidenz der nahezu unkontrollierten Massenzuwanderungen und der zunehmenden Anzahl und Intensität islamistisch motivierter terroristischer Anschläge trug dazu wohl entscheidend bei. Ob gut gemeinte „volkspädagogische" Beschwichtigungen und plakative Aufforderungen zur Toleranz und zur Differenzierung dabei nützlich erscheinen oder eher ablenkend oder gar kontraproduktiv wirken, bleibt – aus meiner Sicht – eine offene Frage, die empirisch näher zu erforschen wäre.

h) Wichtig erscheint hierbei – und damit natürlich auch in der Polizeiausbildung – eine gründliche Analyse und Aufklärung über Zusammenhänge, aber vor allem auch über entscheidende Unterschiede zwischen alltagsreligiösen islamischen Glaubensvorstellungen und Lebensformen in all ihren Schattierungen und Differenzen zu modernen abendländischen Lebensfüh-

---

[17] Siehe: Hermann, Rainer: Endstation Islamischer Staat? Staatsversagen und Religionskrieg in der arabischen Welt, München 2015; Fritzsche, Erik/Lange, Sebastian: Das politische System des Islamischen Staates, in: Totalitarismus und Demokratie, 14. Jg., Heft 2, Göttingen 2017 (S. 201-231); Tibi, Bassam: Islamische Zuwanderung und ihre Folgen, Stuttgart 2018; Goertz, Stefan: Terrorismusabwehr. Zur aktuellen Bedrohung durch den islamistischen Terrorismus in Deutschland und Europa, Wiesbaden 2018.

rungen und Lebensstilen einerseits und religiös begründeten terroristischen Ideologien andererseits.[18] Zwischen diesen gibt es zwar auch Vermittlungs- und Brückenbeziehungen, das heißt die Aussage, „der islamistische Terrorismus hat nichts mit dem Islam zu tun", erscheint leichtfertig und ist so nicht zutreffend und wohl auch nicht seriös aufrechtzuerhalten,[19] da entsprechende Ideen- und Überzeugungssysteme immer in gewissen Beziehungen und Affinitäten oder „Wahlverwandtschaften" zueinander stehen, die man im Einzelnen herausarbeiten kann. Aber eine gewaltbestimmte militante politische Herrschaftsideologie und entsprechende terroristische Aktivitäten einerseits und eine mittlerweile von einer großen Zahl freiwillig zugewanderter Menschen in unserer Gesellschaft mehr oder weniger konsequent gelebte islamische Alltagsreligiosität andererseits sind doch zwei verschiedene soziale Phänomene, die möglichst differenziert zu betrachten und zu bewerten sind. Ebenso übrigens wie man ausgeprägt linke oder konservative Gesinnungen und Haltungen tunlichst nicht unmittelbar des Links- oder Rechtsextremismus verdächtigen oder diesen Extremismuserscheinungen zurechnen sollte.[20]

i) Hierbei sind nicht nur grundsätzliche Unterschiede zwischen Weltanschauungen und Wertüberzeugungen einerseits und Handlungen und Handlungsfolgen andererseits zu beachten, sondern auch ein rechtlich und rechtsstaatlich fein justiertes Instrumentarium von Bewertungsmaßstäben

---

[18] Siehe dazu: Sterbling, Anton: Gehört der Islam zu Deutschland? Stellungnehme zu einer aktuellen Debatte, in: Sterbling, Anton: Die antwortlose Gesellschaft. Zeitfragen, Düren 2021 (S. 129-161).

[19] Siehe dazu auch: Koopmans, Ruud: Assimilation oder Multikulturalismus? Bedingungen gelungener Integration, Berlin 2017, insb. S. 7 f.

[20] Auch diesbezüglich sind natürlich differenzierte Analysen der Affinitäten und Unterschiede geboten. Siehe dazu auch: Sterbling, Anton: Die Polizei in Sachsen in schwierigen Zeiten. Herausforderungen, Leistungen, Missverständnisse, in: Pickel, Gert/Decker, Oliver (Hrsg.): Extremismus in Sachsen. Eine kritische Bestandsaufnahme, Leipzig 2016 (S. 90-99); Sterbling, Anton: Das deutsche Missverständnis um den Freistaat Sachsen. Kritische Reflexionen und Erwiderungen auf die Polemiken gegen die sächsischen Bürger, in: Dannenberg, Lars/Donath, Matthias (Hrsg.): Ist Sachsen anders? Sächsische Heimatblätter. Zeitschrift für Sächsische Geschichte, Landeskunde, Natur und Umwelt, 63. Jg., Heft 1, Dresden 2017 (S. 46-51); Sohn, Werner: Ausländerkriminalität, Rechtsextremismus, Krawall. Eine Kritik der politisierten Kriminologie, Lüdinghausen-Berlin 2019.

entsprechender Sachverhalte. Diese konsequent zu berücksichtigen ist in jedem Fall erforderlich, will man den Rechtsstaat und seine Grundlagen nicht gefährden, wie umständlich, aufwändig und anstrengend dies mitunter auch erscheinen mag.

j) Die Unterschiede, die entscheidend sind, liegen nicht zuletzt im Wesen des Terrorismus – welcher Spielart auch immer – selbst begründet. Bei dessen ideeller Begründung handelt es sich stets um eine „gesinnungsethisch"[21] radikal gesteigerte Denkweise oder Ideologie, bei der die „Zwecke" buchstäblich immer „jedes Mittel" erlauben und andere Menschen und deren Willen und Würde, einer extremen Feindbilddefinition unterworfen, nichts mehr gelten. Dies geht im Handeln einer mit einer gewissermaßen grenzen- und wahllosen Entfesselung der Gewalt.[22]

k) In dieser blinden Gewaltentfesselung liegt ein wesentlicher Kern der Irrationalität und der Unberechenbarkeit des Terrorismus begründet, der ihn aus der subjektiven Sicht der Menschen so schrecklich und unmenschlich, also mithin so von Irrationalitäten und insbesondere von irrationaler Angst besetzt, erscheinen lässt. Diese gleichsam unbegrenzten Schreckens- und Angstzustände auszulösen und zu Herrschaftszwecken zu nutzen, sind in der Geschichte der Menschheit keineswegs neue Erscheinungen, denkt man beispielsweise an die Plünderungs- und Vernichtungsfeldzüge der Wandervölker oder des Mittelalters. Neu sind allerdings eine Reihe technischer Mittel und Möglichkeiten, die dem gewaltentfesselten Terrorismus heute in überaus bedenklicher Weise zur Verfügung stehen.[23]

---

[21] Zur „Gesinnungsethik" siehe: Weber, Max: Politik als Beruf, in: Weber, Max: Gesammelte Politische Schriften, Tübingen ⁵1988 (S. 505-560). Siehe dazu auch: Sterbling, Anton (Hrsg.): Zeitgeist und Widerspruch: Soziologische Reflexionen über Gesinnung und Verantwortung. Herrn Professor Karlheinz Messelken zum sechzigsten Geburtstag, Hamburg 1993; Sterbling, Anton: Zuwanderungsschock – Deutschland und Europa in Gefahr? Probleme der Zuwanderung und Integration, Hamburg 2016; Sterbling, Anton: Europa zwischen Realität und Verblendung, Hamburg 2016.

[22] Siehe dazu: Popitz, Heinrich: Gewalt, in: Popitz, Heinrich: Phänomene der Macht, Tübingen 1986 (S. 68-106).

[23] Siehe auch: Goertz, Stefan: Der neue Terrorismus. Neue Akteure, neue Strategien, neue Taktiken und neue Mittel, Wiesbaden 2018.

Wir werden im 21. Jahrhundert voraussichtlich noch länger mit den Gefahren und Irrationalitäten des Terrorismus ebenso wie mit dem „Kampf der Kulturen",[24] den Auseinandersetzungen zwischen verschiedenen Religionen und Kulturkreisen und Ideologien leben müssen. Wie auch mit Kriegen, wie der gewaltbestimmte und opferreiche Überfall der Ukraine durch Russland zeigt. Wie wir mit dieser Heimsuchung und fundamentalen Bedrohung unserer Freiheit zu Recht kommen werden, hängt indes zumindest ein Stück auch von uns selber ab. Davon eben mithin, wie umsichtig und bedacht wir uns darauf und insbesondere auf die erkennbaren Ursachen spezifischer Erscheinungsformen des Terrorismus einstellen – und wie entschieden, mutig und erfolgreich wir uns dagegen zur Wehr setzen wollen.

Literatur

Berthel, Ralph/Goertz, Stefan (Hrsg.): Islamistischer Terrorismus und die Herausforderungen für die Polizeien, Rothenburger Beiträge. Polizeiwissenschaftliche Schriftenreihe (Band 92), Rothenburg/Oberlausitz 2018

Dalberg, Dirk u.a. (Hrsg.): Polizei zwischen Wissenschaft und Reformdruck. Festschrift zum 20. Jahrestag der Gründung der Hochschule der Sächsischen Polizei (FH), Rothenburger Beiträge. Polizeiwissenschaftliche Schriftenreihe (Band 75), Rothenburg/Oberlausitz 2014

Dalberg, Dirk (Hrsg.): Migration und Asyl. Moralischer Anspruch und praktische Bewältigung, Rothenburger Beiträge. Polizeiwissenschaftliche Schriftenreihe (Band 85), Rothenburg/Oberlausitz 2016

Fritzsche, Erik/Lange, Sebastian: Das politische System des Islamischen Staates, in: Totalitarismus und Demokratie, 14. Jg., Heft 2, Göttingen 2017 (S. 201-231)

Goertz, Stefan: Islamistischer Terrorismus. Analyse – Definitionen – Taktik, Heidelberg 2017

Goertz, Stefan: Terrorismusabwehr. Zur aktuellen Bedrohung durch den islamistischen Terrorismus in Deutschland und Europa, Wiesbaden 2018

Goertz, Stefan: Der neue Terrorismus. Neue Akteure, neue Strategien, neue Taktiken und neue Mittel, Wiesbaden 2018

Hermann, Rainer: Endstation Islamischer Staat? Staatsversagen und Religionskrieg in der arabischen Welt, München 2015

Hobsbawm, Eric: Globalisierung, Demokratie und Terrorismus, München 2009

---

[24] Siehe dazu auch: Huntington, Samuel P.: Der Kampf der Kulturen. Die Neugestaltung der Weltpolitik im 21. Jahrhundert, München ^{5}1997; Hobsbawm, Eric: Globalisierung, Demokratie und Terrorismus, München 2009.

Hoffman, Bruce: Terrorismus. Der unerklärte Krieg, Frankfurt a. M. 1999

Huntington, Samuel P.: Der Kampf der Kulturen. Die Neugestaltung der Weltpolitik im 21. Jahrhundert, München ⁵1997

Koopmans, Ruud: Assimilation oder Multikulturalismus? Bedingungen gelungener Integration, Berlin 2017

Kron, Thomas/Reddig, Melanie (Hrsg.): Analysen des transnationalen Terrorismus. Soziologische Perspektiven, Wiesbaden 2007

Münkler, Herfried: Der Wandel des Krieges. Von der Symmetrie zur Asymmetrie, Weilerswist 2006

Popitz, Heinrich: Gewalt, in: Popitz, Heinrich: Phänomene der Macht, Tübingen 1986 (S. 68-106)

Seubert, Harald/Bauch, Jost (Hrsg.): In welcher Gesellschaft leben wir?, Nürnberg 2016

Sohn, Werner: Ausländerkriminalität, Rechtsextremismus, Krawall. Eine Kritik der politisierten Kriminologie, Lüdinghausen-Berlin 2019

Sterbling, Anton: Polizeistudium im Umbruch. Ausgangspunkte, Anliegen und Zukunftsfragen, Konstanz 2006

Sterbling, Anton (Hrsg.): Internationale Zusammenhänge und Erfahrungen der Weiterentwicklung der Polizeiausbildung. X. Hochschuldidaktisches Kolloquium. Rothenburger Beiträge. Polizeiwissenschaftliche Schriftenreihe (Band 47), Rothenburg/Oberlausitz 2008

Sterbling, Anton: Bürgerbefragung zum Sicherheitsgefühl im Landkreis Görlitz – im Vergleich zu vorausgegangenen Untersuchungen und unter besonderer Berücksichtigung internationaler Einflussfaktoren, in: Die Polizei. Fachzeitschrift für öffentliche Sicherheit mit Beiträgen aus der Deutschen Hochschule der Polizei, 106. Jg., Heft 10 und Heft 11, Köln 2015, in zwei Teilen (S. 292-296 und S. 317-323)

Sterbling, Anton: Sicherheit und Lebensqualität im Landkreis Görlitz. Ergebnisse einer Bürgerbefragung, Rothenburger Beiträge. Polizeiwissenschaftliche Schriftenreihe (Band 78), Rothenburg/Oberlausitz 2015

Sterbling, Anton: Zuwanderung, Kultur und Grenzen in Europa, Buchreihe Land-Berichte 11, Aachen 2015

Sterbling, Anton: Kultur und Interkulturalität. Das Banat, Donauraum, Balkanimpressionen, Rothenburger Beiträge. Polizeiwissenschaftliche Schriftenreihe (Band 79), Rothenburg/Oberlausitz 2015

Sterbling, Anton: Zuwanderungsschock – Deutschland und Europa in Gefahr? Probleme der Zuwanderung und Integration, Hamburg 2016

Sterbling, Anton: Europa zwischen Realität und Verblendung, Hamburg 2016

Sterbling, Anton: Die Polizei in Sachsen in schwierigen Zeiten. Herausforderungen, Leistungen, Missverständnisse, in: Pickel, Gert/Decker, Oliver (Hrsg.): Extremismus in Sachsen. Eine kritische Bestandsaufnahme, Leipzig 2016 (S. 90-99)

Sterbling, Anton: Das deutsche Missverständnis um den Freistaat Sachsen. Kritische Reflexionen und Erwiderungen auf die Polemiken gegen die sächsischen Bürger, in: Dannenberg, Lars/Donath, Matthias (Hrsg.): Ist Sachsen anders? Sächsische Heimatblätter. Zeitschrift für Sächsische Geschichte, Landeskunde, Natur und Umwelt, 63. Jg., Heft 1, Dresden 2017 (S. 46-51)

Sterbling, Anton: Nationalstaaten und Europa. Problemfacetten komplizierter Wechselbeziehungen, Geistige Lieferung I, Akademie Herrnhut, Dresden 2018

Sterbling, Anton: Gehört der Islam zu Deutschland? Stellungnehme zu einer aktuellen Debatte, in: Sterbling, Anton: Die antwortlose Gesellschaft. Zeitfragen, Düren 2021 (S. 129-161)

Sterbling, Anton/Burgheim, Joachim: Subjektive Wahrnehmung der Gefahren des internationalen Terrorismus – empirische Teilergebnisse einer Bürgerbefragung, in: Die Polizei. Fachzeitschrift für öffentliche Sicherheit mit Beiträgen aus der Polizei-Führungsakademie, 94. Jg., Köln 2003 (S. 181-185)

Sterbling, Anton/Burgheim, Joachim: Internationaler Terrorismus und EU-Erweiterung – Auswirkungen auf die subjektive Sicherheit. Teilergebnisse von Bürgerbefragungen, in: Kriminalistik. Unabhängige Zeitschrift für die kriminalistische Wissenschaft und Praxis, 60. Jg., Heidelberg 2006 (S. 160-166)

Tibi, Bassam: Die neue Weltunordnung. Westliche Dominanz und islamischer Fundamentalismus, Stuttgart 2001

Tibi, Bassam: Islamische Zuwanderung und ihre Folgen, Stuttgart 2018

Trotha, Trutz. von: Soziologie der Gewalt. Kölner Zeitschrift für Soziologie und Sozialpsychologie, Sonderheft 37, Opladen 1997

Vonderach, Gerd (Hrsg.): Das Zuwanderungsproblem. Was kommt auf Europa zu? Buchreihe Land-Berichte 12, Aachen 2017

Waldmann, Peter (Hrsg.): Determinanten des Terrorismus, Weilerswist 2005

Weber, Max: Politik als Beruf, in: Weber, Max: Gesammelte Politische Schriften, Tübingen ^{5}1988 (S. 505-560)

Das Spannungsverhältnis von Freiheit und Sicherheit vor dem Hintergrund neuer Bedrohungslagen

Die folgenden Überlegungen können von Max Webers berühmten Sätzen, die bekanntlich als paradigmenbegründend für das soziologische Erkenntnisprogramm und Denken gelten,[1] ihren Ausgangspunkt nehmen: „Interessen (materielle und ideelle), nicht: Ideen, beherrschen unmittelbar das Handeln der Menschen. Aber: die »Weltbilder«, welche durch »Ideen« geschaffen werden, haben sehr oft als Weichensteller die Bahnen bestimmt, in denen die Dynamik der Interessen das Handeln fortbewegte."[2] Wertideen und Interessen, in ihrem jeweils besonders gelagerten Zusammenspiel, sind nicht nur maßgebliche Beweggründe hinter dem „subjektiv gemeinten Sinn" menschlichen Handelns, sondern kulturspezifische Wertideen strukturieren auch die wichtigsten Rahmenbedingungen oder „Bahnen" des sinngeleiteten Handelns und Interaktionsgeschehens; und zwar insbesondere in der Gestalt sozialer Institutionen, normativer Ordnungen oder auch moralischer Überzeugungs- und alltagsästhetischer Wertsysteme und kollektiver Identitätsvorstellungen. Dazu einige Erläuterungen.

---

[1] Zum „Weber-Paradigma" als Ausganspunkt und Grundlage eines „soziologischen Erkenntnisprogramms" siehe auch: Lepsius, M. Rainer: Eigenart und Potenzial des Weber-Paradigmas, in: Albert, Gert/Bienfait, Agathe/Sigmund, Steffen/Wendt, Claus (Hrsg.): Das Weber-Paradigma. Studien zur Weiterentwicklung von Max Webers Forschungsprogramm, Tübingen 2003 (S. 32-41); Sterbling, Anton: Das „Weber-Paradigma" und Fragen des sozialen Wandels, in: Sterbling, Anton: Verwerfungen in Modernisierungsprozessen. Soziologische Querschnitte, Hamburg 2012 (S. 113-127).

[2] Siehe: Weber, Max: Gesammelte Aufsätze zur Religionssoziologie I, Tübingen ^{9}1988, vgl. S. 252. Von Friedrich H. Tenbruck wurden diese Aussagen gleichsam bildhaft wie folgt interpretiert: „Ungeachtet der Tatsache, daß menschliches Handeln unmittelbar von Interessen angetrieben wird, finden sich in der Geschichte langfristige Abläufe, deren Richtung von ›Ideen‹ bestimmt worden ist, so daß hier gewissermaßen die Menschen sich für ihre Interessen abrackern und damit langfristig doch nur das Wasser der Geschichte auf die Mühlen der Ideen leiten, mit ihrem Tun in deren Bann verbleiben." Siehe: Tenbruck, Friedrich H.: Das Werk Max Webers, in Kölner Zeitschrift für Soziologie und Sozialpsychologie, 27. Jg., Opladen 1975 (S. 663-702), vgl. S. 684.

Bekanntlich ist in der kultur- und religionssoziologischen wie auch in der kulturanthropologischen Forschung immer wieder festgestellt worden, dass die fundamentalen Wertbestände nahezu aller Kulturen und Religionen – zumal der Hochkulturen – sich recht ähnlich darstellen.[3] Das heißt, in den verschiedenen Kulturen und Religionen sind gleiche oder zumindest ähnliche Grundwerte vorzufinden und sozial handlungsrelevant. Wodurch sich einzelne Kulturen und Religionen und insbesondere verschiedene Kulturkreise aber zum Teil wesentlich unterscheiden, das sind die Wertprioritäten, die „Wertbeziehungen",[4] die Vor- und Nachrangigkeitsverhältnisse und ebenso die Geltungsbereiche sowie die spezifischen Deutungsmodi und die Konkretisierungs- und Vermittlungsformen einzelner Werte – oder mit anderen Worten und kürzer gesagt: die jeweiligen „Wertordnungen".[5]

Kulturspezifische Werte und entsprechende Wertordnungen strukturieren, koordinieren und bestimmen mithin das soziale Handeln in mehrfacher Hinsicht: als Begründungs- und Legitimationsgrundlage normativer Systeme und insbesondere geltenden Rechtsordnungen, als entsprechende Grundlagen gegebener Institutionensysteme wie auch als unmittelbar oder mittelbar sinngebende sozialmoralische wie auch alltagsästhetische[6] Leit-

---

[3] Siehe zum Beispiel: Bergmann, Jörg/Hahn, Alois/Luckmann, Thomas (Hrsg.): Religion und Kultur, Kölner Zeitschrift für Soziologie und Sozialpsychologie, Sonderheft 33, Opladen 1993.

[4] Zum Begriff der „Wertbeziehungen" im Verständnis des Neukantianismus siehe auch: Ollig, Hans-Ludwig (Hrsg.): Neukantianismus. Texte der Marburger und der Südwestdeutschen Schule, ihrer Vorläufer und Kritiker, Stuttgart 1982; Zum Einfluss dieser neukantianischen Gedanken auf Max Weber siehe: Weiß, Johannes: Max Webers Grundlegung der Soziologie. Eine Einführung, München 1975.

[5] In den auf die Denktradition Johann Gottfried Herders zurückverweisenden „essentialistischen" Konzepten wird Kultur als eine wesensmäßige Einheit spezifischer Werte- und Wissensbestände und nicht zuletzt der Sprache und der Kunst als maßgeblich betrachtet. Dabei betonte bereits Herder die Einzigartigkeit, Besonderheit, Eigenart, Eigenständigkeit wie auch die Eigen- und Gleichwertigkeit aller Kulturen. Siehe: Herder, Johann Gottfried: Ideen zur Philosophie der Geschichte der Menschheit. Herders sämtliche Werke XIII, London 2006 (zuerst 1784). Die berühmte Formulierung Leopold von Rankes: „Jede Epoche ist unmittelbar zu Gott" hebt den historischen Bezug wie die religiöse Fundierung einzelner Kulturen hervor. Siehe: Ranke, Leopold von: Über die Epochen der Geschichte, München 1971, vgl. S. 60.

[6] Siehe: Fischer, Joachim: Ästhetisierung der Gesellschaft statt Ökonomisierung der Gesellschaft. Kunstsoziologie als Schlüsseldisziplin der Gegenwartsanalytik, in:

und Orientierungssysteme des menschlichen Handelns. Bestehende Gesellschaftsordnungen als historische Formationen und damit als Strukturzusammenhänge der gesellschaftlichen Praxis beruhen insofern weitgehend auf spezifischen kulturellen Wertideen, „Wertbeziehungen" und Wertordnungen, in deren Rahmen oder „Bahnen" sich die Dynamik der Interessenauseinandersetzungen wie auch der Macht- und Herrschaftsprozesse[7] entfaltet, kann man also in der Denktradition Max Webers vertreten.

Dabei ist das Universum kulturell und sozial maßgeblicher Wertvorstellungen durch zwei wichtige Merkmale charakterisiert: Erstens durch die Tatsache, dass zwischen bestimmten Grundwerten oder „letzten Wertmaximen" häufig tiefgreifende Gegensätze oder Spannungen bestehen oder – in den Worten Max Webers ausgedrückt – ein ewiger und unauflöslicher „Kampf" vorherrscht.[8] So lassen sich vor allem – und diese Spannungsdimension erscheint im Hinblick auf die Verfassung sozialer Ordnungen besonders relevant – tiefe und institutionell nur äußerst schwierig vermittelbare Gegensätze zwischen den Grundwerten der (individuellen) Freiheit einerseits und der sozialen Gleichheit und kollektiven Sicherheit andererseits feststellen. Aber beispielsweise auch die letztlich unaufhebbaren Unvereinbarkeiten zwischen dem grundlegenden Wert des unabdingbaren Glaubens an einen bestimmten Gott und dem Grundwert der religiösen Glaubensfreiheit.[9] Auch zwischen Wertvorstellungen, die sich auf die kol-

---

Danko, Dagmar/Moeschler, Olivier/Schumacher, Florian (Hrsg.): Kunst und Öffentlichkeit, Wiesbaden 2014 (S. 21-32).

[7] Hierbei ist vor allem an die ideellen Legitimitätsgrundlagen von Herrschaftsordnungen zu denken. Siehe dazu auch: Sterbling, Anton: Nationalstaaten und Europa. Problemfacetten komplizierter Wechselbeziehungen, Geistige Lieferung I, Akademie Herrnhut, Dresden 2018, insb. S. 106 ff.

[8] Siehe: Weber, Max: Wissenschaft als Beruf, in: Weber, Max: Gesammelte Aufsätze zur Wissenschaftslehre, Tübingen [7]1988 (S. 582-613), vgl. S. 603.

[9] Gerade dieser grundlegende Wertkonflikt zeigt sich im Verhältnis christlich-abendländischer Glaubensüberzeugungen, die insbesondere in ihrer protestantischen Ausrichtung von der uneingeschränkten Gewissens- und Glaubensfreiheit als einer unabdingbaren Voraussetzung des „wahren Glaubens" ausgeht, und dem Islam, insbesondere in seinen fundamentalistischen Auslegungen, der den Glauben an Allah und seinen Propheten wie auch an die wörtliche Geltung des Korans als obersten Wert, der keinem Zweifel ausgesetzt werden darf, betrachtet. Siehe dazu auch: Kielmansegg, Peter Graf: Vorbild Europa, in: Frankfurter Allgemeine Zeitung, Nr. 111, vom 14. Mai 2007, Frankfurt a. M. 2007 (S. 7); Sterbling, Anton: Nationalstaaten und

lektive Identität und subjektive Selbstzurechnung beziehen, bestehen in der Regel gewisse Spannungen und Unvereinbarkeiten, die vor allem in den Prozessen der modernen Staaten- und Nationenbildung[10] konfliktreich in Erscheinung traten und die vielfach auch heute noch virulent sind oder sogar neu aufleben und handlungs- und konfliktrelevant werden.

Das Universum kulturell bedeutsamer Werte ist zweitens aber auch dadurch gekennzeichnet, dass die potenziellen Wertgegensätze in den einzelnen Kulturen oder Religionen durch einen zumindest teilweise verbindlichen Konsens über Wertprioritäten und Interpretationsmodi der Werte entschärft und so in eine mehr oder weniger konsistente, hierarchisch strukturierte „Wertordnung" gebracht werden. Die Eigentümlichkeit und Besonderheit einzelner Kulturen besteht nicht zuletzt – wenn auch nicht ausschließlich – darin, welche Wertprioritäten und „Wertbeziehungen" sich in der betreffenden Kultur konsensuell und zumeist auch weitgehend unhinterfragt festgelegt finden und welche kollektiven Identitätsvorstellungen sich damit hauptsächlich verbinden.

Das Spannungsfeld der Grundwerte Freiheit, Gleichheit und Sicherheit

Freiheit und Gleichheit bilden zentrale Werte der abendländischen Kultur und wesentliche Voraussetzungen des okzidentalen Rationalismus.[11] Hinzu kommt der unabdingbare Wert der Sicherheit, der letztlich auch die anthro-

---

Europa. Problemfacetten komplizierter Wechselbeziehungen, Geistige Lieferung I, Akademie Herrnhut, Dresden 2018, insb. S. 119 ff.

[10] Siehe: Eisenstadt, Samuel N.: Tradition, Wandel und Modernität, Frankfurt a. M. 1979; Schieder, Theodor: Nationalismus und Nationalstaat, Göttingen 1991; Giesen, Bernhard (Hrsg.): Nationale und kulturelle Identität. Studien zur Entwicklung des kollektiven Bewußtseins in der Neuzeit, Frankfurt a. M. 1991; Winkler, Heinrich August/Kaelble, Hartmut (Hrsg.): Nationalismus – Nationalitäten – Supranationalität, Stuttgart 1993; Sterbling, Anton: Staaten- und Nationenbildung in Südosteuropa, in: Sterbling, Anton: Kontinuitäten und Wandel in Rumänien und Südosteuropa. Historisch-soziologische Analysen, München 1997 (S. 99-114).

[11] Siehe dazu auch: Sterbling, Anton: Wege der Modernisierung und Konturen der Moderne im westlichen und östlichen Europa, Wiesbaden 2015; Sterbling, Anton: Nationalstaaten und Europa. Problemfacetten komplizierter Wechselbeziehungen, Geistige Lieferung I, Akademie Herrnhut, Dresden 2018, insb. S. 127 ff.

pologische Grundlage menschlicher Vergemeinschaftung bildet.[12] Zwischen diesen drei Grundwerten besteht ein grundsätzliches Spannungsverhältnis, das umso intensiver erscheint, je stärker man einen dieser Grundwerte betont und je konsequenter man ihn zu realisieren sucht.[13] Daher ist die rechtliche, moralische und institutionelle Ordnung abendländischer Gesellschaften, in denen diese Werte gleichermaßen zur Geltung kommen, auch auf eine ständige sensible Ausbalancierung und Gewichtungskorrektur der Wechselbeziehungen zwischen diesen Grundwerten angelegt. Dies kommt beispielsweise in den sozial- und wohlfahrtsstaatlichen Einrichtungen und Regelungen, die auf einen Ausgleich zwischen gleichheits- und sicherheitsorientierter „Bedarfsgerechtigkeit" einerseits und freiheitsbegründeter „Leistungsgerechtigkeit" andererseits ausgerichtet sind, bezeichnend zum Ausdruck,[14] wie auch in einem im Lichte der gegebenen Gefahren und Bedrohungen immer wieder neu justierten Verhältnis von Freiheit und Gleichheit einerseits und Sicherheit andererseits, denn – bildhaft gesprochen – was ist Freiheit und Gleichheit tatsächlich schon Wert, wenn Leib, Hab und Gut ständig akut bedroht und gefährdet erscheinen; oder aber, was ist Gleichheit und Sicherheit hinter hermetisch abgeriegelten Grenzen oder gar hinter Gefängnismauern noch wert?

---

[12] Wie Heinrich Popitz überzeugend dargelegt hat, bildet die „Verletzungsoffenheit" und „Verletzungsmächtigkeit" des Menschen die entscheidende anthropologische Bedingung menschlicher Vergemeinschaftungen, insbesondere ihres Zusammenlebens in dauerhaften „Schutzgemeinschaften". Siehe: Popitz, Heinrich: Phänomene der Macht. Autorität – Herrschaft – Gewalt – Technik, Tübingen 1986, vgl. S. 69.

[13] Die sozialistischen Gesellschaften waren in ihrer Gesamtordnung weitgehend von der ideologisch begründeten Idee der Gleichheit, bis in die Uniformität der Lebensverhältnisse und Kleidung und die Gleichschaltung aller Institutionen hinein, bestimmt, die freiheitlich-demokratischen und insbesondere die angelsächsisch-liberalen Gesellschaften sind demgegenüber viel stärker von der Wertidee der (individuellen) Freiheit und Selbstverantwortung geleitet. Man kann zugleich von „kollektivistischen" und „individualistischen" Grundorientierungen sprechen. Siehe: Hütten, Susanne/Sterbling, Anton: Expressiver Konsum. Die Entwicklung von Lebensstilen in Ost- und Westeuropa, in: Blasius, Jörg/Dangschat, Jens S. (Hrsg.): Lebensstile in den Städten. Konzepte und Methoden, Opladen 1994 (S. 122-134).

[14] Siehe dazu auch: Sterbling, Anton: Krisenursachen des modernen Sozial- und Wohlfahrtsstaates. Grundelemente gesellschaftlicher Ordnungen, in: Land-Berichte. Beiträge zu ländlichen und regionalen Lebenswelten, XXII. Jg., Heft 3, Düren 2019 (S. 8-26).

Moderne Rechtssysteme[15] suchen der schwierigen Austarierung grundlegender kulturspezifischer Werte durch eine funktional möglichst adäquate hierarchische und sachliche Ausdifferenzierung der Rechtsordnungen wie übrigens auch der Rechtsinstitutionen (wie Gerichte, Staatsanwaltschaften, Rechtsanwaltschaften, Strafanstalten) angemessen Rechnung zu tragen,[16] wobei dadurch angestrebt wird, zu einer sachlich, wie oft auch zeitlich und räumlich, klar begrenzten Anwendung und Geltung einzelner Rechtsnormen wie auch zu einer möglichst eindeutigen Regelungsmöglichkeit normativer Konflikte und der Ausgestaltung formaler Sanktionssysteme zu gelangen. Das „Polizeigesetz" – in der Bundesrepublik Deutschland insbesondere der einzelnen Bundesländer – ist wiederum ein in spezifischer Weise ausdifferenzierter normativer Bereich der Rechtsordnung, der zur näheren Regelung des polizeilichen Handelns – vor allem bei der Gefahrenabwehr und Gewährleistung der öffentlichen Sicherheit und Ordnung im Hinblick auf polizeiliche Befugnisse, Maßnahmen, Observations- und Eingriffsrechte usw. – dient und dessen Fassung und Ausgestaltung natürlich ebenfalls im Spannungsfeld der drei genannten Grundwerte: Freiheit, Gleichheit aller Bürger und Sicherheit, einschließlich Eigensicherung, steht und demnach angesichts neuer Bedrohungslagen, aber auch veränderter politischer Wahrnehmungen oder Präferenzen, immer wieder nachjustiert und neu gefasst wird.[17]

Betrachtet man nochmals die Beziehungen zwischen kulturspezifischen Werten und Wertordnungen und den durch diese begründeten und legitimierten normativen Systemen in modernen Gesellschaften, so muss man noch auf eine andere sehr wichtige Unterscheidung achten, nämlich auf die zwischen gültigen Rechtnormen und mehr oder weniger weit verbreiteten sittlichen Normen und moralischen Wertvorstellungen. Von „Normen" sprechen wir dabei übergreifend immer dann, wenn es um sanktionsge-

---

[15] Siehe: Luhmann, Niklas: Das Recht der Gesellschaft, Darmstadt 2002.

[16] Siehe: Sterbling, Anton: Einführung in die Grundlagen der Soziologie, Stuttgart 2020, insb. Kapitel 9: Kulturelle Werte, soziale Normen, soziale Kontrolle (S. 209-221).

[17] So erfolgte beispielsweise 2018 eine nicht ganz unumstrittene Neufassung des sogenannten „Polizeiaufgabengesetzes" im Freistaat Bayern und wurde zeitnah dazu auch im Freistaat Sachsen ein neues „Polizeigesetz" vorgelegt.

stützte Verhaltensregeln oder Handlungsvorschriften geht. Insofern sind Rechtsnormen und sittliche Normen auch mit zumindest teilweise unterschiedlichen Formen der sozialen Kontrolle wie auch möglicher oder wahrscheinlicher Sanktionsreaktionen verbunden. Soweit moderne Gesellschaften im Hinblick auf ihre Wertordnungen „pluralistisch" verfasst sind, bedeutet dies, dass gleichsam unterhalb der Ebene gesamtgesellschaftlich verbindlicher und staatlich gesicherter „formaler" Rechtsnormen unterschiedliche Teilsysteme subkultureller, religiös bzw. sittlich oder traditional gestützter „informeller" Normen und Mechanismen der sozialen Kontrolle, mit entsprechend begrenzten sozialen Geltungen und Reichweiten, gegeben sein können. Dies hat – soziologisch betrachtet – wichtige kulturelle Prämissen wie auch oft weitreichende Implikationen und Folgewirkungen, die sich ganz pointiert wie folgt festhalten lassen:

(1) Je homogener die kulturelle Verfassung einer Gesellschaft wie auch unhinterfragter und kollektiv verbindlicher ihre gesamte Wertordnung erscheint, umso mehr werden ihre allgemein geltenden Rechtsnormen durch sittliche, religiöse und moralische Normen und Konventionen und entsprechende Formen der sozialen Kontrolle gestützt.[18] Dies entlastet in der Regel die Systeme der formalen sozialen Kontrolle, schränkt aber gleichzeitig die Freiheitsgrade und Gestaltungsspielräume des individuellen Verhaltens mehr oder weniger deutlich ein, die in „pluralistischen" Gesellschaften gewöhnlich größer sind.[19] Wichtig ist dabei allerdings auch, zwischen historisch gewordener kultureller Homogenität und Zwangshomogenisierung,

---

[18] Siehe dazu ausführlicher: Plake, Klaus: Abweichendes Handeln und kollektive Sinnstiftung. Ein neuer Ansatz zur Devianztheorie, in: Hochstim, Paul/Plake, Klaus (Hrsg.): Anomie und Wertsystem. Nachträge zur Devianztheorie Robert K. Mertons, Beiträge aus dem Fachbereich Pädagogik 6/1997, Hamburg 1997 (S. 58-77).

[19] Die größeren Handlungsspielräume des Individuums in „pluralistischen" Gesellschaften mit unterschiedlichen Teil- und Subkulturen ergeben sich nicht nur dadurch, dass die Anschlüsse zwischen formalen und informellen Systemen der sozialen Kontrolle notwendigerweise lockerer verkoppelt und teilweise sogar auseinanderstrebend sind, sondern auch durch die vielfältigeren individuellen Möglichkeiten, sich der sozialen Kontrolle einzelner sozialer Milieus oder Teil- und Subkulturen, denen man herkunftsmäßig oder auf Grund sonstiger Zugehörigkeitskriterien angehört, zu entziehen und den Lebens- und Handlungskreis zu wechseln.

wie sie nicht zuletzt in totalitären Herrschaftssystemen anzutreffen ist, zu unterscheiden.[20]

(2) Mit steigender kultureller Diversität einer Gesellschaft und fortschreitender Pluralisierung ihrer Wertordnung können sich teil- und subkulturelle soziale Normen und entsprechende Formen der sozialen Kontrolle immer weiter aus dem Geltungskreis gesamtgesellschaftlich verbindlicher Rechtsnormen entfernen und ablösen und in ein mögliches Spannungs- oder sogar Unvereinbarkeitsverhältnis mit diesen eintreten, etwa wenn das gruppenspezifische Verhalten den religiös fundierten sozialmoralischen Normen des „Ehrenmordes" oder der „Blutrache" folgt und sich damit in den Gegensatz zu geltenden Rechtsnormen bringt.[21]

(3) Bei fortschreitender kultureller Heterogenisierung und entsprechenden Veränderungen der Wertordnung einer Gesellschaft ist eine abnehmende Anschlussfähigkeit zwischen den tradierten, sittlich, religiös oder moralisch begründeten, teil- oder subkulturellen normativen Vorstellungen und Mechanismen der sozialen Kontrolle und den gesamtgesellschaftlich geltenden Rechtsnormen zu erwarten. Dies erhöht in der Regel den Bedarf und die Notwendigkeit der formalen sozialen Kontrolle, geht damit wahrscheinlich mit einer wachsenden Repressivität oder zumindest mit steigenden Anforderungen an präventive Kontrollmaßnahmen einher, kann sich negativ auf das Vertrauensverhältnis[22] zwischen Bürgern und Polizei oder auch anderen staatlichen Institutionen auswirken und hat letztlich auch mehr oder weniger weitreichende Auswirkungen auf die soziale Integration und die kollek-

---

[20] Zum Beispiel wiesen die ideologisch zwangshomogenierten kommunistischen Herrschaftssysteme häufig „normative Doppelstrukturen" auf. Siehe dazu auch: Hankiss, Elemér: The „Second Society": Is There and Alternative Social Model Emerging in Contemporary Hungary?, in: Social Research: An International Quarterly of the Social Sciences, 55. Jg., New York 1988 (S. 13-42).

[21] Siehe dazu: Giordano, Christian: Ehre: Soziale Repräsentationen und Handlungsstrategien. Die Gesellschaft des Mittelmeerraumes als transkulturelle Metapher, in: Beetz, Stephan/Jacob, Ulf/Sterbling, Anton (Hrsg.): Soziologie über die Grenzen – Europäische Perspektiven, Hamburg 2003 (S. 391-410).

[22] Siehe dazu: Sterbling, Anton: Moderne Polizeiarbeit und die soziale Handlungsressource „öffentliches Vertrauen", in: Die Polizei. Fachzeitschrift für öffentliche Sicherheit mit Beiträgen aus der Deutschen Hochschule der Polizei, 109. Jg., Heft 10, Köln 2018 (S. 284-290).

tiven Identitätsvorstellungen einer Gesellschaft und die Loyalitätsbeziehungen entsprechender staatlicher Einrichtungen gegenüber. Dies kann in seiner Fortentwicklung bis zu voll entfalteten „normativen Doppelstrukturen" und „parallelgesellschaftlichen" Gegebenheiten führen und die Integrität einer Gesellschaft in ihrer bisherigen Verfassung gefährden und letztlich auch die Auflösung einer staatlichen Ordnung bewirken.

Diese bekannten soziologischen Theoreme zur „Wertintegration" von Gesellschaftssystemen[23] sind im Blick zu behalten, wenn im Folgenden auf besonderen Veränderungen der Sicherheits-, Gefährdungs- und Bedrohungslagen und entsprechend relevante Faktoren des gesellschaftlichen Wandels einzugehen sein wird.

Im Sinne der aufgestellten Thesen zum steigenden Bedarf an formaler sozialer Kontrolle und wahrscheinlich zunehmender Repressivität bei einer größeren kulturellen Heterogenität einer Gesellschaft kann man indes auch noch auf die empirischen Befunde hinweisen, dass selbst in der sehr stark am liberalen Wert der Freiheit orientierten multiethnischen Einwanderungsgesellschaft der Vereinigten Staaten von Amerika,[24] die Inhaftierungsrate mit 698 pro 100.000 Einwohner mit am höchsten in der Welt ist und dass zudem ein verhältnismäßig hoher Anteil an Schwarzen, Farbigen und Angehörigen ethnischer Zuwanderungsgruppen an den Inhaftierten gegeben ist. In der Bundesrepublik Deutschland lag die entsprechende Zahl an Inhaftierten je 100.000 Einwohnern zum Vergleich bei lediglich 78, auf den Färöer Inseln und in Lichtenstein nur bei 19 und in San Marino sogar nur bei 6. Ruud Koopmans wies im gleichen Sinne darauf hin, dass gerade in den sich zumindest zeitweilig als „multikulturell" verstehenden westeuropäischen Staaten Niederlande, Schweden und Belgien die Überrepräsentation des Anteils der Ausländer an den Strafgefangenen mit dem Faktor

---

[23] Dieser Sichtweise sozialer Integration folgt der soziologischen Denktradition, wie sie vor allem von Emile Durkheim und Talcott Parsons entwickelt und vertreten wurde. Siehe: Durkheim, Emile: Die elementaren Formen des religiösen Lebens, Frankfurt a. M. 1981; Parsons, Talcott: The Social System, Glencoe 1951; Parsons, Talcott: Structure and Process in Modern Societies, Glencoe 1960; Parsons, Talcott: Sociological Theory and Modern Society, New York 1967.

[24] Siehe zu den internationalen Vergleichen: International Centre for Prison Studies (Hrsg.): online: http://www.prisonstudies.org/highest-to_lowest/prison_population_rate?field_region_taxonomy_tid=All (Abgerufen: 4.9.2015).

von 7,9 bzw. 5,6 und 4,9 am höchsten ist, aber beispielsweise auch in Frankreich 3,8 Mal und in Deutschland 3,4 Mal so viele Ausländer als Einheimische, bezogen auf die jeweiligen Bevölkerungsanteile, an der Gesamtzahl der Strafgefangenen festzustellen sind.[25]

Gesellschaftlicher Wandel und die Veränderungen der Sicherheits- und Bedrohungslagen

Die Gegenwart ist bestimmt durch einen tiefgreifenden und beschleunigten technischen und ökonomischen Wandel in Folge einer bereits in den 1970er Jahren einsetzenden und um sich greifenden technologischen Revolution auf der Grundlage der Basisinnovationen der Mikroelektronik, der heute schlagwortartig auch als „Digitalisierung" oder als „Informatisierung" bezeichnet wird. Hinzu kommen damit komplex zusammenhängende Globalisierungs- und Europäisierungsprozesse[26] wie auch Individualisierungs- und Pluralisierungsvorgänge in westlichen Gesellschaften und nicht zuletzt regionale und globale Massenmigrationsbewegungen.[27] Als Begleit- und Folgeerscheinungen davon ergaben sich neue Formen der Kriminalität und Herausforderungen an die Polizei, etwa in der Gestalt der Computer- und Internetkriminalität, neuer Spielarten der weltweiten Wirtschaftskriminalität, der grenzüberschreitenden organisierten Kriminalität und nicht zuletzt des islamisch-fundamentalistisch begründeten internationalen Terrorismus, der als wichtiger Aspekt einer in vielen Hinsichten neuartigen Bedrohungslage näher betrachtet werden soll. Dabei soll aufgezeigt werden, wie sich damit zugleich auch das gesamte kulturelle Wertgefüge unserer Gesellschaft, einschließlich der grundlegenden Wertbeziehungen und

---

[25] Siehe: Koopmans, Ruud: Assimilation oder Multikulturalismus? Bedingungen gelungener Integration, Berlin 2017, insb. S. 142 ff und vgl. S. 251.

[26] Siehe auch: Balla, Bálint/Sterbling, Anton (Hrsg.): Globalisierung, Europäisierung, Regionalisierung – unter besonderer Berücksichtigung ihrer Erscheinungsformen und Auswirkungen im östlichen Europa, Beiträge zur Osteuropaforschung 16, Hamburg 2009.

[27] Siehe dazu auch: Sterbling, Anton (Hrsg.): Migrationsprozesse, Probleme von Abwanderungsregionen, Identitätsfragen. Beiträge zur Osteuropaforschung, Band 12, Hamburg 2006; Sterbling, Anton: Zuwanderungsschock – Deutschland und Europa in Gefahr? Probleme der Zuwanderung und Integration, Hamburg 2016.

der Verhältnisse zwischen Rechtsnormen und sittlich-religiösen Werten, tendenziell verschiebt. Dies verändert zugleich auch die eingespielten Vertrauensbeziehungen zwischen der Polizei und wachsenden und dabei zunächst nur unzureichend sozial und kulturell integrierten Teilen der zugewanderten Bevölkerung, so dass dies nahezu notwendigerweise auch entsprechende Auswirkungen auf die gegebene Rechtsordnung wie auch auf die Neufassung des Polizeigesetzes erwarten lässt.

Um kein Missverständnis aufkommen zu lassen: Natürlich haben auch die anderen genannten wie auch weitere Faktoren des globalen, europäischen und gesamtgesellschaftlichen Wandels eine ähnliche Relevanz im Hinblick auf die Rechtsordnung und die Erfordernisse der Anpassung der Polizeigesetze in den einzelnen Bundesländern. Die weiteren Ausführungen werden sich allerdings auf Grund des vorgegebenen thematischen Rahmens nur auf die veränderte Sicherheits- und Bedrohungslage durch den islamischen Fundamentalismus und islamistischen Terrorismus konzentrieren.

Der islamisch-fundamentalistisch begründete internationale Terrorismus als neuartige Bedrohungslage

Die Gefahren des internationalen Terrorismus, insbesondere in seiner islamistisch-fundamentalistischen Spielart waren bereits vor Jahrzehnten gegeben und sind von Experten durchaus schon früh als solche erkannt und untersucht worden.[28] Aber erst die dramatischen, die Welt tief erschütternden Ereignisse des 11. September 2001 ließen die westlichen Öffentlichkeit schlagartig bewusst werden, welch weitreichende neue Bedrohung für sie damit einhergeht.[29] Stellte sich die Gefährdung durch den islamistischen

---

[28] Siehe zum Beispiel: Hoffman, Bruce: Terrorismus. Der unerklärte Krieg, Frankfurt a. M. 1999; Tibi, Bassam: Die neue Weltunordnung. Westliche Dominanz und islamischer Fundamentalismus, Stuttgart 2001; Tibi, Bassam: Islamische Zuwanderung und ihre Folgen, Stuttgart 2018.

[29] Siehe dazu: Waldmann, Peter (Hrsg.): Determinanten des Terrorismus, Weilerswist 2005; Münkler, Herfried: Der Wandel des Krieges. Von der Symmetrie zur Asymmetrie, Weilerswist 2006; Kron, Thomas/Reddig, Melanie (Hrsg.): Analysen des transnationalen Terrorismus. Soziologische Perspektiven, Wiesbaden 2007; Hobsbawm, Eric: Globalisierung, Demokratie und Terrorismus, München 2009; Her-

Terrorismus für Europa und für die Bundesrepublik Deutschland zunächst nur als „abstrakte" Gefahr dar, so wurde sie in der Zwischenzeit und vor allem in den letzten Jahren immer manifester und unmittelbarer erfahrbar. Wenngleich anfangs noch vehement in Abrede gestellt wurde, dass es irgendwelche Zusammenhänge zwischen den Massenzuwanderungen und Flüchtlingsbewegungen des Jahres 2015 und der gestiegenen Gefahr des islamistischen Terrorismus gäbe,[30] traten nicht nur nach dem Herbst des Jahres 2015 solche terroristischen Anschläge deutlich häufiger und gravierender in Erscheinung, sondern die Beteiligung von als „Flüchtlingen" nach Europa gekommenen Attentätern, wurde offenkundig und konnte mithin nicht mehr länger übersehen werden. Aus der „abstrakten" Gefahr wurde in der Zwischenzeit auch in der Bundesrepublik Deutschland wie in ganz Europa und der westlichen Welt eine sehr „reale", mit weitreichenden Konsequenzen für die Sicherheitslage, die Polizeiarbeit und ebenso für unsere „Lebensweise", ob wir es nun wahr haben und akzeptieren wollen oder nicht.[31]

Die gegenwärtige weltpolitische Lage mit ihren vielen Brennpunkten, Krisenherden und gewaltsamen Konflikten – insbesondere im Vorderen Orient, in Zentralasien und im nördlichen Afrika – lässt realistischerweise befürchten, dass die Gefahren, die vom islamistisch-fundamentalistischen internationalen Terrorismus ausgehen, noch länger fortbestehen und an Intensität und Irrationalität wahrscheinlich noch zunehmen werden. Etwas anderes anzunehmen, verkennt die vielfältigen globalen Ursachen wie auch die Dynamik und Eigendynamik dieser Prozesse, die nicht zuletzt mit gescheiterten Versuchen, eine moderne Staatlichkeit in vielen Regionen der Welt aufzubauen, mit dem gewaltigen Druck eines rasanten Bevölkerungswachstums in der islamischen Welt und in Afrika, mit der vielfach gegebenen wirtschaftlichen Unterentwicklung, den sozialen Spannungen und Ver-

---

mann, Rainer: Endstation Islamischer Staat? Staatsversagen und Religionskrieg in der arabischen Welt, München 2015; Goertz, Stefan: Islamistischer Terrorismus. Analyse – Definitionen – Taktik, Heidelberg 2017.

[30] Siehe: Sterbling, Anton: Zuwanderung, Kultur und Grenzen in Europa, Aachen 2015; Sterbling, Anton: Zuwanderungsschock – Deutschland und Europa in Gefahr? Probleme der Zuwanderung und Integration, Hamburg 2016.

[31] Siehe dazu auch: Wahrnehmung des Terrorismus durch die Bürger. Eine soziologische Betrachtung längerfristiger Entwicklungen, im vorliegenden Band.

werfungen und mit der Ausbreitung eines aggressiven Islams – der nicht nur als Religion, sondern vielfach auch als politische Herrschaftsideologie in Erscheinung tritt – zusammenhängen.[32] Allerdings darf man auch die vielfältigen Veränderungen in den westlichen Gesellschaften selbst, die zu neuen Bedrohungslagen und zu veränderten Rahmenbedingungen der Polizeiarbeit führten, nicht übersehen. Dazu einige aufschlussreiche empirische Befunde, die sich einschlägigen sozialwissenschaftlichen Untersuchungen entnehmen lassen.[33]

In einer 2008 durchgeführten umfragegestützten Untersuchung in sechs westeuropäischen Ländern (Deutschland, Frankreich, den Niederlanden, Belgien, Österreich und Schweden) wurden neben Einheimischen als „Kontrollgruppe" türkische und in vier Ländern auch marokkanische Zuwanderer einbezogen und unter anderem zum Problemkomplex des „religiösen Fundamentalismus" befragt.[34] Diese Einstellungen wurde mit Hilfe von drei Fragen operationalisiert, die sich auf die fundamentale Bedeutung und strikte Auslegung der jeweiligen heiligen Schriften (Bibel bzw. Koran) wie auch auf den Vorrang religiöser Regeln vor weltlichen Gesetzen bezogen. Der religiöse Fundamentalismus wurde mit „Fremdgruppenfeindlichkeit" als einer weiteren abhängigen Variablen verknüpft. Als unabhängige Variablen wurden verschiedene christliche und muslimische ethnisch-religiöse Gruppen wie auch das Ausmaß der „religiösen Identifikation" der einzelnen Befragten betrachtet, während demographische und soziöökono-

---

[32] Siehe auch: Vonderach, Gerd (Hrsg.): Das Zuwanderungsproblem. Was kommt auf Europa zu? Buchreihe Land-Berichte 12, Aachen 2017.

[33] Siehe in diesem Sinne vor allem die umfangreichen Literaturhinweise in: Vonderach, Gerd (Hrsg.): Das Zuwanderungsproblem. Was kommt auf Europa zu? Buchreihe Land-Berichte 12, Aachen 2017, insb. S. 129 ff, und Koopmans, Ruud: Assimilation oder Multikulturalismus? Bedingungen gelungener Integration, Berlin 2017, insb. S. 223 ff.

[34] Der etwas länger zurückliegende Zeitpunkt der Untersuchungen schwächt keineswegs deren Aussagewert, da davon auszugehen ist, dass die später zugewanderten muslimischen Bevölkerungsgruppen aus Syrien, dem Irak oder Afghanistan usw. mit ihren Kriegsgräuelerfahrungen noch deutlich anfälliger für fundamentalistische und terroristische Neigungen sind, als die damals untersuchten, zum Teil schon länger in Westeuropa lebenden türkischen und marokkanischen Migranten. Siehe auch: Koopmans, Ruud: Assimilation oder Multikulturalismus? Bedingungen gelungener Integration, Berlin 2017, insb. S. 151 ff.

mische Merkmale und die subjektiv wahrgenommene Diskriminierung als intervenierende „Kontrollvariablen" berücksichtigt wurden.

Als wichtige Befunde der methodisch anspruchsvollen und empirische aufschlussreichen Analysen kann u.a. festgehalten werden: „Die Behauptung, dass Fundamentalismus unter Muslimen im Westen ein unwesentliches Phänomen ist, wird von dieser Studie nicht bestätigt. Mehrheiten von bis zu drei Vierteln der muslimischen Befragten bekräftigten, dass Muslime zu den Wurzeln ihrer religiösen Überzeugung zurückkehren sollten, dass es nur eine Interpretation des Koran, die für alle Gläubigen bindend ist, gibt und dass für sie religiöse Regeln wichtiger seien als weltliche Gesetze. Etwas weniger als die Hälfte von ihnen stimmte allen drei Aussagen zu. Es gab jedoch eine Minderheit von fast einem Drittel der Muslime, die alle Aussagen ablehnten oder höchstens einer zustimmten."[35] Der in dieser Form erhobene religiöse Fundamentalismus ist unter den in Westeuropa lebenden Muslimen also ohne Zweifel weit verbreitet. Besonders bedenklich erscheint dabei, dass von einem großen Teil, nämlich 65 Prozent oder knapp zwei Drittel unter ihnen, religiöse Regeln und Vorschriften über die Rechtsnormen des Aufnahmelandes gestellt werden. Damit wird der für die „Wertintegration" einer Gesellschaft[36] notwendige Konsens im Hinblick auf den Vorrang allgemein verbindlicher „universalistischer" Rechtsnormen gegenüber den religiös oder sittlich begründeten Normen weitgehend unterlaufen; und es wird im Hinblick auf die normalerweise zu erwartende Rechtskonformität des Verhaltens eine grundsätzlich schwierige und von entsprechenden Unberechenbarkeiten und Risiken gekennzeichnete Lage des polizeilichen Handelns geschaffen.

Die Untersuchungen zeigten auch, dass sozioökonomisch marginalisierte muslimische Bevölkerungsgruppen überproportional häufig fundamentalistischen Haltungen zuneigen. Religiöser Fundamentalismus hängt zudem deutlich mit „Fremdgruppenfeindlichkeit", etwa Homophobie und Antisemitismus, und erwartungsgemäß, aber in geringerem Maße auch mit Ge-

---

[35] Siehe: Koopmans, Ruud: Assimilation oder Multikulturalismus? Bedingungen gelungener Integration, Berlin 2017, vgl. S. 185.

[36] Zur „Wertintegration" siehe: Parsons, Talcott: The Social System, Glencoe 1951; Parsons, Talcott: Structure and Process in Modern Societies, Glencoe 1960; Parsons, Talcott: Sociological Theory and Modern Society, New York 1967.

waltbereitschaft oder Unterstützung religiös motivierter Gewalt zusammen. In diesem Sinne wird festgehalten: „Die Aussage, dass „Selbstmord-Bombenanschläge oder andere Gewalttaten gegen Zivilisten gerechtfertigt sind, um den Islam vor seinen Feinden zu beschützen" wird von acht Prozent der US-amerikanischen Muslime, und jeweils 16, 15 und 7 Prozent der Muslime in Frankreich, Großbritannien und Deutschland bestätigt."[37] Zu ähnlichen Ergebnissen führen auch vergleichbare Fragen in anderen Untersuchungen im Hinblick auf die mit dem religiösen Fundamentalismus verbundene Gewaltanwendungsbereitschaft. Auf die Frage, „was man tun würde, wenn man davon erfahren würde, dass ein anderer Muslime einen Anschlag vorbereitet", gaben 10 Prozent an, „dass sie niemals die Polizei informieren würden und nochmals 13 Prozent wollten keine Antwort geben".[38]

Nur bedingt lässt sich indes ein Zusammenhang zwischen „Glaubensintensität" und religiösem Fundamentalismus erkennen. Auch spricht bei statistischer Kontrolle anderer Einflussfaktoren in der empirischen Analyse nur wenig dafür, dass subjektiv wahrgenommene Diskriminierungen von Muslimen einen signifikant wichtigen Grund des religiösen Fundamentalismus im Westen bilden, dass es sich also gleichsam um ein „reaktives", durch Benachteiligungen oder Exklusionen erzeugtes Phänomen handelt, wie dies oft von „linken" und „grünen" Kritikern in der Verteidigung der devianten Haltung von Muslimen in westlichen Gesellschaften ideologisch behauptet und entschuldigend vorgebracht wird.

Konsequenzen und Ausblick

Selbst wenn die exemplarisch herangezogenen empirischen Befunde der erwähnten Untersuchungen nur bedingt zu generalisieren sind, zeigen sie doch – gerade auch vor dem Hintergrund zeitweilig unkontrollierter Massenzuwanderungen im Jahr 2015 und in der Folgezeit – ein erschreckend weit verbreitetes Ausmaß an weltanschaulichen Neigungen zum islamischen Fundamentalismus unter den muslimischen Zuwanderern in westeu-

---

[37] Siehe: Koopmans, Ruud: Assimilation oder Multikulturalismus? Bedingungen gelungener Integration, Berlin 2017, vgl. S. 191.

[38] Siehe: Koopmans, Ruud: Assimilation oder Multikulturalismus? Bedingungen gelungener Integration, Berlin 2017, vgl. S. 48.

ropäischen Gesellschaften und zugleich ein erhebliches Unterstützungspotenzial für fremdgruppenfeindliche, etwa antisemitische und homophobe Haltungen, und nicht zuletzt für den gewaltsamen islamistischen Terrorismus, der in diesen Bevölkerungskreisen einen wichtigen Resonanzraum und auch ein entsprechendes aktives Unterstützungs- und Rekrutierungsfeld findet.

Gleichermaßen beunruhigend erscheint indes auch die angesprochene Einstellung und Haltung eines großen Teils der zugewanderten Muslime, religiöse Regeln über die Gesetze bzw. die Rechtsnormen des Aufnahmelandes zu stellen, denn dies erodiert nicht nur zumindest partiell die ansonsten weit verbreitete und stabile Wertbasis und Vertrauensgrundlage der Bevölkerung in den Rechtsstaat, die Polizei[39] und andere staatliche Akteure und Institutionen,[40] sondern schafft mit der Zeit und fortschreitend auch Verhältnisse, wie sie für südosteuropäische oder außereuropäische Gesellschaften des „öffentlichen Misstrauens"[41] typisch sind.

Unter solchen Bedingungen steigen nicht nur der Sicherheitsaufwand und die damit verbundenen Sicherheitskosten. Es wachsen auch die sicherheitsbedingten Einschränkungen der alltäglichen Lebensführung, und es ergeben sich zugleich andere „objektive" Veränderungen der Lebensumstände wie natürlich auch „subjektive" und nicht zuletzt psychische Folgen eines Entfremdungs- und zumindest latenten Bedrohungsgefühls[42] bei vie-

---

[39] Siehe dazu: Sterbling, Anton: Moderne Polizeiarbeit und die soziale Handlungsressource „öffentliches Vertrauen", in: Die Polizei. Fachzeitschrift für öffentliche Sicherheit mit Beiträgen aus der Deutschen Hochschule der Polizei, 109. Jg., Köln 2018.

[40] Zum Vertrauen generell siehe: Luhmann, Niklas: Vertrauen. Ein Mechanismus der Reduktion sozialer Komplexität, Stuttgart ³1989.

[41] Siehe: Giordano, Christian: Privates Vertrauen und informelle Netzwerke: Zur Organisationsstruktur in Gesellschaften des öffentlichen Misstrauens. Südosteuropa im Blickpunkt, in: Roth, Klaus (Hrsg.): Soziale Netzwerke und soziales Vertrauen in den Transformationsländern. Freiburger Sozialanthropologische Studien, Band 15, Wien-Zürich-Berlin 2007 (S. 21-49); Sterbling, Anton: Institutionenwandel in Gesellschaften des öffentlichen Misstrauens, in: Albert, Gert/Bienfait, Agathe/Sigmund, Steffen/Stachura, Mateusz (Hrsg.): Soziale Konstellation und historische Perspektive. Festschrift für M. Rainer Lepsius, Wiesbaden 2008 (S. 104-120).

[42] Messbar wird dies auch in „objektiven" und „subjektiven" Dimensionen und Belangen der Lebensqualität. Siehe dazu: Sterbling, Anton: Sicherheit und Lebensqualität

len Menschen. Dies findet letztlich auch notwendig seinen Niederschlag in den Neufassungen der Polizeigesetze, die den neuen Gefährdungs- und Bedrohungslagen und veränderten normativen Gegebenheiten wie auch den erkennbaren Verschiebungen im gesamtgesellschaftlichen Wertgefüge Rechnung zu tragen haben. Dass dies tendenziell mit weniger Gleichgesinntheit und Gleichheit einher geht und zu mehr „repressiver" Sicherheit und „präventiven" Sicherheitsvorkehrungen und letztlich eben auch weniger individueller Freiheit führt, ist – so betrachtet – wohl weniger eine Frage der Rechtsgestaltung oder des dahinter stehenden politischen Willens, sondern mehr das Resultat übergreifender globaler und gesamtgesellschaftlicher Entwicklungen, insbesondere im Zuge massiver Zuwanderungsvorgänge, einer entsprechenden Zunahme der kulturellen Heterogenität und Diversität der Gesellschaft wie auch merklicher Veränderungen und Überlagerungen der kulturellen Wertordnung[43] und der entsprechenden öffentlichen Vertrauensgrundlagen. Dass hierbei im Hinblick auf notwendige oder zumindest ratsam erscheinende Sicherheitsvorkehrungen weniger Freiheitsspielräume für die Bürger zu erwarten und mit Realismus, Augenmaß und vernünftiger Abwägung auch in der Neufassung der Polizeigesetze zu akzeptieren sind, sollte vor dem aufgezeigten Hintergrund gesamtgesellschaftlicher Entwicklungen und ihrer Folgewirkungen verständlich erscheinen, wiewohl dies natürlich auch bedauerlich sein mag. Dies entbindet allerdings bei den anstehenden rechtstechnischen Änderungen der Polizeigesetze nicht davon, stets nach dem Grundsatz: „So viel Freiheit wie möglich und so viel Sicherheit wie nötig" zu handeln.

Wenn gegenwärtig daran erinnert wird, dass der bekannte neoliberale amerikanische Wirtschaftsnobelpreisträger Milton Friedman bereits vor über vierzig Jahren feststellte, man kann eine Gesellschaft der unbegrenzten Einwanderung oder einen Sozialstaat haben, beides gleichzeitig geht

---

im Landkreis Görlitz. Ergebnisse einer Bürgerbefragung, Rothenburger Beiträge. Polizeiwissenschaftliche Schriftenreihe (Band 78), Rothenburg/Oberlausitz 2015.

[43] Daher erscheint es auch umso wichtiger, die verfassungsrechtlichen Grundlagen unserer freiheitlich-demokratischen Grundordnung und die darin fixierten Wertbindungen keineswegs aus dem Blick zu verlieren. Siehe: Murswiek, Dietrich: Staatsvolk, Demokratie und Einwanderung im Nationalstaat des Grundgesetzes, in: Jahrbuch des öffentlichen Rechts der Gegenwart, Neue Folge, Band 66, Tübingen 2018 (S. 386-429).

aber nicht,[44] so lässt sich dies – nach den vorgetragenen Ausführungen – wohl auch dahingehend abwandeln, dass man zwar eine Gesellschaft nahezu unbegrenzter Einwanderung[45] und Diversität haben kann, dann aber gleichzeitig auch mit den damit verbundenen notwendigen Einschränkungen an Gleichheit und Freiheit rechnen und sich damit wohl auch abfinden muss.[46] Dies sind nun einmal empirisch wohl begründete „soziale Gleichungen", vor denen man realistischerweise die Augen nicht verschließen sollte.

Am wenigsten darf man dies als allein der „Wahrheit" und der „objektiven Erkenntnis" verpflichteter Sozialwissenschaftler. Es erscheint für eine Gesellschaft und ihre zukünftigen Entwicklungsmöglichkeiten nichts gefährlicher, als ideologische Selbsttäuschung und die damit einhergehende beschönigende Wahrnehmung ihres realen Zustandes und ihrer externen und internen Bedrohungen. Dass man die reale Sicherheitslage Deutschlands und des Westens lange Zeit vielfach weitgehend verkannt hat, musste

---

[44] Henrik M. Broder gab diese Aussagen Milton Friedmans in der Formulierung wieder: „Offene Grenzen und Sozialstaat schlössen sich gegenseitig aus. Man müsse sich für das eine oder das andere entscheiden. Ein Drittes gebe es nicht." Siehe: Broder, Henrik M.: Sozialstaat oder Einwanderung, in: Die Welt vom 19.6.2017, online: https://www.welt.de/print/die_welt/debatte/article165675355/Sozialstaat-oder-Einwanderung.html (Abgerufen am 21.7.2018).

[45] Die Bundesrepublik Deutschland ist in den letzten Jahrzehnten – übrigens auch ohne ein „Einwanderungsgesetz" oder vielleicht gerade deswegen – zu einer der wichtigsten Einwanderungsgesellschaften der Welt geworden, wenn man die europäischen und außereuropäischen Zuwanderungen zusammen nimmt und diese ins Verhältnis zur Gesamtbevölkerung setzt. Lebten Ende 1991 in der Bundesrepublik Deutschland schon 5.882.000 Ausländer bei insgesamt 80.275.000 Einwohnern, so waren es Ende 2017 bereits 10.624.000 bei einer Gesamtwohnbevölkerung von 82.741.000. Siehe: Statistisches Bundesamt (Hrsg): Bevölkerung und Erwerbstätigkeit. Ausländische Bevölkerung. Ergebnisse des Ausländerzentralregisters. Fachserie 1 Reihe 2, 2017. Wiesbaden 2018, vgl. S. 19, online: Publikationen/Thematisch/Bevoelkerung/MigrationIntegration/AuslaendBevoelkerung2010200177004.pdf?__blob=publicationFile (Abgerufen: 22.7.2018). Weitere massive Zuwanderungen kamen bis heute noch dazu, so dass die Gesamtbevölkerung gegenwärtig bereits über 83 Millionen erreicht hat.

[46] Die multiethnische Einwanderungsgesellschaft der Vereinigten Staaten von Amerika ist hierfür in vielen Hinsichten ein anschauliches und sicherlich auch bedenkliches Beispiel. Siehe auch: Schlesinger, Arthur M.: Die Spaltung Amerikas. Überlegungen zu einer multikulturellen Gesellschaft, Stuttgart 2020.

die deutsche Politik nach dem völkerrechtswidrigen, aggressiven Überfall der Ukraine durch Russland aufgeschreckt und folgenreich einsehen. Die Gefahren der Selbsttäuschungen und das Gift der Ideologie sind umso schlimmer, je mehr sie sich den Anschein geben oder davon unbeirrt selbstüberzeugt sind, im Auftrag des Fortschritts der Menschheit oder einer höheren Moral zu wirken und damit auch unabdingbar zum Glück der Menschen beizutragen. Leider haben solche ideologiegeleiteten, moralisch deutlich überfrachteten, „gesinnungsethischen" Denkweisen in der deutschen Politik gegenüber sachorientierten, realistischen, rationalen, interessengeleiteten, mit anderen Worten „verantwortungsethischen" Haltungen ein bedenkliches Übergewicht. Darauf muss gerade angesichts der gegenwärtigen Krisen, Gefahren und Bedrohungen ideologiekritisch mit allem Nachdruck aufmerksam gemacht und müssen entsprechende gesellschaftspraktische Korrekturen eingefordert werden.

Literatur

Balla, Bálint/Sterbling, Anton (Hrsg.): Globalisierung, Europäisierung, Regionalisierung – unter besonderer Berücksichtigung ihrer Erscheinungsformen und Auswirkungen im östlichen Europa, Beiträge zur Osteuropaforschung 16, Hamburg 2009

Bergmann, Jörg/Hahn, Alois/Luckmann, Thomas (Hrsg.): Religion und Kultur, Kölner Zeitschrift für Soziologie und Sozialpsychologie, Sonderheft 33, Opladen 1993

Broder, Henrik M.: Sozialstaat oder Einwanderung, in: Die Welt vom 19.6.2017, online: https://www.welt.de/print/die_welt/debatte/article165675355/Sozialstaat-oder-Einwanderung.html (Abgerufen am 21.7.2018)

Durkheim, Emile: Die elementaren Formen des religiösen Lebens, Frankfurt a. M. 1981

Eisenstadt, Samuel N.: Tradition, Wandel und Modernität, Frankfurt a. M. 1979

Fischer, Joachim: Ästhetisierung der Gesellschaft statt Ökonomisierung der Gesellschaft. Kunstsoziologie als Schlüsseldisziplin der Gegenwartsanalytik, in: Danko, Dagmar/Moeschler, Olivier/Schumacher, Florian (Hrsg.): Kunst und Öffentlichkeit, Wiesbaden 2014 (S. 21-32)

Giesen, Bernhard (Hrsg.): Nationale und kulturelle Identität. Studien zur Entwicklung des kollektiven Bewußtseins in der Neuzeit, Frankfurt a. M. 1991

Giordano, Christian: Ehre: Soziale Repräsentationen und Handlungsstrategien. Die Gesellschaft des Mittelmeerraumes als transkulturelle Metapher, in: Beetz, Stephan/Jacob, Ulf/Sterbling, Anton (Hrsg.): Soziologie über die Grenzen – Europäische Perspektiven, Hamburg 2003 (S. 391-410)

Giordano, Christian: Privates Vertrauen und informelle Netzwerke: Zur Organisationsstruktur in Gesellschaften des öffentlichen Misstrauens. Südosteuropa im Blickpunkt, in: Roth, Klaus (Hrsg.): Soziale Netzwerke und soziales Vertrauen in den Transformationsländern. Sozialanthropologische Studien, Band 15, Wien-Zürich-Berlin 2007 (S. 21-49)

Goertz, Stefan: Islamistischer Terrorismus. Analyse – Definitionen – Taktik, Heidelberg 2017

Hankiss, Elemér: The „Second Society": Is There and Alternative Social Model Emerging in Contemporary Hungary?, in: Social Research: An International Quarterly of the Social Sciences, 55. Jg., New York 1988 (S. 13-42)

Herder, Johann Gottfried: Ideen zur Philosophie der Geschichte der Menschheit. Herders sämtliche Werke XIII, London 2006 (zuerst 1784)

Hermann, Rainer: Endstation Islamischer Staat? Staatsversagen und Religionskrieg in der arabischen Welt, München 2015

Hobsbawm, Eric: Globalisierung, Demokratie und Terrorismus, München 2009

Hoffman, Bruce: Terrorismus. Der unerklärte Krieg, Frankfurt a. M. 1999

Hütten, Susanne/Sterbling, Anton: Expressiver Konsum. Die Entwicklung von Lebensstilen in Ost- und Westeuropa, in: Blasius, Jörg/Dangschat, Jens S. (Hrsg.): Lebensstile in den Städten. Konzepte und Methoden, Opladen 1994 (S. 122-134)

International Centre for Prison Studies (Hrsg.): online: http://www.prisonstudies.org/highest-to_lowest/prison_population_rate?field_region_taxonomy_tid=All (Abgerufen: 4.9.2015)

Kielmansegg, Peter Graf: Vorbild Europa, in: Frankfurter Allgemeine Zeitung, Nr. 111, vom 14. Mai 2007, Frankfurt a. M. 2007 (S. 7)

Koopmans, Ruud: Assimilation oder Multikulturalismus? Bedingungen gelungener Integration, Berlin 2017

Kron, Thomas/Reddig, Melanie (Hrsg.): Analysen des transnationalen Terrorismus. Soziologische Perspektiven, Wiesbaden 2007

Lepsius, M. Rainer: Eigenart und Potenzial des Weber-Paradigmas, in: Albert, Gert/Bienfait, Agathe/Sigmund, Steffen/Wendt, Claus (Hrsg.): Das Weber-Paradigma. Studien zur Weiterentwicklung von Max Webers Forschungsprogramm, Tübingen 2003 (S. 32-41)

Luhmann, Niklas: Vertrauen. Ein Mechanismus der Reduktion sozialer Komplexität, Stuttgart ^{3}1989

Luhmann, Niklas: Das Recht der Gesellschaft, Darmstadt 2002

Münkler, Herfried: Der Wandel des Krieges. Von der Symmetrie zur Asymmetrie, Weilerswist 2006

Murswiek, Dietrich: Staatsvolk, Demokratie und Einwanderung im Nationalstaat des Grundgesetzes, in: Jahrbuch des öffentlichen Rechts der Gegenwart, Neue Folge, Band 66, Tübingen 2018 (S. 386-429)

Ollig, Hans-Ludwig (Hrsg.): Neukantianismus. Texte der Marburger und der Südwestdeutschen Schule, ihrer Vorläufer und Kritiker, Stuttgart 1982

Parsons, Talcott: The Social System, Glencoe 1951

Parsons, Talcott: Structure and Process in Modern Societies, Glencoe 1960

Parsons, Talcott: Sociological Theory and Modern Society, New York 1967

Plake, Klaus: Abweichendes Handeln und kollektive Sinnstiftung. Ein neuer Ansatz zur Devianztheorie, in: Hochstim, Paul/Plake, Klaus (Hrsg.): Anomie und Wertsystem. Nachträge zur Devianztheorie Robert K. Mertons, Beiträge aus dem Fachbereich Pädagogik 6/1997, Hamburg 1997 (S. 58-77)

Popitz, Heinrich: Phänomene der Macht. Autorität – Herrschaft – Gewalt – Technik, Tübingen 1986

Ranke, Leopold von: Über die Epochen der Geschichte, München 1971

Schieder, Theodor: Nationalismus und Nationalstaat, Göttingen 1991

Schlesinger, Arthur M.: Die Spaltung Amerikas. Überlegungen zu einer multikulturellen Gesellschaft, Stuttgart 2020

Statistisches Bundesamt (Hrsg): Bevölkerung und Erwerbstätigkeit. Ausländische Bevölkerung. Ergebnisse des Ausländerzentralregisters. Fachserie 1 Reihe 2, 2017. Wiesbaden 2018, online: Publikationen/Thematisch/Bevoelkerung/MigrationIntegration/AuslaendBevoelkerung2010200177004.pdf?__blob=publicationFile (Abgerufen: 22.7.2018)

Sterbling, Anton: Staaten- und Nationenbildung in Südosteuropa, in: Sterbling, Anton: Kontinuitäten und Wandel in Rumänien und Südosteuropa. Historisch-soziologische Analysen, München 1997 (S. 99-114)

Sterbling, Anton (Hrsg.): Migrationsprozesse, Probleme von Abwanderungsregionen, Identitätsfragen. Beiträge zur Osteuropaforschung, Band 12, Hamburg 2006

Sterbling, Anton: Institutionenwandel in Gesellschaften des öffentlichen Misstrauens, in: Albert, Gert/Bienfait, Agathe/Sigmund, Steffen/Stachura, Mateusz (Hrsg.): Soziale Konstellation und historische Perspektive. Festschrift für M. Rainer Lepsius, Wiesbaden 2008 (S. 104-120)

Sterbling, Anton: Das „Weber-Paradigma" und Fragen des sozialen Wandels, in: Sterbling, Anton: Verwerfungen in Modernisierungsprozessen. Soziologische Querschnitte, Hamburg 2012 (S. 113-127)

Sterbling, Anton: Wege der Modernisierung und Konturen der Moderne im westlichen und östlichen Europa, Wiesbaden 2015

Sterbling, Anton: Zuwanderung, Kultur und Grenzen in Europa, Aachen 2015

Sterbling, Anton: Sicherheit und Lebensqualität im Landkreis Görlitz. Ergebnisse einer Bürgerbefragung, Rothenburger Beiträge. Polizeiwissenschaftliche Schriftenreihe (Band 78), Rothenburg/Oberlausitz 2015

Sterbling, Anton: Zuwanderungsschock – Deutschland und Europa in Gefahr? Probleme der Zuwanderung und Integration, Hamburg 2016

Sterbling, Anton: Moderne Polizeiarbeit und die soziale Handlungsressource „öffentliches Vertrauen", in: Die Polizei. Fachzeitschrift für öffentliche Sicherheit mit Beiträgen aus der Deutschen Hochschule der Polizei, 109. Jg., Heft 10, Köln 2018 (S. 284-290)

Sterbling, Anton: Nationalstaaten und Europa. Problemfacetten komplizierter Wechselbeziehungen, Geistige Lieferung I, Akademie Herrnhut, Dresden 2018

Sterbling, Anton: Krisenursachen des modernen Sozial- und Wohlfahrtsstaates. Grundelemente gesellschaftlicher Ordnungen, in: Land-Berichte. Beiträge zu ländlichen und regionalen Lebenswelten, XXII. Jg., Heft 3, Düren 2019 (S. 8-26)

Sterbling, Anton: Einführung in die Grundlagen der Soziologie, Stuttgart 2020

Tenbruck, Friedrich H.: Das Werk Max Webers, in Kölner Zeitschrift für Soziologie und Sozialpsychologie, 27. Jg., Opladen 1975 (S. 663-702)

Tibi, Bassam: Die neue Weltunordnung. Westliche Dominanz und islamischer Fundamentalismus, Stuttgart 2001

Tibi, Bassam: Islamische Zuwanderung und ihre Folgen, Stuttgart 2018

Vonderach, Gerd (Hrsg.): Das Zuwanderungsproblem. Was kommt auf Europa zu? Buchreihe Land-Berichte 12, Aachen 2017

Waldmann, Peter (Hrsg.): Determinanten des Terrorismus, Weilerswist 2005

Weber, Max: Gesammelte Aufsätze zur Religionssoziologie I, Tübingen ^{9}1988

Weber, Max: Wissenschaft als Beruf, in: Weber, Max: Gesammelte Aufsätze zur Wissenschaftslehre, Tübingen ^{7}1988 (S. 582-613)

Weiß, Johannes: Max Webers Grundlegung der Soziologie. Eine Einführung, München 1975

Winkler, Heinrich August/Kaelble, Hartmut (Hrsg.): Nationalismus – Nationalitäten – Supranationalität, Stuttgart 1993

Sechs Thesen zu gegenwärtigen Zeitfragen aus freiheitlich-liberaler Sicht

Vorbemerkungen

Der eklatante Bruch des Völkerrechts mit dem Überfall der Ukraine durch Russland, der gleichzeitig einen erschreckenden Zivilisationsbruch im 21. Jahrhundert bedeutet, hat sicherlich tiefgreifende und folgenreiche Auswirkungen auf die weltpolitische Lage, auf die Sicherheitsgegebenheiten in Europa, auf die bereits durch die weltweite Pandemie empfindlich betroffene und eingeschränkte globalisierte Weltwirtschaft wie auch auf jede einzelne europäische Gesellschaft. Vermutlich geht damit zugleich eine erhebliche Verunsicherung des kulturellen Selbstverständnisses Europas einher. Wie deutlich sichtbar mit diesen neuen Entwicklungen auch politische Fehlentscheidungen und gesellschaftliche Fehlentwicklungen der letzten zwei bis drei Jahrzehnte geworden sind, so darf die jetzt gegebene Situation doch keineswegs zu neuen Kurzschlüssen und weiteren politischen Fehlentscheidungen verleiten. Diese zu vermeiden, setzt zunächst eine sachgerechte Analyse der relevanten gesellschaftlichen Gegebenheiten sowie eine begründete Abwägung der politischen Entscheidungserfordernisse, möglichen Optionen und zu favorisierenden Desiderata voraus.

Meine Überlegungen sollen im Folgenden thesenförmig vorgetragen werden, da sie dergestalt am leichtesten kritisch anzufechten oder auch empirisch zu widerlegen sein dürften. Dies entspricht meiner am „Kritischen Rationalismus"[1] orientierten wissenschaftstheoretischen Auffassung, dass die konsequente Anwendung des Prinzips der Kritik und der hartnäckige empirische Prüfungs- und Widerlegungsversuch theoretischer Behauptungen der erfolgversprechendste Weg wissenschaftlichen Denkens und einer

---

[1] Zum Kritischen Rationalismus und den Prinzipien des konsequenten Fallibilismus und der Falsifikation siehe: Popper, Karl R.: Logik der Forschung, Tübingen ^{6}1976; Albert, Hans (Hrsg.): Theorie und Realität. Ausgewählte Aufsätze zur Wissenschaftslehre der Sozialwissenschaften, Tübingen ^{2}1972; Sterbling, Anton: Einführung in die Grundlagen der Soziologie, Stuttgart 2020, insb. S. 13 ff.

davon geleiteten rationalen Erkenntnispraxis – und dies durchaus auch mit sozialtechnologischen und gesellschaftspraktischen Konsequenzen – ist.

Meine Thesen werden sich zumindest teilweise im Rahmen dessen bewegen, das Helmut Schelsky bereits in den 1970er Jahren sehr trefflich und weitsichtig auf den Begriff brachte, nämlich im Spannungsfeld der Erfassung und Analyse des „Kampfes" zwischen den für die Güterherstellung und den materiellen Wohlstand sorgenden „Güterproduzenten" und den realitätsdeutenden und sinnvermittelnden, auch mehr oder weniger radikaler Sozialkritik zuneigenden, ebenso wie Utopien und soziale Heilsverheißungen verbreitenden „Sinnproduzenten";[2] einer Auseinandersetzung, die gegenwärtig erneut eine gewichtige Rolle im politischen und gesellschaftlichen Leben in Deutschland und in den Hauptströmungen des vorherrschenden Zeitgeistes zu spielen scheint. Hierbei gewinnen die „Sinnproduzenten" auf Grund ganz bestimmter Konstellationen und Rahmenbedingungen des gesamtgesellschaftlichen Wertewandels in einer Wohlstandsgesellschaft[3] immer mehr und damit auch problematischer an politischem Einfluss. Zugleich folgen meine Ausführungen dezidiert der maßgebenden Wertidee der „Freiheit"[4] und sollen damit zugleich ein Gegengewicht zum vorherrschenden Zeitgeist bilden.

Zu den einzelnen Thesen

Erste These: Wie wichtig die fortschreitende Digitalisierung auch in nahezu jeder Hinsicht sein mag, Daten und Informationen kann man – drastisch ausgedrückt – nicht essen. Und auch der gegebene Energiebedarf kann in

---

[2] Siehe: Schelsky, Helmut: Die Arbeit tun die anderen. Klassenkampf und Priesterherrschaft der Intellektuellen, Opladen ²1975.

[3] Zum Wertewandel, seinen Voraussetzungen und Folgen in der westlichen Welt siehe: Inglehart, Ronald: Kultureller Umbruch. Wertewandel in der westlichen Welt, Frankfurt a. M.-New York 1989; Klages, Helmut: Herausforderungen des Menschen durch den gesellschaftlichen Wandel – eine konkretisierende Betrachtung, in: Beetz, Stephan/Jacob, Ulf/Sterbling, Anton (Hrsg.): Soziologie über die Grenzen – Europäische Perspektiven, Hamburg 2003 (S. 39-52).

[4] Siehe: Sterbling, Anton: Über Freiheit und Zeiten der Unfreiheit, in: Sterbling, Anton: Bürgerliche Gesellschaft, ihre Leistungen und ihre Feinde, Stuttgart 2020 (S. 53-82).

seiner Erzeugung und intelligenten Verteilung zwar durch digitale Technologien hilfreich unterstützt und optimiert werden, dies hebt allerdings die Tatsache nicht auf, dass auch und gerade fortgeschrittene Gesellschaften im Bereich der Produktion wie auch der Konsumtion einen hohen Energieverbrauch haben und voraussichtlich weiterhin haben werden und Energie nun einmal – wie man es auch wenden mag – ihrer Natur gemäß ein materielles Gut darstellt.[5]

Man könnte in ähnlicher Weise auf vielen Gebieten fortfahren und befinden, wie wichtig Daten und Informationen auch sind und um wie viel bedeutsamer sie auch werden mögen, einen bestimmten Grundbestand an materiellen Gütern und Erzeugnissen zur Subsistenz und Existenzsicherung der Menschen auf einem erträglichen oder gar zufriedenstellenden Lebensniveau können sie nicht ersetzen. Noch allgemeiner formuliert: Die Substitution materieller durch immaterielle Güter im Bedarfshaushalt und der Bedürfnisbefriedigung – auch des modernen oder gar postmodernen Menschen – hat deutliche, nicht zuletzt durch die körperliche Existenz oder biologische Natur des Menschen bedingte Grenzen. Diese Tatsache kann man weder gesamtgesellschaftlich noch volkswirtschaftlich ohne großen Schaden oder weitreichende Folgeprobleme für den Wohlstand und die Wohlfahrt der Bevölkerung ignorieren. Von Ideen, Idealen, Daten und Informationen allein[6] – wie wichtig sie uns als zivilisierte Menschen auch sein mögen – können wir nicht ausschließlich leben.

Zweite These: Immer weitergehende gesellschaftliche Umverteilungsprozesse[7] sind nur ein scheinbarer Lösungsweg tatsächlich gegebener oder mit-

---

[5] Die Energiegewinnung auf dem Weg der Kernfusion würde natürlich viele Probleme des gegenwärtigen Energieengpasses lösen. Noch aber ist der Durchbruch bei dieser intensiv erforschten und zugleich aussichtsreichen Technologie und ihrer wirtschaftlichen Anwendung nicht geschafft. Auch wäre zu bedenken, dass die Substitution anderer Energiequellen durch diese die Weltwirtschaft und Weltpolitik vermutlich tiefgreifend verändern würden, wie man dies jetzt schon auf Grund der Verwerfungen auf den Erdgas- und Rohölmärkten ahnen kann.

[6] Siehe dazu: Nassehi, Armin: Muster. Theorie der digitalen Gesellschaft, München ²2021.

[7] Siehe: Sterbling, Anton: Krisenursachen des modernen Sozial- und Wohlfahrtsstaates. Grundelemente gesellschaftlicher Ordnungen, in: Land-Berichte. Beiträge zu ländlichen und regionalen Lebenswelten, XXII. Jg., Heft 3, Düren 2019 (S. 8-26).

unter auch lediglich politisch als solche definierter oder herbeigeredeter sozialer Probleme. Ein wirtschaftliches Erhaltungsgesetz bleibt stets: Man kann erst mehr oder weniger gerecht verteilen oder umverteilen, was vorher durch menschliche Leistungsbeiträge erzeugt und erwirtschaftet wurde. Dies gilt zumindest dann, wenn man nicht über ohne großen menschlichen Arbeitsaufwand unmittelbar nutzbaren oder veräußerbaren natürlichen Reichtum (Rohöl, Bodenschätze usw.) verfügt; oder wenn man „Entzug",[8] also machtbegründete Beschlagnahmungen, Enteignungen, Raub usw. von Gütern und Vermögenswerten aus den sozialen und wirtschaftlichen Beziehungen möglichst ausschließen möchte.

Bei massiven Umverteilungsvorgängen sind zusätzlich drei Dinge zu beachten. Erstens, der „sinkende Grenznutzen" von durch Umverteilungen sich ergebenden Sozial- und Wohlfahrtsleistungen, der nicht zuletzt dadurch eintritt, dass sich entsprechende Erwartungshaltungen begründen, verfestigen und fortschreiben, die sodann für selbstverständlich gehalten werden und demnach auch tendenziell ständig steigen.

Zweitens, die sinkende Bereitschaft oder die Weigerung wichtiger oder maßgeblicher Leistungsträger, die zur Verteilung erforderlichen Güter und Wertschöpfungen weiterhin im bisherigen Umfang zu erbringen. Denn massive Umverteilungsprozesse führen durch ihre Auswirkungen auf die Motivationsstrukturen und Anzeizsysteme wichtiger Akteure und Wirtschaftssubjekte einer Gesellschaft über kürzer oder länger notwendig einen Niedergang des gesamtgesellschaftlichen Leistungsvermögens und zugleich eine damit gegebene Belastung des Wohlstandes und der Wohlfahrt nachfolgender Generationen herbei. Die an diese weitergegebenen Staatsschulden stellen sicherlich nur einen, wenn auch herausragenden Faktor dessen dar.

---

[8] Bálint Balla unterschied in seiner „Theorie der Knappheit" drei fundamentale soziale Beziehungsmuster, nämlich auf Wechselseitigkeit, Symmetrie der Interessen und Freiwilligkeit beruhenden „Austausch", ebenfalls auf Freiwilligkeit und ohne unmittelbare Gegenleistungen beruhende „Schenkung" und macht- und gewaltgestützten „Entzug" von Gütern oder Leistungen. Siehe dazu: Balla, Bálint: Soziologie der Knappheit, Stuttgart 1978; Balla, Bálint: Knappheit als Ursprung sozialen Handelns, Hamburg 2005. Siehe dazu auch: Sterbling, Anton: Vertrauen, Institutionen, Kultur und internationale Wirtschaftsbeziehungen, in: Sterbling, Anton: Die antwortlose Gesellschaft. Zeitfragen, Buchreihe Land-Berichte (Band 17), Düren 2021 (S. 81-103), insb. S. 83 ff.

Drittens werfen weitreichende Umverteilungen zumeist, ähnlich wie große soziale Ungleichheiten, eigene Gerechtigkeitsfragen und Legitimitätsprobleme auf und können als solche den sozialen Frieden gefährden. Daher ist in der Gegenwart ein institutionell ausbalancierter, vernünftig und ausgewogen konstruierter Sozial- und Umverteilungsstaat eine große politische Herausforderung und zugleich für die Legitimität des gesellschaftlichen und politischen Systems von erheblicher, eigentlich sogar unverzichtbarer Bedeutung.

Dritte These: Die Produktion von Ideologien, Utopien und Heilslehren ist zumeist das Werk von „Sinnproduzenten" aus eher privilegierten Gesellschaftskreisen. Die Empfänglichkeit für derartige Sinnangebote und Orientierungshilfen[9] ist in Zeiten gesellschaftlicher Krisen und Umbrüche besonders groß. Paradoxerweise setzt die intensive Suche nach weltanschaulicher Erneuerung, die intellektuelle „Sucht nach Weltanschauung" und die Neigung zum „Idealismus", ebenso wie das um sich greifende Ideologiebedürfnis aber zugleich auch eine gewisse Wohlstandslage oder Überflusssituation voraus.[10] Mit schwindenden materiellen Sicherheiten und bröckelndem oder bedrohtem Wohlstand verlieren bestimmte „postmaterialistische" Ideologien und Wertorientierungen oft rasch an Überzeugungskraft und Wirkungsmacht, insbesondere dann, wenn ihnen der gesellschaftliche Niedergang mit zugerechnet wird, und werden von ideologieskeptisch-pragmatischen Erscheinungsformen des Zeitgeistes oder aber auch von ganz neuen Ideologien oder „Heilslehren" abgelöst.

Nach dem Zusammenbruch des Kommunismus und einem kurzen Zeitraum der (scheinbaren) Dominanz freiheitlich-liberaler Vorstellungen, er-

---

[9] Siehe: Aron, Raymond: Opium für Intellektuelle oder die Sucht nach Weltanschauung, Köln-Berlin 1957; Aron, Raymond: Zwischen Macht und Ideologie, Wien 1974; Topitsch, Ernst: Sozialphilosophie zwischen Ideologie und Wissenschaft, Neuwied-Berlin ²1966; Topitsch, Ernst: Die Sozialphilosophie Hegels als Heilslehre und Herrschaftsideologie, München ²1981.

[10] So auch die Erkenntnisse zum „postmaterialistischen" Wertewandel. Siehe: Inglehart, Ronald: Kultureller Umbruch. Wertewandel in der westlichen Welt, Frankfurt a. M.-New York 1989; Klages, Helmut: Herausforderungen des Menschen durch den gesellschaftlichen Wandel – eine konkretisierende Betrachtung, in: Beetz, Stephan/Jacob, Ulf/Sterbling, Anton (Hrsg.): Soziologie über die Grenzen – Europäische Perspektiven, Hamburg 2003 (S. 39-52).

leben wir bis in die jüngste Gegenwart eine Art (wahrscheinlich wiederum recht kurzfristiger) Renaissance prononciert egalitär und umverteilungsorientierter ideologischer Strömungen, dies vielfach verknüpft mit apokalyptisch oder utopisch untermalten sozialromantischen und radikalökologischen Weltanschauungen und Heilsverheißungen, die wohl ihre Realitätsferne und restriktiven Wirkungen auf das Leben der Menschen unvermeidbar erkennen lassen werden, sobald die Wohlstands- und Wohlfahrtseinbrüche für breite Bevölkerungskreise in fortgeschrittenen westlichen Gesellschaften deutlich spürbar, erfahrbar und ursächlich zurechenbar werden.

In diesen Entwicklungen spielt die Coronapandemie und die politischen und gesellschaftlichen Reaktionen auf diese übrigens eine ambivalente Rolle.[11] Sie lässt einerseits bestimmte, im Trend der Entwicklungen ohnehin zu erwartende gesellschaftliche Krisenerscheinungen früher erfahrbar oder zumindest erahnbar werden; sie schafft andererseits aber auch Gründe und Rechtfertigungen für massive und zugleich sehr kostspielige politische Interventionen, die den Durchbruch und die Wirkungen sich abzeichnender struktureller Krisen zeitlich hinausschieben wie auch ursächlich verdecken. In der waghalsigen, doch letztlich wahrscheinlich auch zum Scheitern verurteilten Politik der Europäischen Zentralbank (EZB) wird dies wohl am greifbarsten,[12] zumal das Dilemma einer anhaltend hohen Inflation und wegen hoher Staatsverschuldungen vieler, insbesondere südeuropäischer EU-Mitglieder verbauter Möglichkeiten rascher Zinserhöhungen schon lange bekannt ist.

Die Wohlstandseinbrüche, die gegenwärtig (Mitte des Jahres 2022) durch den brutalen Überfall der Ukraine durch Russland und dessen Folgen wie auch durch die seit Ende 2021 stark gestiegene Inflation im Euroraum und in Deutschland sichtbar werden, lassen eine solche Tendenz der Umorientierung von ökologisch-pazifistischen „postmaterialistischen" Werthaltungen zu materiellen Sicherheitsbedürfnissen in der deutschen Gesell-

---

[11] Siehe dazu auch: Sterbling, Anton: Die antwortlose Gesellschaft. Zeitfragen, Buchreihe Land-Berichte (Band 17), Düren 2021, sowie den Beitrag: Zur Rat- und Antwortlosigkeit der Gesellschaft. Eine wissenssoziologische Annäherung, im vorliegenden Band.

[12] Siehe: Sterbling, Anton: Die Gefahr hegemonialer Entwicklungen in der Europäischen Union, in: Sterbling, Anton: Die antwortlose Gesellschaft. Zeitfragen, Buchreihe Land-Berichte (Band 17), Düren 2021 (S. 105-126).

schaft wie auch in der Politik selbst der rot-grünen Regierungsparteien punktuell aufscheinen. Eine solche realistische „Zeitwende" ist übrigens auch und gerade in der Sicherheitspolitik erklärt und tendenziell sichtbar geworden, wobei natürlich abzuwarten bleibt, wie konsequent diese weiterhin verfolgt werden wird.

Vierte These: Die Aufmerksamkeit wirtschaftlicher und gesamtgesellschaftlicher Entwicklungen in Deutschland sollte zukünftig nur mittelbar auf bestimmte Wachstumsindikatoren (Bruttoinlandsprodukt usw.), sondern vor allem auf das gesamtwirtschaftliche Produktivitätsniveau gerichtet werden, denn der Wohlstand einer Gesellschaft oder Nation hängt letztlich maßgeblich von dieser Größe ab. Die Produktivitätssteigerung aber setzt vor allem kontinuierliche technologische und arbeitsorganisatorische Fortschritte, also eine hohe Innovationsfähigkeit und Anpassungselastizität und ebenso ein adäquates Bildungs- und fachliches Qualifikationsniveau (funktionale Fähigkeiten und Fertigkeiten) wie auch eine entsprechende motivationale Grundeinstellung der Beschäftigten (extrafunktionale Fähigkeiten) voraus. Daher sollte sich – auch angesichts der demographischen Gegebenheiten in Deutschland – die weitere Bildungspolitik, Forschungspolitik, Wirtschaftspolitik, Umweltpolitik, Migrationspolitik und Gesellschaftspolitik vor allem an der zentralen wohlstandsschaffenden Größe des gesamtwirtschaftlichen Produktivitätsniveaus und dessen Steigerungsfähigkeit ausrichten.[13]

Bei der Wirtschafts- und Forschungspolitik hieße dies keineswegs nur die Digitalisierung beschleunigt voranzubringen, sondern vor allem die hochtechnologische Wertschöpfung und Güterproduktion des Wirtschaftsstandortes Deutschland zu konsolidieren und zu stärken. Dabei schließt die technologisch fortgeschrittene Güterproduktion auch und gerade die mittelständischen Unternehmen (etwa des Spezialmaschinenbaus, biotechnologischer Verfahrensanwendung, der Lasertechnologien, Herstellung optischer Geräte usw.) wie auch technologisch fortgeschrittene und entsprechend produktive handwerkliche und landwirtschaftliche Betriebe mit ein.

---

[13] Natürlich bleibt dafür die weitere Nutzungsmöglichkeit „komparativer Kostenvorteile" durch ein gewisses Maß fortbestehender internationaler Arbeitsteilung und Handelsbeziehungen eine wichtige und notwendige Voraussetzung.

Bei der Migrationspolitik würde dies bedeuten, dass diese einerseits Anreizstrukturen für die dauerhafte maßvolle Zuwanderung hochqualifizierter und angemessen gebildeter, zu einer offenen Gesellschaft passender Arbeitskräfte schafft und andererseits eine unkontrollierte illegale Zuwanderung, die teilweise die Sozialsysteme stark belastet, möglichst weitgehend unterbindet.[14] Dabei soll das ganz im Sinne des Grundgesetzes und insbesondere unter Beachtung des Artikels 16a, Abs. (2), zu verstehende Asylrecht zwar uneingeschränkt bewahrt bleiben, aber die „Überlagerungen" durch das dysfunktionale europäische Recht korrigiert werden.[15] Bei der Flüchtlingspolitik sollte eine konsequent heimatnahe Unterbringung von Kriegs- und Bürgerkriegsflüchtlingen angestrebt und auch international paktiert werden, denn wenn solche Flüchtlinge im eigenen Kulturkreis verbleiben, sind die materiellen und immateriellen Kosten für alle am geringsten, der Handlungsdruck in der Region im Hinblick auf eine politische Problemlösung am wirksamsten und die Chancen ihrer späteren Wiedereingliederung in die Herkunftsgesellschaft am größten.[16] Dies ist selbstverständlich auch bei den Flüchtlingen aus der Ukraine zu beachten, bei denen übrigens wohl auch niemand auf den Gedanken käme, sie auf andere Weltregionen oder Kulturkreise zu verteilen, denen aber zugleich günstige und möglichst unbürokratische Eingliederungschancen in das Beschäftigungssystem geschaffen werden sollten.

---

[14] Siehe: Sterbling, Anton: Zuwanderungsschock – Deutschland und Europa in Gefahr? Probleme der Zuwanderung und Integration, Hamburg 2016; Vonderach, Gerd (Hrsg.): Die Zuwanderungsproblematik – Was kommt auf Europa zu? Buchreihe Land-Berichte 12, Aachen 2017.

[15] Siehe: Di Fabio, Udo: Migration als föderales Verfassungsproblem. Gutachten im Auftrag des Freistaates Bayern, Bonn 2015, insb. S. 91 ff; Papier, Hans-Jürgen: Die Warnung. Wie der Rechtsstaat ausgehöhlt wird, München ²2019.

[16] Siehe: Kirchhof, Paul: Unsere Wertegemeinschaft. Wenn die Freiheit ins Leere läuft, in: Frankfurter Allgemeine Zeitung, vom 21. Januar 2016, online: http://www.faz.net/aktuell/feuilleton/debatten/maximen-zur-freiheit-und-zur-sicherheit-140229-53.html (Abgerufen: 21.1.2016); Sterbling, Anton: Dilemmata der Migrations- und Flüchtlingspolitik und Vorschläge zu rationalen Lösungsansätzen, in: Sterbling, Anton: Bürgerliche Gesellschaft, ihre Leistungen und ihre Feinde, Stuttgart 2020 (S. 147-178). Dies heißt natürlich entsprechend auch, dass der Schutz für ukrainische Flüchtlinge hauptsächlich eine Aufgabe seiner europäischen Nachbarstaaten darstellt.

Im Hinblick auf die Gesellschaftspolitik, und dies schließt die Sozialpolitik im engeren Sinne, aber auch die Steuer- und Einkommenspolitik (z.B. Mindesteinkommen) usw. mit ein, müssen möglichst deutliche wirtschaftlich-produktive Leistungsanreize geschaffen werden, was zugleich heißt, dass alle rechtlichen und institutionellen Regelungen, die leistungsfeindlich sind oder leistungshemmend wirken, möglichst beseitigt werden müssten. Dazu zählt auch und nicht zuletzt, weitreichende staatliche oder europäische Eingriffe in die marktwirtschaftlich koordinierte Wirtschaftstätigkeit und die staatlich garantierte privatrechtliche Eigentumsordnung wie auch in die Tarifautonomie usw. zu vermeiden und eine, die gegebene Leistungsbereitschaften beeinträchtigende, drosselnde oder gar zerstörende Umverteilungspolitik zu beschränken oder am besten ganz zu vermeiden.

Fünfte These: Gegenwärtig wird mit vielen guten Gründen über Umweltprobleme und Klimaveränderungen gesprochen, und diesen Problemen wird zumindest eine sehr große symbolische Bedeutung in der Politik beigemessen. Ich spreche ausdrücklich von Klimaveränderungen und nicht von „Klimawandel", denn es konnte bislang noch keineswegs plausibel gezeigt werden, welche Basisstrukturen des globalen Klimasystems so weitreichende Strukturveränderungen oder Strukturumbrüche erkennen lassen, dass insgesamt – in einem streng wissenschaftlichen, systemtheoretisch geleiteten Sinn – von einem Systemwandel gesprochen werden könnte oder müsste.[17]

Hierbei ist die Politisierung zugleich vielfach mit einer problematischen Ideologisierung im Sinne apokalyptischer Untergangsszenarien, radikaler Heilsverheißungen und unrealistischer absoluter Forderungen verbunden. Dieser Aspekt sei nebenbei erwähnt, soll aber nicht im Mittelpunkt meiner These stehen. Diese zielt vielmehr darauf, dass die angesprochene Politisierung nicht nur eine Ideologisierung, sondern auch eine gleichermaßen

---

[17] Im systemtheoretischen Denken unterscheidet man im Hinblick auf die Dynamik der Systeme bestimmte regelmäßige oder unregelmäßige Veränderungen und Anpassungen der Systeme einerseits und Systemwandel andererseits, von dem man nur dann sprechen darf, wenn mindestens eines der zentralen Teilsysteme eines Gesamtsystems einen Strukturwandel erfährt. Siehe dazu: Parsons, Talcott: The Social System, London 1951; Sterbling, Anton: Einführung in die Grundlagen der Soziologie, Stuttgart 2020, insb. S. 344.

problematische sachliche Auffassung des komplexen Phänomens der beobachtbaren und wissenschaftlich verstehbaren Klimaveränderungen erkennen lässt.

Natürlich bedeutet politisches Handeln und Entscheidungshandeln stets eine Reduktion der Komplexität der entsprechenden Realitätsbereiche und Vereinfachung der Entscheidungsprobleme auf zwei oder einige wenige überschaubare Alternativen.[18] Was wir allerdings gegenwärtig, vor allem in der deutschen Politik und öffentlichen Auseinandersetzungen erkennen bzw. bis kürzlich erkannten, ist eine der Sache in keiner Weise angemessene Reduktion der komplexen und wissenschaftlich noch keineswegs hinreichend konzeptualisierten, empirisch gesicherten, analysierten und interpretierten globalen Klimaproblematik auf den – sachlich genauer besehen – sehr schwierig abgrenzbaren Aspekt des „menschenverursachten Klimawandels" und dann nochmals eine weitere Verengung und Konzentration der Lösungsansätze auf die ebenfalls recht schwierig operationalisierbare Problematik der Messung und Reduktion der CO_2-Emissionen. Mit diesen mehrstufigen Vereinfachungen und Ausblendungen in der politisch-instrumentellen Wahrnehmungsweise der Gesamtproblematik täuscht man eigentlich nur einigermaßen quantifizierbare Größen und angeblich wissenschaftlich untermauerbare Kausalrelationen vor, die der komplexen Realität des globalen Systems der Klimaveränderungen natürlich kaum angemessen erscheinen und gerecht werden, in der Implementierung der politisch beschlossenen oder noch erwartbaren Maßnahmen aber für die deutsche Gesellschaft und Volkswirtschaft sehr folgenschwer sind.

So wird in der gesamten Diskussion weitgehend ausgeblendet, dass die einzelstaatlichen, aber zugleich sehr kostspieligen Maßnahmen in Deutschland in der globalen Klimaentwicklung kaum ins Gewicht fallen. Aus Gründen der politischen Opportunität wird zugleich sehr weit in den Hintergrund gerückt, dass das weiterhin rapide fortschreitende globale Bevölkerungswachstum eine wesentliche Ursache der menschenbewirkten Klima- und Umweltveränderungen darstellt, die durch alle in Deutschland und Europa ergriffene Maßnahmen kaum zu beeinflussen, noch gar zu kompensieren sind. In Deutschland versuchte man also – ideologisch und moralisch

---

[18] Siehe auch die seinerzeit sehr wichtigen und anregenden Überlegungen Amitai Etzionis dazu: Etzioni, Amitai: The Active Society, New York 1968.

forciert den „Weltuntergang" beschwörend – eine Art „Schlüssellochpolitik" mit weitreichenden Kosten für das eigene Land, seine Wirtschaftsleistungen und seine Wohlstandsentwicklung, aber mit marginalen Folgen auf die globale Klimaproblematik zu betreiben, und nennt dies dann auch noch selbstanmaßend und gotteslästernd – soweit man an einen allwissenden und allmächtigen Gott und dessen weise Ratschlüsse glaubt, was natürlich in einer freien Gesellschaft zunächst Sache jedes einzelnen Menschen ist – „Klimaschutz" oder gar „Klimarettung".[19] „Welch ein maßloser weltanschaulicher und politischer Irrtum!" könnte man dies kritisch und vielleicht auch polemisch etwas zugespitzt kommentieren.

Sechste These: Der Überfall der Ukraine durch Russland und die in Folge dessen beschlossene westliche Sanktionspolitik ließ nicht nur in der Gestalt einer äußerst problematischen Abhängigkeit Deutschlands von Energieimporten aus Russland und anderer Sachverhalte massive politische Fehlentscheidungen in der Vergangenheit schlagartig ins Blickfeld rücken, sondern die damit gegebene neue Situation erzeugt zugleich Sachzwänge zu einer pragmatischen Wende in der Energie-, Rohstoff- und Umweltpolitik wie übrigens auch in der Sicherheitspolitik. Bei allen wirtschaftlichen Anpassungskosten und zusätzlichen finanziellen Belastungen, die sicherlich erheblich sein werden, sollte dies doch gleichsam als eine Chance des kollektiven Lernens im Hinblick auf eine sachliche und sachgerechte, nicht vorwiegend ideologisch bestimmte Politik wahrgenommen werden.

Schlussbemerkungen

Sollte sich vor diesem Hintergrund tatsächlich eine realistische und pragmatische Problemwahrnehmung und Situationsdefinition bei maßgeblichen politischen Akteuren und Parteien durchsetzen – was zu hoffen ist, aber doch keineswegs sicher erscheint – hätte die häufig erwähnte „List der Ver-

---

[19] Die Situation der wissenschaftlichen Zweifel und Ungewissheiten im Hinblick auf die globalen Klimaveränderungen und die dabei sich stellende Frage der „Theodizee" versuchte ich literarisch, in einer Erzählung, zu thematisieren und anschaulich zu machen. Siehe: Sterbling, Anton: Klimadelirium, in: Sterbling, Anton: Klimadelirium und andere furchtbare Erzählungen, Schriftenreihe Epik, Ludwigsburg 2020 (S. 155-231).

nunft" in der Geschichte im Sinne Immanuel Kants und Georg Wilhelm Friedrich Hegels[20] wohl einmal mehr „dialektisch" zu Gunsten einer sinnvollen und vernünftigen Korrektur der Entwicklungen gewirkt. Ob dies tatsächlich so erfolgen wird, erscheint – wie die zukünftige Geschichte selbst – „offen".[21]

Max Weber und Friedrich H. Tenbruck werden vermutlich Recht behalten, wenn sie die weichenstellende Bedeutung von Wertideen im Hinblick auf die Dynamik der Interessenbestrebungen und Interessenkonflikte vertreten und meinen: „Ungeachtet der Tatsache, daß menschliches Handeln unmittelbar von Interessen angetrieben wird, finden sich in der Geschichte langfristige Abläufe, deren Richtung von »Ideen« bestimmt worden ist, so daß hier gewissermaßen die Menschen sich für ihre Interessen abrackern und damit langfristig doch nur das Wasser der Geschichte auf die Mühlen der Ideen leiten, mit ihrem Tun in deren Bann verbleiben."[22] Dennoch sollte man zugleich erkennen und dem – übrigens ganz im Sinne des „Weber-Paradigmas"[23] – hinzufügen, dass Interessen in bestimmten historischen Situationen doch auch so stark und durchschlagend wirken können, dass sie die Bindungskraft von Wertüberzeugungen zumindest zeitweilig überwinden. Und dass es im Sinne der „List der Vernunft" mitunter auch besser erscheint, den Fortgang der Geschichte rationalen Interessen statt abstrakten und überhöhten Wertideen zu überlassen oder anzuvertrauen, wobei die wechselseitige dynamische Bedingtheit, die „Dialektik" von Werten und

---

[20] Siehe dazu: Kant, Immanuel: Schriften zur Anthropologie, Geschichtsphilosophie, Politik und Pädagogik. Werke in sechs Bände. Band VI, Darmstadt 1998; Hegel, Georg Wilhelm Friedrich: Vorlesungen über die Philosophie der Geschichte, Werke 12, Frankfurt a. M. 1986.

[21] Siehe auch: Popper, Karl R./Lorenz, Konrad: Die Zukunft ist offen. Das Altenberger Gespräch. München-Zürich ³1988.

[22] Siehe: Weber, Max: Gesammelte Aufsätze zur Religionssoziologie I, Tübingen ⁹1988, insb. S. 252. Tenbruck, Friedrich H.: Das Werk Max Webers, in Kölner Zeitschrift für Soziologie und Sozialpsychologie, 27. Jg., Opladen 1975 (S. 663-702), vgl. S. 684.

[23] Siehe: Albert, Gert/Bienfait, Agathe/Sigmund, Steffen/Wendt, Claus (Hrsg.): Das Weber-Paradigma. Studien zur Weiterentwicklung von Max Webers Forschungsprogramm, Tübingen 2003; Sterbling, Anton: Das „Weber-Paradigma" und Fragen des sozialen Wandels, in: Sterbling, Anton: Verwerfungen in Modernisierungsprozessen. Soziologische Querschnitte, Hamburg 2012 (S. 113-127).

Interessen stets gegeben und demnach auch angemessen zu berücksichtigen bleibt.

Literatur

Albert, Gert/Bienfait, Agathe/Sigmund, Steffen/Wendt, Claus (Hrsg.): Das Weber-Paradigma. Studien zur Weiterentwicklung von Max Webers Forschungsprogramm, Tübingen 2003 (S. 32-41)

Albert, Hans (Hrsg.): Theorie und Realität. Ausgewählte Aufsätze zur Wissenschaftslehre der Sozialwissenschaften, Tübingen ²1972

Aron, Raymond: Opium für Intellektuelle oder die Sucht nach Weltanschauung, Köln-Berlin 1957

Aron, Raymond: Zwischen Macht und Ideologie, Wien 1974

Balla, Bálint: Soziologie der Knappheit, Stuttgart 1978

Balla, Bálint: Knappheit als Ursprung sozialen Handelns, Hamburg 2005

Di Fabio, Udo: Migration als föderales Verfassungsproblem. Gutachten im Auftrag des Freistaates Bayern, Bonn 2015

Etzioni, Amitai: The Active Society, New York 1968

Hegel, Georg Wilhelm Friedrich: Verlesungen über die Philosophie der Geschichte, Werke 12, Frankfurt a. M. 1986

Inglehart, Ronald: Kultureller Umbruch. Wertewandel in der westlichen Welt, Frankfurt a. M.-New York 1989

Kant, Immanuel: Schriften zur Anthropologie, Geschichtsphilosophie, Politik und Pädagogik. Werke in sechs Bände. Band VI, Darmstadt 1998

Kirchhof, Paul: Unsere Wertegemeinschaft. Wenn die Freiheit ins Leere läuft, in: Frankfurter Allgemeine Zeitung, vom 21. Januar 2016, online: http://www.faz.net/aktuell/feuilleton/debatten/maximen-zur-freiheit-und-zur-sicherheit-140229-53.html (Abgerufen: 21.1.2016)

Klages, Helmut: Herausforderungen des Menschen durch den gesellschaftlichen Wandel – eine konkretisierende Betrachtung, in: Beetz, Stephan/Jacob, Ulf/Sterbling, Anton (Hrsg.): Soziologie über die Grenzen – Europäische Perspektiven, Hamburg 2003 (S. 39-52)

Nassehi, Armin: Muster. Theorie der digitalen Gesellschaft, München ²2021

Papier, Hans-Jürgen: Die Warnung. Wie der Rechtsstaat ausgehöhlt wird, München ²2019

Parsons, Talcott: The Social System, London 1951

Popper, Karl R.: Logik der Forschung, Tübingen ⁶1976

Popper, Karl R./Lorenz, Konrad: Die Zukunft ist offen. Das Altenberger Gespräch. München-Zürich ³1988

Schelsky, Helmut: Die Arbeit tun die anderen. Klassenkampf und Priesterherrschaft der Intellektuellen, Opladen ²1975

Sterbling, Anton: Das „Weber-Paradigma" und Fragen des sozialen Wandels, in: Sterbling, Anton: Verwerfungen in Modernisierungsprozessen. Soziologische Querschnitte, Hamburg 2012 (S. 113-127)

Sterbling, Anton: Zuwanderungsschock – Deutschland und Europa in Gefahr? Probleme der Zuwanderung und Integration, Hamburg 2016

Sterbling, Anton: Krisenursachen des modernen Sozial- und Wohlfahrtsstaates. Grundelemente gesellschaftlicher Ordnungen, in: Land-Berichte. Beiträge zu ländlichen und regionalen Lebenswelten, XXII. Jg., Heft 3, Düren 2019 (S. 8-26)

Sterbling, Anton: Über Freiheit und Zeiten der Unfreiheit, in: Sterbling, Anton: Bürgerliche Gesellschaft, ihre Leistungen und ihre Feinde, Stuttgart 2020 (S. 53-82)

Sterbling, Anton: Dilemmata der Migrations- und Flüchtlingspolitik und Vorschläge zu rationalen Lösungsansätzen, in: Sterbling, Anton: Bürgerliche Gesellschaft, ihre Leistungen und ihre Feinde, Stuttgart 2020 (S. 147-178)

Sterbling, Anton: Einführung in die Grundlagen der Soziologie, Stuttgart 2020

Sterbling, Anton: Klimadelirium, in: Sterbling, Anton: Klimadelirium und andere furchtbare Erzählungen, Schriftenreihe Epik, Ludwigsburg 2020 (S. 155-231)

Sterbling, Anton: Vertrauen, Institutionen, Kultur und internationale Wirtschaftsbeziehungen, in: Sterbling, Anton: Die antwortlose Gesellschaft. Zeitfragen, Buchreihe Land-Berichte (Band 17), Düren 2021 (S. 81-103)

Sterbling, Anton: Die Gefahr hegemonialer Entwicklungen in der Europäischen Union, in: Sterbling, Anton: Die antwortlose Gesellschaft. Zeitfragen, Buchreihe Land-Berichte (Band 17), Düren 2021 (S. 105-126)

Sterbling, Anton: Die antwortlose Gesellschaft. Zeitfragen, Buchreihe Land-Berichte (Band 17), Düren 2021

Tenbruck, Friedrich H.: Das Werk Max Webers, in Kölner Zeitschrift für Soziologie und Sozialpsychologie, 27. Jg., Opladen 1975 (S. 663-702)

Topitsch, Ernst: Sozialphilosophie zwischen Ideologie und Wissenschaft, Neuwied-Berlin ²1966

Topitsch, Ernst: Die Sozialphilosophie Hegels als Heilslehre und Herrschaftsideologie, München ²1981

Vonderach, Gerd (Hrsg.): Die Zuwanderungsproblematik – Was kommt auf Europa zu? Buchreihe Land-Berichte 12, Aachen 2017

Weber, Max: Gesammelte Aufsätze zur Religionssoziologie I, Tübingen ⁹1988

ibidem.eu